Die Offenbarung des Johannes

Das Neue Testament Deutsch

Neues Göttinger Bibelwerk

In Verbindung mit Paul Althaus, Horst R. Balz, Jürgen Becker, Hans Conzelmann, Joachim Jeremias, Friedrich Lang, Eduard Lohse, Helmut Merkel, Karl Heinrich Rengstorf, Jürgen Roloff, Wolfgang Schrage, Siegfried Schulz, Eduard Schweizer, Gustav Stählin, August Strobel und Heinz-Dietrich Wendland

herausgegeben von Gerhard Friedrich und Peter Stuhlmacher

Teilband 11

Die Offenbarung des Johannes

12. Auflage

5., durchgesehene Auflage dieser Fassung

61.–64. Tausend

Göttingen · Vandenhoeck & Ruprecht · 1979

Die Offenbarung des Johannes

Übersetzt und erklärt
von
Eduard Lohse

Göttingen · Vandenhoeck & Ruprecht · 1979

Verzeichnis der Abkürzungen

Abkürzungen und Reihenfolge der neutestamentlichen Schriften im Gesamtwerk

Mk.	Apg.	Gal.	1. Thess.	2. Tim.	1. Petr.	3. Joh.
Mt.	Röm.	Eph.	2. Thess.	Tit.	2. Petr.	Jud.
Lk.	1. Kor.	Phil.	Phlm.	Hebr.	1. Joh.	Offb.
Joh.	2. Kor.	Kol.	1. Tim.	Jak.	2. Joh.	

Abkürzungen alttestamentlicher Schriften (auch Apokryphen und Pseudepigraphen) in diesem Band

Am.	= Amos
Baruch-Apk.	= Baruch-Apokalypse
1., 2. Chron.	= 1., 2. Buch der Chronik
Dam.	= Damaskusschrift
Dan.	= Daniel
4. Esr.	= 4. Buch Esra
Esth.	= Buch Esther
Ez.	= Ezechiel (Hesekiel)
Hab.	= Habakuk
Hag.	= Haggai
Henoch-Apk.	= Henoch-Apokalypse
Hos.	= Hosea
Jer.	= Jeremia
Jes.	= Jesaja
Jos.	= Buch Josua
Jubil.	= Buch der Jubiläen
1., 2. Kön.	= 1., 2. Buch der Könige
1., 2., 3., 4. Makk.	= 1., 2., 3., 4. Buch der Makkabäer
Mal.	= Maleachi
Mi.	= Micha
Nah.	= Nahum
Neh.	= Buch Nehemia
Od. Sal.	= Oden Salomos
Ps.	= Psalm
Ps. Sal.	= Psalm Salomos
1 QH	= Loblieder, Höhle 1 von Qumran
1 QM	= Kampf der Kinder des Lichtes gegen die Kinder der Finsternis, Höhle 1 von Qumran
1 Qp Hab	= Habakuk-Kommentar, Höhle 1 von Qumran
1 QS	= Gemeindeordnung, Höhle 1 von Qumran
Sach.	= Sacharja
1., 2. Sam.	= 1., 2. Buch Samuel
Sibyll. Or.	= Sybillinische Orakel
Sir.	= Buch Jesus Sirach
slav. Henoch	= slavisches Henoch-Buch
Spr.	= Sprüche Salomos
Test. der 12 Patriarchen	= Testamente der 12 Patriarchen (Ruben-Benjamin usw.)
Tob.	= Buch Tobit
Weish.	= Weish. Salomos
Zeph.	= Zephanja
LXX	= Septuaginta (griechische Übersetzung des Alten Testaments)
Par.	= Parallelstellen aus den anderen (synoptischen) Evangelien

CIP-Kurztitelaufnahme der Deutschen Bibliothek

Das Neue Testament deutsch : neues Göttinger Bibelwerk / in Verbindung mit Paul Althaus ... hrsg. von Gerhard Friedrich. – Göttingen : Vandenhoeck und Ruprecht.

NE: Friedrich, Gerhard [Hrsg.]; Testamentum novum ⟨dt.⟩

Teilbd. 11. Die Offenbarung des Johannes / übers. u. erkl. von Eduard Lohse. – 12. Aufl., 5., durchges. Aufl. dieser Fassung, 61.–64. Tsd. – 1979.
ISBN 3-525-51334-8

NE: Lohse, Eduard [Bearb.]

 Gesamtherstellung: Hubert & Co., Göttingen.

DIE OFFENBARUNG DES JOHANNES

Eduard Lohse

Einleitung. In dem Buch der Offenbarung des Johannes wird der Ablauf der letzten Dinge von der Auferstehung und Erhöhung Christi bis zu seiner Wiederkunft und der Aufrichtung seiner Herrschaft über alle Welt beschrieben. Im Neuen Testament findet sich keine andere Schrift dieses Inhaltes, nur einzelne kurze Stücke in den Evangelien und den Briefen enthalten vergleichbare Texte (Mk. 13 Par.; 1. Thess. 4, 13 ff.; 2. Thess. 2, 1 ff.; 1. Kor. 15, 20 ff. u. a.). Wohl aber war in frommen Kreisen des damaligen Judentums die Erwartung vom nahen Ende der Welt und dem Anbruch der neuen Welt Gottes lebendig. Diese Hoffnung hat in der weitverzweigten Literatur der Apokalyptik ihren Niederschlag gefunden.

1. *Die jüdische Apokalyptik*

Die jüdische Apokalyptik will das Erbe der alttestamentlichen Propheten wahren, indem sie die prophetische Botschaft neu auszusagen sucht. Sie betrachtet nicht nur den Lauf der Geschichte Israels und der umliegenden Völker, sondern nimmt den Gang der Weltgeschichte in den Blick und sieht ihn seinem Ende entgegeneilen. Diese Welt geht unter furchtbaren Katastrophen zugrunde, die Welt Gottes aber wird sich vom Himmel herabsenken und die paradiesische Herrlichkeit wiederkehren lassen. Der schroffe Gegensatz zwischen dieser Welt und jener Welt ist unter Aufnahme dualistischer Vorstellungen aus dem Iran ausgebildet worden. Über die unter dem Regiment satanischer Mächte stehende Welt wird eine letzte Zeit der Schrecken hereinbrechen. Kriege, Teuerung und Krankheiten werden die Menschen befallen; die Erde wird die Frucht versagen; die Weiber werden nicht mehr gebären; die Ordnung des Kosmos wird durcheinander geraten, so daß die Gestirne nicht mehr regelmäßig ihre Bahnen ziehen. In diesen „messianischen Wehen" aber kündet sich das nahende Ende an. Wenn die Not auf das Höchste gestiegen und die Zeit abgelaufen ist, wird Gott eingreifen. In einer bestimmten, von Gott festgelegten Folge werden die Ereignisse abrollen. Die Toten stehen aus den Gräbern auf. Alle Menschen müssen vor dem Richterstuhl erscheinen, auf dem Gott und der Messias/Menschensohn thronen. Aus Büchern werden ihre Taten abgelesen, um ihnen das Urteil zu sprechen. Dieser Richterspruch ist unwiderruflich und entscheidet über ewiges Heil und ewige Verdammnis. Nach dem Gericht läßt Gott die neue Welt an die Stelle der alten treten. In ihr werden die Seligen wohnen, und Gott wird in alle Ewigkeit in ihrer Mitte weilen.

Das Wissen um diesen Geschichtsplan ist den Apokalyptikern durch geheime Offenbarung kundgetan. In Träumen, ekstatischen Entrückungen und Visionen wird das zukünftige Geschehen geschaut. Während die alttestamentlichen Propheten vornehmlich im Wort die Botschaft Gottes empfingen und sie durch die Verkündigung weitergaben, dienen in der Apokalyptik Bild und Gleichnis, die gedeutet werden müssen, zur Übermittlung göttlicher Weisung. Predigten die Propheten einst unmittelbar den Menschen ihrer Zeit, so verfassen die Apokalyptiker literarische Werke. Ihre Botschaft verhüllen sie mit dem Schleier des Geheimnisses, damit sie besonders anziehend wirkt, und geben die apokalyptischen Bücher unter dem Namen eines großen Frommen der Vergangenheit heraus. Hinter den Namen des Henoch, Abraham, Jakob und seiner Söhne, Mose, Baruch, Daniel, Esra und anderer verbergen sich die anonymen Verfasser der jüdischen Apokalypsen. Sie lassen diese Gottesmänner sprechen und den Gang der Geschichte weissagen. Von den Tagen, in denen der alttestamentliche Prophet lebte, bis zum Zeitpunkt der Abfassung des apokalyptischen Buches wird die bereits vergangene Geschichte beschrieben, als ob der Gottesmann deren Lauf im einzelnen vorausgesehen hätte. Wie sich diese prophetische Schau bisher genau erfüllt hat (vaticinia ex eventu), so werden auch die weiteren Weissagungen, die sich auf die Endereignisse beziehen, eintreffen. Die Geschehnisse werden in wechselnden Bildern mit reicher Phantasie ausgemalt. Zuletzt aber wird diese Welt vergehen. Daher bildet die Darstellung des Weltendes und der neuen Schöpfung den Abschluß der bunten Szenenfolge.

Die Frommen des Alten Testamentes, die solcher Gesichte gewürdigt wurden, haben ihre Schriften verschlossen und versiegelt, damit sie dereinst in der Zeit der Not geöffnet und gelesen würden. Die Gegenwart, in der die Apokalyptiker schreiben, steht in der Erwartung des baldigen Endes. Darum wird jetzt der Inhalt der apokalyptischen Schriften der Gemeinde mitgeteilt, um sie in der Anfechtung zu trösten; denn sie weiß nun um das kommende Ende und die verheißene Herrlichkeit. Durch dieses Wissen wird sie gestärkt, um treu zu bleiben, bei Gottes Gebot zu beharren und bis zum Jüngsten Tag durchzuhalten.

Apokalyptische Abschnitte finden sich bereits in einigen der jüngeren alttestamentlichen Schriften (z.B. im Buch Sacharja und in den Kapiteln Jes. 24–27, dem jüngsten Stück im ganzen Jesajabuch). Das älteste apokalyptische Buch ist unter dem Namen des Daniel überliefert und in der Zeit der Bedrängnis durch den Syrerkönig Antiochus IV. Epiphanes abgefaßt worden (167–164 v.Chr.). Das Daniel-Buch wurde noch in den Kreis der alttestamentlichen Schriften aufgenommen, aus der Vielzahl der anderen Apokalypsen aber, die bald danach entstanden, konnte keine mehr zu kanonischem Ansehen gelangen. Als Werke des Henoch sind in äthiopischer (= Henoch-Apk.) und slavischer Sprache (= slav. Henoch-Buch) zwei Bücher überliefert. Die „Himmelfahrt des Mose" gibt eine Rede des Mose wieder, die er am Ende seines Lebens gehalten haben soll. In den Testamenten der zwölf Patriarchen spricht noch einmal jeder der zwölf Söhne Jakobs vor seinem Tode. Unter den Namen des Esra (= 4.Esr.) und Baruch (= Baruch-Apk.) schreiben im 1. Jahrhundert n.Chr. jüdische Apokalyptiker, die mit dem unlösbar erscheinenden Problem ringen, daß Gott sein Volk verstoßen hat und die heilige Stadt in Schutt und Asche sinken ließ (70 n.Chr.). Apokalyptische Gedanken haben in starkem Maße auch in den am Ufer des Toten Meeres entdeckten Texten, den Schriften von Qumran, ihren Niederschlag gefunden. Außer der Damaskusschrift (= Dam.) sind hier vor allem die Gemeindeordnung von Qumran (= 1QS), der Kommentar zum Buch Habakuk (= 1QpHab.), die Loblieder (= QH) und die Kriegsrolle

(= QM) zu nennen. Zwar wird von dem Seher Johannes weder aus diesen hier genannten jüdischen Büchern noch aus anderen Apokalypsen an irgendeiner Stelle seines Buches ein wörtliches Zitat angeführt. Aber mit der Gedankenwelt der jüdischen Apokalyptik zeigt er sich auf das engste vertraut und schöpft aus dem lebendigen Strom ihrer reichen Überlieferung.

2. *Die Offb. Joh. als christliche Apokalypse*

Wie in den jüdischen Apokalypsen an die Stelle kurzer prophetischer Worte breit ausgeführte Bilder getreten sind, wechseln auch in der Offb. Schau und Gesichte in bunter Folge. Die jüdischen Apokalyptiker erfuhren in Träumen und Visionen, wie die Geschichte bis zum Ende dieser Welt verlaufen sollte. Der Seher Johannes wird in den Zustand der Verzückung versetzt (1,10; 4,1), er wird entrückt (17,1ff.; 21,9ff.), um geheimnisvoller Offenbarung teilhaftig zu werden. Diese umfaßt ein Geschehen von kosmischer Weite: Der Satan, dämonische Mächte, Engelwesen, finstere Streitkräfte und unheimliche Gewalten treten in dem Drama auf, das in raschem Fortschreiten dem Ende entgegeneilt. Die Züge, mit denen die einzelnen Szenen gezeichnet worden sind, entstammen apokalyptischer Tradition. Sie entbehren bisweilen der Anschaulichkeit (vgl. z.B. zu 1,16f.) und können nur auf Grund des von der Überlieferung her feststehenden Aussagegehaltes in ihrer Bedeutung bestimmt werden. Der Seher Johannes beschreibt also in seinem Buch nicht lediglich Träume und Gesichte, die er selbst erlebt hat, sondern er benützt überkommene Stoffe und Motive und fügt sie zu einer christlichen Aussagenreihe zusammen, indem er sie mit dem Bekenntnis der Gemeinde zum gekreuzigten, auferstandenen, erhöhten und kommenden Herrn verbindet. Diese Umprägung und Neugestaltung aber ist durch einen Mann vorgenommen worden, der die Gabe der Prophetie empfangen hat und als Diener am Wort in prophetischer Vollmacht zu den Gemeinden redet. Er faßt die ihm zuteil gewordene Erkenntnis in einem literarischen Werk zusammen, das den angefochtenen Gemeinden als Buch des Trostes und der Mahnung dienen soll.

Betrachtet man die Offb. auf dem Hintergrund der jüdischen Apokalyptik, so wird nicht nur die enge Verwandtschaft mit ihren Anschauungen und Vorstellungen sichtbar, sondern es zeigt sich auch, daß sie als christliches Buch von den jüdischen Apokalypsen in bezeichnender Weise unterschieden ist: Der Seher Johannes verbirgt sich nicht unter dem Pseudonym eines Frommen aus dem Alten Bund, sondern er nennt seinen eigenen Namen, der den Gemeinden wohl bekannt ist (1,1.4.9; 22,8). Daher gibt er auch seinem Buch nicht das Aussehen, als wäre es für spätere Geschlechter geschrieben und auf diese Zeit versiegelt worden, sondern er wendet sich unmittelbar an die christlichen Gemeinden, die mit Namen genannt werden (1,11; Kap.2-3). Die Offb. wird nicht versiegelt (22,10), sondern sofort als prophetische Botschaft den Gemeinden übergeben, die in der konkreten Situation, in der sie sich befinden, angesprochen werden. Ihnen wird nicht wie in der jüdischen Apokalyptik eine Deutung vergangener Geschichte in geheimnisvoll verhüllenden Bildern dargeboten, sondern der Inhalt der Offenbarung umfaßt ausschließlich die Ereignisse der letzten Zeit. Diese reichen bis zur Wiederkunft Christi, dem Gericht und der neuen Schöpfung von Himmel und Erde (Kap. 4-22). Da die Folge der letzten Dinge in Gottes Ratschluß festgelegt ist, ist für den Seher die Sprache des Alten Testaments die allein angemessene Ausdrucksweise. Nahezu in jedem Satz gebraucht er biblische Wendungen, an denen er auch dann festhält, wenn sie sich nicht mehr ganz dem Zusammenhang einfügen, in den er sie hineinrücken möchte (vgl. z. B. zu 4, 8). Er ist so tief in den Schriften der Propheten verwurzelt, daß er sich ständig ihrer Worte bedient, sie aus dem Hebräischen wörtlich in sein Griechisch überträgt und auf diese Weise geradezu einen „heiligen Stil" (Lohmeyer) entwickelt. In dieser hebraisierenden Sprache bezeugt er die Offenbarung Jesu Christi, die auf der Verheißung des Alten Testamentes ruht und deren Erfüllung und Vollendung bringt.

3. Die Abfassung der Offb. Joh.

Der Verfasser der Offb. nennt sich Johannes, Knecht Gottes und Bruder der Christen, zu denen er spricht (1, 1. 4. 9; 22, 8). Er hat den Gemeinden mit der Verkündigung des Wortes gedient und kann darauf rechnen, daß er gehört und seine Botschaft befolgt wird. Ohne Zweifel ist also dieser Johannes, der den kleinasiatischen Gemeinden schreibt, eine Persönlichkeit von großer Autorität gewesen. Nach der altkirchlichen Überlieferung war er kein anderer als der Sohn des Zebedäus, der Jünger Jesu. Doch dieser Aussage, die sich bei dem Märtyrer Justin, bei Irenäus und anderen findet, wird um 200 n. Chr. von den sog. Alogern – d. h. den Gegnern des Logosevangeliums – die These entgegengestellt, die johanneischen Schriften seien eine Fälschung des Gnostikers Kerinth. Sie wenden sich mit dieser Behauptung gegen die Montanisten, um ihnen die johanneischen Schriften zu entwinden, auf die sie sich für ihre Lehre vom Geist mit Vorliebe beriefen. Die Aloger bestreiten also die apostolische Verfasserschaft aus dogmatischen Gründen. Doch auch die schon für die Mitte des 2. Jahrhunderts n. Chr. bezeugte Tradition, nach der der Seher Johannes mit dem Apostel Johannes gleichgesetzt wird, gründet sich nicht auf historische Beweise, sondern sie stellt ebenfalls eine dogmatische Aussage dar. Denn hat ein Apostel die Offb. geschrieben, so ist damit auch ihr kanonisches Ansehen gesichert. Die Anhänger wie auch die Gegner des Buches haben also über die Person des Verfassers nicht mehr zu sagen gewußt, als sie dem Buch entnehmen konnten. Kann aber aus der Offb. Joh. die Annahme begründet werden, daß der Apostel Johannes sie geschrieben hat?

Der gelehrte Bischof Dionys von Alexandrien hat um die Mitte des 3. Jahrhunderts n. Chr. diese Frage verneint, indem er den tiefgreifenden Unterschied hervorhob, der die Offb. Joh. vom vierten Evangelium trennt: „Wer aufmerksam liest, wird in beiden Schriften (d. h. dem Joh. Ev. und dem 1. Joh.brief) häufig die Worte finden: das Leben, das Licht, Abkehr von der Finsternis; fortwährend die Wahrheit, die Gnade, die Freude, das Fleisch und Blut des Herrn, das Gericht, die Nachlassung der Sünden, die Liebe Gottes zu uns, das Gebot, daß wir einander lieben sollen, daß man alle Gebote beachten müsse, die Überführung der Welt, des Teufels, des Antichrist, die Verheißung des Heiligen Geistes, die Annahme zu Söhnen Gottes, den von uns allen geforderten Glauben, den Vater und den Sohn.

Wer so, mit einem Worte, alles genau durchprüft, wird am Evangelium und am Briefe eine und dieselbe Färbung erkennen. Völlig anderer und fremder Art ist gegenüber diesen Schriften die Apokalypse (d.h. Offb. Joh.). Es fehlt jede Verbindung und Verwandtschaft. Ja, sie hat sozusagen kaum eine Silbe damit gemein. Auch enthält weder der Brief – vom Evangelium nicht zu reden – irgendeine Erwähnung oder einen Gedanken der Apokalypse noch die Apokalypse vom Briefe, während doch Paulus in seinen Briefen auf die ihm zuteil gewordenen Offenbarungen anspielt (vgl. 2. Kor. 12, 1-9), die er nicht in eigener Schrift aufgezeichnet hat. Weiterhin läßt sich auch aus dem Stil die Verwandtschaft des Evangeliums und des Briefes gegenüber der Apokalypse feststellen. Jene sind nämlich nicht nur in fehlerlosem Griechisch geschrieben, sondern mit höchster Gewandtheit im Ausdruck, in der Gedankenentwicklung, in der Satzverbindung; man wird kaum einen barbarischen Laut oder groben Sprachfehler oder überhaupt ein gewöhnliches Wort darin finden. Denn ihr Verfasser besaß, wie es scheint, beide Gaben – beide ein Geschenk des Herrn –, die Gabe der Erkenntnis und des Stiles. Zwar bestreite ich nicht, daß jener andere Offenbarungen geschaut, Erkenntnis und Prophetengabe empfangen hat. Doch ich sehe, daß seine Rede und Sprache nicht rein griechisch sind und daß er barbarische Wendungen und gelegentlich auch grobe Sprachfehler hat. Das hier herauszustellen, erachte ich nicht für notwendig. Niemand möge indes glauben, daß ich dies in spöttischer Absicht sage. Ich wollte nur die Ungleichheiten dieser Schriften dartun" (vgl. Euseb, Kirchengeschichte VII, 25).

Dionys von Alexandria hat zutreffend beobachtet, daß die Offb. Joh. und das vierte Evangelium ihrer Form wie ihrem Inhalt nach so weit voneinander unterschieden sind, daß man sie nicht auf denselben Verfasser zurückführen kann. Zwar wird in beiden Schriften von Leben und Tod, von Zeugnis und Bezeugung, von Siegen und Überwinden gesprochen. Aber während im Evangelium sich häufig die Begriffe Licht, Wahrheit, Liebe, Friede, eingeborener Sohn des Vaters, Paraklet, das neue Gebot usw. finden, fehlen diese Ausdrücke und Gedanken fast vollständig in der Offb. Joh. Das vierte Evangelium verkündet Jesus als die Auferstehung und das Leben (Joh. 11, 25 f.); wer an ihn glaubt, der ist schon vom Tode zum Leben hinübergeschritten (Joh. 5, 24), er ist bereits dem Gericht entnommen (Joh. 3, 18). In der Offb. Joh. dagegen wird eine Folge endzeitlicher Ereignisse dargestellt, die abrollen muß, bis das Ende, das Gericht und die neue Welt Gottes eintreten werden. Ist die Botschaft des vierten Evangeliums ganz auf das Jetzt bezogen, so wird in der Offb. ein apokalyptisches Drama geschildert. Im vierten Evangelium wird nur selten ein Zitat aus dem Alten Testament angeführt, die Sprache der Offb. dagegen ist fast in jedem Vers mit biblischen Wendungen durchzogen. Diese tiefgreifenden Unterschiede zwingen zu dem Schluß, daß der Verfasser der Offb. nicht mit dem vierten Evangelisten identisch sein kann. Er läßt aber auch an keiner Stelle seines Buches erkennen, daß er selbst ein Augenzeuge und Apostel Jesu ist. Von der irdischen Wirksamkeit des Herrn wird nichts erzählt, nur Kreuz, Auferstehung und Wiederkunft Christi werden häufiger in Übereinstimmung mit dem gemeinchristlichen Bekenntnis genannt. Von den zwölf Aposteln wird 21, 14 als einem geschlossenen Kreis gesprochen, aber mit keinem Hinweis angedeutet, daß der Verfasser sich selbst zu ihnen hinzurechnete. Die Apostel werden 18, 20 zusammen mit den Heiligen und Propheten genannt, die als der Chor der vollendeten Seligen das Triumphlied über das an Babylon vollstreckte Gericht anstimmen sollen. Ihre Zeit liegt bereits einige Jahrzehnte zurück. In den kleinasiatischen Gemeinden ist kaum noch etwas von der Verkündigung des Apostels Paulus zu spüren, der doch einst die ersten Gemeinden im Lande gegründet hatte (vgl. Kap. 2-3). Wenn sich daher der Verfasser der Offb. mit seinem Namen Johannes vorstellt, so ist das nicht so zu verstehen, als beanspruche er, Jünger und Apostel des Herrn zu sein. Die Gleichsetzung mit dem Zebedaiden wurde vielmehr erst durch die spätere kirchliche Überlieferung vollzogen, die dem Buch des Johannes apostolische Autorität und kanonisches Ansehen verleihen wollte. Auf Grund der Angaben, die der Offb. zu entnehmen sind, läßt sich dann über die Person des Verfassers nur so viel sagen: Er ist ein frühchristlicher Prophet gewesen, der in den Gemeinden Kleinasiens in großer Vollmacht gepredigt und verkündigt hat. Seine semitisch gefärbte Sprache und seine starke Verwurzelung im alttestamentlich-jüdischen Erbe weisen darauf hin, daß er aus judenchristlichen Kreisen, vielleicht aus Palästina stammt. Es könnte sein, daß er mit jenem Presbyter identisch ist, der nach Angabe des Bischofs Papias von Hierapolis in Kleinasen gewirkt hat (Euseb, Kirchengeschichte III, 39,4) und dessen Grab man später in Ephesus zeigte, wo es zwei Johannesgräber, das des Apostels und das des Presbyters, gegeben haben soll (Euseb, Kirchengeschichte VII, 25,16). Aber darüber ist nichts Sicheres mehr festzustellen.

Irenäus berichtet, die Offb. Joh. sei gegen Ende der Regierungszeit Domitians (81–96 n. Chr.) geschrieben worden (Gegen die Ketzer V, 30, 3). Dieses Datum wird durch das Buch des Johannes als zutreffend bestätigt. Verfolgungen sind bereits vorangegangen (vgl. 6, 9-11). Aber neue Leiden und ein todernster Konflikt mit der römischen Obrigkeit stehen den christlichen Gemeinden bevor (vgl. Kap. 13). Das Blut der Heiligen und der Zeugen Jesu wird vergossen werden (6, 11; 16, 6; 17, 6; 18, 24). In dem Augenblick, da Domitian als erster der römischen Caesaren bereits zu seinen Lebzeiten göttliche Verehrung durch alle Untertanen des Reiches fordert, richtet der Seher Johannes seine Botschaft als Wort des Trostes und der Mahnung an die schwer bedrängten Gemeinden Kleinasiens.

Zu einigen Abschnitten des Buches hat man erwogen, ob sie nicht auch schon auf einen früheren Zeitpunkt der Abfassung schließen lassen könnten. So ist 11, 1-2 ein Traditionsstück verwendet worden, das aus der letzten Zeit des jüdischen Krieges (70 n. Chr.) stammt. Der Seher kennt diese Überlieferung und benützt sie. Aber er verleiht ihr im Zusammenhang einen neuen Sinn, indem er Tempel und Altar auf die christliche Gemeinde deutet (vgl. z. St.). Belagerung und Eroberung Jerusalems durch die Römer müssen daher schon einige Zeit zurückliegen, so daß die Verse 11, 1-2 nicht zugunsten der von manchen Auslegern vertretenen Auffassung angeführt werden können, der Seher habe bereits unter der Regierung Vespasians geschrieben. Verschiedentlich ist auch die Annahme geäußert worden, die 17, 9 f. genannte Folge der Könige = Kaiser führe auf Vespasian hin, da er in der Reihe der Caesaren der sechste sei (vgl. z. St.), so daß dann ein Fragment aus seiner Zeit vom Verfasser der Offb. in Kap. 17 verarbeitet worden wäre. Aber in der Auslegung dieses Kapitels wird zu zeigen sein, daß der Seher hier an eine überkommene mythische Überlieferung, die keinerlei Beziehung auf Vespasian enthält, anknüpft und diese nur notdürftig mit dem Ablauf der Geschichte zur Deckung bringt, weil sein Interesse ausschließlich auf den achten Schreckensherrscher gerichtet ist, der am Ende kommen und jedes Maß durchbrechen wird. Daher besteht kein Anlaß, das Datum, das Irenäus für die Zeit der Abfassung der Offb. angibt, in Zweifel zu ziehen. Das Buch des Johannes ist durchgehend von der eigenwilligen Sprache des Verfassers geprägt, die Fülle des Inhaltes ist in einem überlegten planvollen Aufriß zusammengefaßt, so daß das ganze Werk eine geschlossene Einheit darstellt, die der Seher Johannes um die Mitte der neunziger Jahre geschaffen und niedergeschrieben hat.

4. Die Deutung der Offb. Joh.

Erst seit dem Ende des 4. Jahrhunderts n. Chr. ist die Offb. Joh. in der ganzen christlichen Kirche als heilige Schrift anerkannt. Bis dahin wurde um ihre Geltung hart gerungen: Während es im Osten nur wenige Anhänger der Offb. Joh. gab, stand sie im Westen (Rom) schon früh in hohem Ansehen. In seinem berühmten Osterfestbrief aus dem Jahre 367 n. Chr. zählt der Bischof Athanasius von Alexandria die kanonischen Bücher des Neuen Testamentes auf und nennt am Ende auch die Offb. Joh. Von da an verstummt allmählich der Widerspruch, und die Offb. Joh. wird allgemein zum Kanon der neutestamentlichen Schriften gerechnet. Aber ihre Auslegung ist im Laufe der Kirchengeschichte umstritten geblieben; denn das rätselhafte Buch des Sehers Johannes gibt eine Fülle schwer zu lösender Probleme auf.

Im Mittelalter und bis in die Neuzeit hinein ist die sog. *kirchen-* bzw. *weltgeschichtliche* Deutung vielfach auf die Offb. Joh. angewandt worden. Dabei wird von der Voraussetzung ausgegangen, in der Offb. Joh. sei der Verlauf der Weltgeschichte bzw. der Kirchengeschichte bis zum Ende geweissagt. Dann aber muß es möglich sein, deren Bilder auf bestimmte Ereignisse der bereits abgelaufenen Geschichte zu beziehen und an der Folge der Visionen des Buches abzulesen, wie weit der Zeiger auf der Weltenuhr fortgerückt ist. Häufig wird dabei der Versuch unternommen, die noch ausstehende Frist und den Zeitpunkt des Weltendes zu berechnen. Nicht nur die großen Ausleger des Mittelalters, Joachim von Fiore, Nikolaus von Lyra u. a., sondern auch Luther und viele spätere Theologen haben in diesem Sinne die Offb. gelesen. Aber wenn Luther gelegentlich die beiden Tiere von Kap. 13 auf das Papsttum und das mit ihm verbündete Kaisertum deutet, so ist ihm darin ebensowenig zuzustimmen, wie wenn man in geschichtlichen Notzeiten immer wieder gemeint hat, in bestimmten Gewaltherrschern sei der Antichrist selbst als Vorbote des Endes der Weltgeschichte erschienen. Gegen die welt- bzw. kirchengeschichtliche Deutung spricht vor allem die Tatsache, daß sie von Jahrhundert zu Jahrhundert verändert werden mußte und durch die Ereignisse selbst widerlegt worden ist.

Eine wissenschaftlich begründete Auslegung der Offb. wurde erst möglich, als man zu Ende des 18. Jahrhunderts begann, das Buch des Johannes aus seiner Zeit heraus zu erklären und im Blick auf die Ereignisse zu lesen, die die Gemeinden damals unmittelbar betrafen. *Zeitgeschichtliche* Bezugnahmen sind vor allem in den

Kapiteln 13 und 17 zu finden. Werden sie erkannt, dann verbieten sich alle Versuche, willkürlich irgendwelche Gleichsetzungen mit Personen vorzunehmen, die als große oder schreckliche Gestalten in der Weltgeschichte aufgetreten sind. Freilich erschöpft sich die Bestimmung der Offb. nicht in der Betrachtung zeitgeschichtlich gebundener Probleme, sondern das ganze Buch steht unter der Erwartung des Endes. Diese *endgeschichtliche* Ausrichtung des Werkes muß daher bei der Erklärung aller Abschnitte berücksichtigt werden. Zwar schreibt Johannes für christliche Gemeinden, die in einer bestimmten Not und Bedrängnis stehen; aber er nimmt zu diesen Ereignissen Stellung, indem er sie unter die Botschaft vom kommenden Ende rückt. Er erwartet das Ende in naher Zukunft (1,1.3; 22,6.10). Er will die Gemeinden in den Anfechtungen stärken, indem er zu ihnen von Gottes Herrschaft spricht, jedoch nichts von den Schrecken verschweigt, die noch bevorstehen. Diese kommenden Katastrophen malt der Seher mit den Farben, die die Apokalyptik für ihn bereit hielt. Daher muß die Deutung der einzelnen Bilder die Vorgeschichte der verwendeten Stoffe gründlich erforschen und dann herausarbeiten, in welchem Sinne der Verfasser die überkommenen Elemente seinerseits nun verarbeitet hat und verstanden wissen will. Das heißt aber, daß die Offb. *traditionsgeschichtlich* erklärt werden muß. Gelehrte wie Gunkel, Bousset, Charles und Lohmeyer haben gezeigt, daß der Seher Johannes im Denken und in den Anschauungen der jüdischen Apokalyptik beheimatet ist, daß er aber auch astralreligiöse und mythische Überlieferungen anderer Völker benutzt hat, um sie seiner Verkündigung dienstbar zu machen. Nur wenn diese religionsgeschichtlichen Zusammenhänge sorgfältig berücksichtigt werden, kann der Ausleger die Botschaft der Offb. sachgemäß erklären und der Gefahr entgehen, willkürliche Spekulationen anzustellen oder fremde Gedanken in den Text einzutragen.

5. Inhalt und Aufbau der Offb. Joh.

Der Grundriß des Buches entspricht dem Befehl, den der Seher Johannes empfangen hat (1,19). Er soll niederschreiben, was er gesehen hat (= die Erscheinung des erhöhten Christus, 1,9-20), was ist (= die sieben Sendschreiben, Kap. 2-3) und was hernach geschehen wird (= Kap. 4-22). Daher wird zunächst eine mahnende Botschaft an die Gemeinden Kleinasiens gerichtet (Kap. 2-3) und dann die bunte Folge der endzeitlichen Geschehnisse dargestellt (Kap. 4-22). Die Fülle der Bilder wird von dem Ordnungsprinzip der Siebenzahl zusammengehalten, so daß man das ganze Buch in sieben Hauptabschnitte gliedern kann, die wiederum vielfach in sieben kleinere Stücke aufgeteilt sind. Auf das einleitende Kapitel mit dem Vorwort (1,1-3), dem briefartigen Eingang (1,4-8) und der Berufungsvision des Sehers (1,9-20) folgen die sieben Sendschreiben (2,1-3,20) als der erste Hauptteil. Den zweiten bilden die sieben Siegelvisionen (4,1-8,1). Zunächst geht ein himmlisches Vorspiel voran (4,1-5,14): Der Seher darf den himmlischen Thronsaal (4,1-11) und die Übergabe des siebenfach versiegelten Buches an das Lamm Gottes schauen (5,1-14). Das Lamm nimmt das Buch und löst ein Siegel nach dem anderen. Es erscheinen die vier apokalyptischen Reiter (6,1-8), dann ertönt der Ruf der Seelen der Blutzeugen, die am Fuße des himmlischen Altars liegen (6,9-11), und schließlich wird der ganze Kosmos in furchtbarem Beben erschüttert (6,12-19). Vor der Öffnung des siebenten Siegels wird ein Zwischenspiel von der Bewahrung des Gottesvolkes in der letzten Notzeit eingeschaltet (Kap. 7). Die 144000 werden als das Eigentum Gottes und des Lammes versiegelt (7,1-8), eine unübersehbare, große Schar steht vor Gottes Thron (7,9-17). Nun wird das letzte Siegel aufgetan (8,1), eine halbe Stunde lang herrscht vollkommene Stille im All. Der Aufbau des dritten Hauptteils (8,2-11,19) entspricht dem der Siegelvisionen. An einen kurzen vorbereitenden Abschnitt (8,2-6) schließen sich die ersten vier Posaunenvisionen an (8,7-12), die fünfte (9,1-12) und sechste (9,13-21) schildern in ausführlicher Darstellung die unerträgliche Steigerung der Katastrophen. Wieder wird dann ein Zwischenstück eingeschoben, in dem der Blick auf das Volk Gottes gelenkt wird: Nach einer Einleitung, die einen Engel mit einem aufgeschlagenen Buch zeigt (10,1-11), wird im Bilde von der Messung des Tempels und den beiden Zeugen die Bewährung der Kirche in der letzten Notzeit dargestellt (11,1-14). Die siebente Posaunenvision weist schon auf den endzeitlichen Triumphgesang hin (11,15-19) und leitet zum Kernstück des Buches über: Der Drache und das Lamm (Kap. 12-14). Das Kind wird dem Zugriff des Drachen entzogen, aber die Frau bleibt seiner Feindschaft ausgesetzt (12,1-6), Michael besiegt den Drachen und stürzt ihn vom Himmel auf die Erde hinunter (12,7-12), dort sucht er die Frau weiterhin zu bedrängen (12,13-17). Diese mythischen Bilder erhalten dann ihre aktuelle Zuspitzung (Kap. 13). Nacheinander steigen zwei Tiere, Kreaturen des Drachen, herauf, das erste mit einer Todeswunde, die wieder geheilt wurde (12,18-13,10), das zweite als werbender Prophet des ersten (13,11-18). Doch der Sieg Christi ist gewiß: Das Lamm und die 144000 stehen geborgen auf dem Zion (14,1-5), das Gericht wird angekündigt und vorbereitet (14,6-20). Im fünften Hauptteil (15,1-16,21) rollen abermals sieben Visionen ab, die wiederum wie die vorangegangenen Siebenergruppen aufgebaut sind, aber noch schrecklichere Plagen enthalten. Nach einem himmlischen Vorspiel (15,1-8) werden die sieben Schalen über die Erde ausgegossen (16,1-21). Der Fall Babylons bildet den Inhalt des sechsten Hauptteils (17,1-19,10): Über die Hure Babylon soll Gericht gesprochen werden (17,1-18), ein vielstimmiger Chor ruft die Klage über Babylons Untergang aus (18,1-24), im Himmel aber herrscht Jubel (19,1-10). Der letzte Abschnitt beschreibt das Kommen Christi und die Vollendung (19,11-22,5). Christus besiegt das Tier und seine Streitmacht (19,11-21), er herrscht mit den Seinen tausend Jahre und richtet den Satan (20,1-10), danach wird das Weltgericht gehalten (20,11-15). Wenn die alte Welt vergangen ist, kommen der neue Himmel und die neue Erde (21,1-8) und das neue Jerusalem (21,9-22,5). Am Schluß des Buches (22,6-21) wird noch einmal eine Beglaubigung des vom Seher niedergeschriebenen Zeugnisses ausgesprochen und mit feierlichen Worten die Nähe der baldigen Ankunft Christi angekündigt.

Kommentare zur Offb.: W. Bousset, 1906; H. J. Holtzmann-W. Bauer, 3. Aufl. 1908; R. H. Charles, 1920 (engl.); A. Loisy, 1923 (franz.); Th. Zahn, 1924/26; E. Lohmeyer, 1926 (Nachdruck mit Ergänzungen 1953); W. Hadorn, 1928; E. B. Allo, 3. Aufl. 1933 (franz.); J. Sickenberger, 2. Aufl. 1942; H. Kraft, 1974.

Ohne griechische Sprachkenntnisse verständliche Erklärungen (in Auswahl): J. Weiß, 3. Aufl. 1918; R. Kraemer, 1930; J. Rohr, 4. Aufl. 1932; E. Reisner, 1949; H. Echternach, 1950; J. Bonsirven, 1951 (franz.); M. Kiddle und M. K. Roß, 5. Aufl. 1952 (engl.); M.-E. Boismard, 2. Aufl. 1953 (franz.); L. Cerfaux und J. Cambier, 1955 (franz.); J. Behm, 7. Aufl. 1957; D. W. Richardson, 4. Aufl. 1957 (engl.); A. Wikenhauser, 3. Aufl. 1959; E. Kellerhals, 1960; H. Lilje, 7. Aufl. 1961; H. Frey, 3. Aufl. 1962; A. Farrer, 1964 (engl.); B. Forck, 1964; T. F. Glasson, 1965 (engl.); M. Rissi, 1966; G. B. Caird, 1966 (engl.); R. H. Preston und A. T. Hanson, 1968 (engl.); E. Schick, 2. Aufl. 1968; K. Hartenstein, 4. Aufl. 1969; C. Brütsch, 2. Aufl. 1970; W. Hendricksen, 2. Aufl. 1971 (engl.); J. Massyngberde Ford, 1975 (engl.).

Zur jüdischen Apokalyptik: Quellen in Übersetzung: R. H. Charles, The Apocrypha and Pseudepigrapha of the Old Testament, 2 Bände, 1913; E. Kautzsch, Die Apokryphen und Pseudepigraphen des Alten Testamentes, 2 Bände, 2. Aufl. 1921; P. Rießler, Altjüdisches Schrifttum außerhalb der Bibel, 1928. – Erklärungen: P. Volz, Die Eschatologie der jüdischen Gemeinde im neutestamentlichen Zeitalter, 2. Aufl. 1934; H. H. Rowley, Apokalyptik, 1965; W. Foerster, Neutestamentliche Zeitgeschichte, 4. Aufl. 1968; E. Lohse, Umwelt des Neuen Testaments, 4. Aufl. 1978; ferner die Artikel Apokalyptik und Eschatologie in: Evangelisches Kirchenlexikon, 2. Aufl. 1962 und in: Die Religion in Geschichte und Gegenwart, 3. Aufl. 1957 ff. (dort weitere Literaturangaben).

Zu den Handschriften vom Toten Meer: Einführung und Übersetzung der bisher veröffentlichten Texte: H. Bardtke, Die Handschriftenfunde am Toten Meer, I, 3. Aufl. 1961, II, 2. Aufl. 1961; J. Maier, Die Texte vom Toten Meer, 2 Bände 1960; E. Lohse, Die Texte aus Qumran, 2. Aufl. 1971. Ferner seien genannt: C. Burchard, Bibliographie zu den Handschriften vom Toten Meer, I 1957, II 1965; F. F. Bruce, Die Handschriftenfunde am Toten Meer, 1957; M. Burrows, Die Schriftrollen vom Toten Meer, 3. Aufl. 1960; ders., Mehr Klarheit über die Schriftrollen, 1958; K. Schubert, Die Gemeinde vom Toten Meer, 1958; F. M. Cross, Die antike Bibliothek von Qumran und die moderne biblische Wissenschaft, 1967.

Zu den Problemen der Eschatologie: R. Niebuhr, Glaube und Geschichte, 1951; E. Brunner, Das Ewige als Zukunft und Gegenwart, 1953; K. Löwith, Weltgeschichte und Heilsgeschehen, 4. A. 1961; O. Cullmann, Christus und die Zeit, 3. A. 1962; R. Bultmann, Geschichte und Eschatologie, 2. A. 1964; P. Althaus, Die letzten Dinge, 9. A. 1964; W. Kreck, Die Zukunft des Gekommenen, 2. A. 1966; J. Moltmann, Theologie der Hoffnung, 9. A. 1973; Zur Geschichte der Erforschung der Offb. Joh.: O. Böcher, Die Johannesapokalypse, 1975.

Vorwort 1, 1-3

**1 Offenbarung Jesu Christi, die ihm Gott gegeben hat, um seinen Knechten zu zeigen,
'was' in Kürze 'geschehen muß', und die er durch Engelsbotschaft seinem Knecht Johannes
kundgetan hat. 2 Der hat das Wort Gottes und das Zeugnis Jesu Christi bezeugt – alles,
was er gesehen hat. 3 Selig, wer vorliest und die hören die Worte der Weissagung und be-
wahren, was darin geschrieben ist. Denn die Zeit ist nahe.**

Vers 1: Dan. 2, 28. 29

Als man das Buch des Johannes in den Kanon der neutestamentlichen Schriften aufnahm, wurde ihm nachträglich eine Überschrift vorangestellt. Der Titel „Offenbarung des Johannes" ist aus den ersten Versen erschlossen, mit denen der Verfasser sein Werk einleitet. Dieses Vorwort ist eng verbunden mit dem Schlußwort des Buches (22, 6 ff.); beide sind wie ein Rahmen um das Ganze herumgelegt und nennen in feierlichen Worten den Ursprung der Botschaft, ihren Inhalt und ihre Empfänger und schließen daran jeweils eine Seligpreisung an (1, 3; 22, 7).

Offenbarung Jesu Christi enthält das Buch, das der Seher Johannes schreibt (vgl. 1
die Überschriften Jer. 1, 1; Am. 1, 1). Aber der Verfasser verbindet mit diesem ersten Wort der Überschrift nicht seinen eigenen Namen, sondern nennt Jesus Christus, ja Gott selbst als Ursprung und letzte Autorität der Botschaft, die er weiterzugeben hat. Wie nach der Darstellung der synoptischen Evangelien Jesus seinen vertrauten Jüngern mitteilte, was in der letzten Zeit geschehen muß und in welchen Ereignissen sich das Kommen des Menschensohnes ankündigen wird (Mk. 13, 1-27 Par.), so wird auch hier die Offenbarung des Zukünftigen durch Jesus Christus seinen Knechten kundgetan. Knechte Gottes sind diejenigen, die er sich erwählt und in seinen Dienst genommen hat (vgl. Ps. 105, 26). Seine Knechte, die Propheten, läßt Gott seinen Willen wissen und offenbart ihnen sein Geheimnis (Am. 3, 7). Die Gemeinde von Qumran nennt wiederholt die Propheten Knechte Gottes (1 QS I, 3; 1 QpHab. II, 9; VII, 5 u. ö.) und ist der Überzeugung, daß Gott dem Lehrer der Gerechtigkeit, der die Frommen sammelte und sie im rechten Verständnis der Schrift unterwies, alle Geheimnisse der Worte seiner Knechte, der Propheten, kundgetan habe (1 QpHab. VII, 4 f.). Wenn der Seher Johannes an unserer Stelle von Gottes Knechten spricht, denen gezeigt werden soll, was in Kürze geschehen muß, so hat er die Bedeutung dieses Ausdruckes erweitert. Knechte Gottes sind nicht nur Propheten (vgl. 10, 7; 11, 18), sondern die ganze christliche Gemeinde (vgl. 2, 20; 7, 3; 19, 2), die den Geist empfangen und die Erfüllung der prophetischen Verheißungen erfahren hat. Zu ihr will Gott durch die Botschaft des Sehers sprechen. Johannes deutet an, wie die Kunde von Gott und Jesus Christus zu ihm gelangt ist: Gott schickte Botschaft durch seinen Engel und tat dadurch seinem Knecht Johannes die Offenbarung kund (vgl. 22, 6). Wird 22, 16 Christus als derjenige genannt, der seinen Engel sandte, so hebt der Seher damit seine majestätische Würde hervor, in der er in der Einheit mit dem Vater handelt. Gott, Jesus Christus, der Engel und schließlich Johannes selbst werden somit als Zeugen für die Wahrheit der Offenbarung angeführt. Johannes nennt nur seinen Namen, ohne irgendeinen Ausdruck seiner Würde oder seines Amtes hinzuzufügen. Er ist offenbar den Gemeinden bekannt als Diener am Wort, so daß sie wissen, wer zu ihnen spricht, wenn sie seinen Namen hören. Er ist einer der Knechte Gottes, die das Empfangene weiterzusagen haben. Was aber ist dessen Inhalt?

Offenbarung meint Enthüllung des Verborgenen, Sichtbarwerden des Unsichtbaren. Offenbart wird zukünftiges Geschehen (vgl. 1. Kor. 1, 7), dessen Bedeutung freilich schon unmittelbar in die Gegenwart hineinreicht (vgl. Gal. 1, 16) und sie bestimmt. Der Seher darf einen Blick in die sonst verschlossene himmlische Welt tun, weil Gott seinen Knechten, den Propheten, zeigen will, was in Kürze geschehen muß (vgl. Mk. 13, 7 Par.). Diese aus Dan. 2, 28 f. übernommene Wendung bezieht sich auf die in naher Zukunft eintretenden Ereignisse. Sie rollen nicht etwa nach einer ihnen eigenen zwangsläufigen Gesetzmäßigkeit ab, sondern Gottes Ratschluß allein bestimmt den Gang der Geschehnisse. Es waltet nicht ein blindes Geschick, sondern es erfüllt sich der unerforschliche Wille Gottes. Was Gott beschlossen hat, das wird sich unbedingt und unaufhaltsam verwirklichen. Seinen Knechten aber gewährt er Einblick in seinen Plan, damit seine Gemeinde nicht unvorbereitet in die Schrecken der letzten Zeit hineingehe.

2 Johannes hat nicht für sich behalten, was ihm offenbart wurde, sondern er hat es weitergesagt und das Wort Gottes und das Zeugnis Jesu Christi bezeugt. Damit weist er auf den Inhalt des ganzen Buches hin, den er als beglaubigtes Zeugnis weitergibt.

Zeuge und Märtyrer. Gleich zu Beginn seines Buches spricht der Seher Johannes vom Zeugnis und Bezeugen. Diese Begriffe, die im Zusammenhang seiner Verkündigung von großer Bedeutung sind, stammen aus dem Rechtsleben und bezeichnen eine verbindliche Aussage, die jemand vor Gericht über das abgibt, was er selbst erlebt und gesehen hat (griechisch: martyria). Im Alten Testament wird Israel der Zeuge genannt, der vor der Welt die Taten seines Gottes bekennen soll. Die Völker werden zu einer großen Gerichtsversammlung zusammengerufen und aufgefordert, Zeugen zu stellen, die für sie aussagen können. Dann soll Israel in die Schranken treten: „Ihr seid meine Zeugen, spricht der Herr, und mein Knecht, den ich erwählt habe, damit sie zur Einsicht kommen und an mich glauben und erkennen, daß ich es bin. Vor mir ist kein Gott gewesen, und nach mir wird keiner sein. Ich, ich bin der Herr, und außer mir ist kein Helfer. Ich habe Heil verkündet und es geschaffen, habe es hören lassen; kein fremder Gott war unter euch. Und ihr seid meine Zeugen, spricht der Herr, und ich bin Gott" (Jes. 43, 10-12). „Ihr seid meine Zeugen! Ist ein Gott außer mir? Ist ein Fels? Ich weiß keinen" (Jes. 44, 8). Das Zeugnis, das Israel vor dem Forum der Völker ablegen soll, ist also das Bekenntnis zu dem Gott, der es erwählt hat und der allein Gott ist.

Im Neuen Testament wird in der Apostelgeschichte und in den johanneischen Schriften die Bedeutung des Zeugnisses besonders hervorgehoben. Die Jünger Jesu, so wird im lukanischen Geschichtswerk betont, sind Zeugen alles dessen, was Jesus im Lande der Judäer und in Jerusalem getan hat (Apg. 10, 39). Vor allem aber sind sie Zeugen seiner Passion (Apg. 10, 40) und seiner Auferstehung von den Toten (Apg. 2, 32; 3, 15; 5, 31 f.; 10, 40 f.; 13, 31). Sie sind dazu berufen, vor aller Welt öffentlich zu bezeugen, daß Christus von den Toten erstanden ist (Lk. 24, 48; Apg. 1, 22 f.), und empfangen vom erhöhten Herrn den Auftrag: „Ihr sollt meine Zeugen sein in Jerusalem und in ganz Judäa und Samaria und bis an das Ende der Erde" (Apg. 1, 8). Nur an einer Stelle wird in der Apostelgeschichte der Begriff des Zeugnisses in Zusammenhang mit dem Leiden und Sterben eines Christen gebracht: Apg. 22, 20 heißt es, daß das Blut des Stephanus, des Zeugen Christi, vergossen wurde. Stephanus wird hier Zeuge genannt, weil er für die Wahrheit der Christusbotschaft eingetreten ist. Dieses Bekenntnisses wegen wurde er verfolgt und gesteinigt. Das Leiden trifft also den Boten Jesu, weil er sein Zeugnis ausgerufen und seine Aussage bis in den letzten Augenblick hinein festgehalten hat.

Dieser Zusammenhang zwischen Zeugnis und Leiden wird in der Offb. Joh. noch deutlicher als in der Apg. aufgezeigt. Wie in allen Schriften des Alten und Neuen Testaments behält das Wort Zeugnis seinen juristischen Klang und meint das öffentliche Bekenntnis der Wahrheit (Offb. 1, 9; 6, 9; 12, 17; 19, 10; 20, 4). Wegen dieses Bekenntnisses aber kommen geradezu notwendig Verfolgungen über die, die den Geboten Gottes gehorchen und das Zeugnis Jesu festhalten (Offb. 12,17). Um des Wortes Gottes und des Zeugnisses Jesu willen ist der Seher Johannes von seinen Gemeinden getrennt und nach Patmos gebracht worden (Offb. 1,9). Weil sie das Zeugnis unbeirrt ausrichteten, wurden die Boten Jesu getötet (Offb. 6,9; 20,4). Wie es zum Geschick der alttestamentlichen Propheten gehörte, daß sie um der ihnen aufgetragenen Botschaft willen verfolgt wurden, leiden und sterben mußten, so gehört es auch zum Amt des prophetischen Zeugen Jesu Christi (Offb. 19,10; 22,8), daß er in Not und Bedrängnis gerät. Daher ist der Begriff des Zeugen, der sich fünfmal in der Offb. findet, in seiner Bedeutung klar begrenzt: 2,13 wird Antipas getreuer Zeuge genannt. Zeuge heißt er, weil er das Wort Christi verkündigt hat, und als treu wird er bezeichnet, weil er bis in den Tod hinein bei seinem Zeugnis geblieben ist. Die beiden endzeitlichen Bußprediger, die 1260 Tage lang in Jerusalem auftreten werden, sind Zeugen (11,3), weil sie ihren prophetischen Auftrag ausrichten müssen. Wenn sie aber ihr Zeugnis vollendet haben, wird das Tier aus dem Abgrund gegen sie aufstehen, sie bekriegen und töten. Das prophetische Amt des Zeugen führt die beiden Prediger in das Leiden hinein. Zwar müssen alle Christen in die endzeitlichen Bedrängnisse hineingehen, die über die Gläubigen kommen werden. Aber die Zeugen werden als erste von der Verfolgung betroffen werden. Daher wird gelegentlich das Leiden der Zeugen von dem aller Christen unterschieden: Die Hure Babylon ist trunken vom Blut der Heiligen und vom Blut der Zeugen Jesu (17,6; 18,20.24). Nicht jedes Glied der Gemeinde, das seines Glaubens wegen sterben muß, ist deshalb auch ein Zeuge (griechisch: martys). Sondern Zeugen sind diejenigen, die als Boten des Evangeliums ihr Zeugnis gesagt und mit dem Tode besiegelt haben. Ihr Zeugnis steht nun unveränderlich fest, weil es im Sterben der Zeugen vollendet wurde. Damit sind sie Jesus Christus nachgefolgt, der der treue und wahrhaftige Zeuge ist (1,5; 3,14). Er, der für die Wahrheit Zeugnis ablegte (Joh. 18,37), ist an das Kreuz geschlagen worden. Seinen Zeugen ist er nicht nur mit dem Bekenntnis, sondern auch mit seinem Leiden und Sterben vorangegangen. In dem Zeugnis Jesu liegt die Ursache dafür begründet, daß seine Zeugen leiden und sterben müssen wie ihr Herr. Damit sind in der Offb. das Zeugnis und die Verfolgung, die die Zeugen trifft, eng zusammengerückt. Doch es wird stets deutlich unterschieden zwischen dem Zeugnis als öffentlicher Verkündigung und dem Leiden, das als seine Folge eintritt.

Das Vorwort schließt mit einer Seligpreisung – der ersten von sieben über das ganze Buch verteilten Seligpreisungen (14,13; 16,15; 19,9; 20,6; 22,7.14). Wie in den Sprüchen Jesu auf die Sätze, in denen den Armen, Hungernden, Weinenden und Verfolgten Heil zugesprochen wird, die Weherufe gegen die Reichen und Besitzenden folgen (Lk. 6,20-26), so steht auch in der Offb. den Seligpreisungen ein vielfaches Wehe gegenüber, das über die ungläubigen Menschen ausgerufen wird und ihnen Gottes Gericht ankündigt. In sieben Versen finden sich insgesamt vierzehn Weherufe (8,13; 9,12; 11,14; 12,13; 18,10.16.19). Selig genannt wird hier derjenige, der das Buch der Offenbarung vorliest, wobei nicht an bestimmte Amtsträger gedacht ist, sondern an jeden, der diesen Dienst versieht. Von den Juden haben die christlichen Gemeinden den Brauch übernommen, in der gottesdienstlichen Versammlung heilige Schriften vorzulesen (vgl. Kol. 4, 16; Mk. 13, 14). Außer dem Vorleser werden alle selig gepriesen, die die Worte hören und bewahren, d. h. die sie befolgen (vgl. Lk. 11, 28). Wenn der Verfasser eine so große Verheißung an die Verlesung und das Hören seines Buches knüpft, so zeigt er damit an, welche Autorität er beansprucht. Sein Wort soll nicht hinter dem der alttestamentlichen Propheten zurückstehen (22, 18 f.). In prophetischer Vollmacht ruft er darum den Gemeinden seine Mahnung zu: Die Zeit ist nahe (vgl. 22, 10. 12; 1.Thess. 4, 15-18; 1.Kor. 7, 29; Röm. 13, 11). In nächster Zukunft wird das Ende aller Dinge erwartet. Vom kommenden Ende her aber will die Gegenwart verstanden werden, damit die Frist nicht vertan, sondern die Stunde genutzt werde.

Briefartiger Eingang 1, 4-8

4 Johannes den sieben Gemeinden in Asia: Gnade sei mit euch und Friede von ‚dem,
der da ist' und der da war und der da kommt, und von den sieben Geistern, die vor seinem
Throne sind, 5 und von Jesus Christus, dem ‚treuen Zeugen', dem ‚Erstgeborenen' von
den Toten und ‚Fürsten der Könige der Erde'. Dem, der uns liebt und uns ‚von' unseren
‚Sünden erlöst hat' durch sein Blut 6 und der uns gemacht hat zu einem ‚Königtum', zu
‚Priestern für Gott', seinen Vater – ihm sei Ehre und Kraft in alle Ewigkeiten. Amen.
7 ‚Siehe, er kommt mit den Wolken', und ‚sehen' wird ihn jedes Auge und die, welche ihn ‚durchbohrt haben', ‚und wehklagen werden über ihn alle Geschlechter auf Erden'. Ja, Amen.
8 ‚Ich bin' das A und O, spricht ‚Gott der Herr', ‚der da ist' und der da war und der da kommt, ‚der Allherrscher'.

Vers 4: 2. Mose 3, 14 Vers 5: Ps. 89, 38. 28; 130, 8 Vers 6: 2. Mose 19, 6; Jes. 61, 6 Vers 7: Dan. 7, 13; Sach. 12, 10 ff. Vers 8: 2. Mose 3, 14; Am. 4, 13 LXX

4 Der Seher Johannes bedient sich zu Beginn und Ende seines Buches (22, 21) der Form des Briefes. Dabei schließt er sich ebenso wie der Apostel Paulus nicht an die kurze Fassung des griechischen Briefeingangs an (vgl. zu diesem Apg. 15, 23; 23, 26; Jak. 1, 1), sondern übernimmt das zweigeteilte orientalische Formular. Dieses nennt zunächst den Absender und Empfänger und fügt dann in einem kurzen Satz den Friedenswunsch hinzu (vgl. z. B. Dan. 3, 31). Der Absender führt wieder keinen Titel an (s. 1, 1), sondern nur seinen Namen Johannes. Die Gemeinden, die als die Adressaten genannt sind, wissen, wer zu ihnen redet. Das griechische Wort ecclesia, das hier verwendet ist, entspricht dem alttestamentlichen Begriff des Gottesvolkes, das der Gott Israels sich berufen und erwählt hatte. Nennen nun die christlichen Gemeinden sich Volk Gottes, so erheben sie damit den Anspruch, Gottes endzeitliche Schar zu sein, der die Verheißungen der Schrift gelten. Dieses Volk Gottes ist überall da, wo Menschen zusammenkommen, die den Namen Jesu anrufen, sich zu Jesus als dem Christus bekennen. Daher wird sowohl die einzelne Gemeinde als auch die ganze Kirche mit demselben Wort ecclesia bezeichnet. Johannes schreibt also an das Gottesvolk in den sieben Gemeinden in der römischen Provinz Asia proconsularis. Welche Gemeinden es sind, wird später gesagt (1, 11). Hier ist zunächst nur hervorgehoben, daß es sieben Gemeinden sind. Diese in der Offb. häufig wiederkehrende Zahl wurde in der alten Welt verwendet, um die heilige Fülle zu umschreiben. Mit den sieben Gemeinden in Asia sind daher nicht nur die Christen in den später namentlich aufgeführten Städten angesprochen, sondern darüber

hinaus die ganze Kirche Jesu Christi. Der nun folgende Gruß ist wie in den Briefen des Apostels Paulus dem im Orient überall üblichen Friedenswunsch nachgebildet, aber mit neuem Inhalt gefüllt worden. Denn der Friede, von dem hier die Rede ist, meint das endzeitliche Heil, das mit dem Kommen Jesu Christi angebrochen ist (vgl. Lk. 2,14) und in dem Gott seine Gnade erwiesen hat. Gnade und Friede (vgl. 22,21) beziehen sich auf jenes eine Geschehen, in dem Gott sich den Menschen zugewandt und sich sein Volk berufen hat. Während Paulus aber dann stets fortfährt, daß Gnade und Friede von Gott unserem Vater und dem Herrn Jesus Christus kommen, hat Johannes einen anderen, vollklingenden Ausdruck gewählt, der dreifach gegliedert ist. In Aufnahme und Weiterführung von 2.Mose 3,14 wird zunächst Gott genannt: Gnade und Friede „von: Der da ist und der da war und der da kommt". Wie diese wörtliche Übersetzung zeigen möchte, ist im Urtext der Gottesname unflektiert gebraucht, weil Gott in seiner Hoheit unveränderlich ist. Er ist der, der in Vergangenheit, Gegenwart und Zukunft ist. Gott verharrt nicht in bewegungslosem Sein; darum heißt es nicht: Er wird sein, sondern: Er kommt. Damit wird schon das Thema des ganzen Buches angedeutet, in dem von dem Kommen Gottes am Ende der Tage gehandelt wird. Zu dieser feierlichen Umschreibung des Gottesnamens ist ein zweites Glied hinzugefügt: und von den sieben Geistern, die vor seinem Throne sind. Sonst wird im NT nur von einem Geist gesprochen, hier aber von sieben Geistern. Der Seher greift dabei nicht auf alttestamentliches Erbe zurück (Jes. 11,2), sondern hat eine Vorstellung übernommen, die letztlich aus dem Gestirnsglauben des alten Babylon stammt. Die Sonne, der Mond und die fünf Planeten, die man damals kannte, wurden als Gottheiten verehrt, die den Lauf der Zeit bestimmen (vgl. die Einteilung der Woche). In Israel aber galten die Gestirne nicht als Götter, sondern als Geschöpfe Gottes (vgl. 1.Mose 1,14-19), die ihm dienstbar sein müssen. Statt von den sieben Sternen sprach man im Judentum auch von den sieben Erzengeln, die vor Gott stehen und seiner Befehle harren (vgl. Tob. 12,15). In diesen Vorstellungskreis von den sieben Gestirnen und den sieben Erzengeln gehört die Redeweise von den sieben Geistern (vgl. 3,1); denn diese stehen gleich Feuerfackeln (Gestirne!) vor Gottes Thron (4,5), um als seine Boten (Engel!) in alle Lande ausgesandt zu werden (5,6). Dem Verfasser der Offb. wird nicht mehr der astralreligiöse Ursprung der von ihm verwandten Vorstellung bewußt gewesen sein, sondern er hat sie aus der Überlieferung übernommen und versteht die sieben Geister als Ausdruck für die Fülle des Gottesgeistes, der seiner Kirche zuteil geworden ist (sieben Geister – sieben Gemeinden).

An dritter Stelle folgt nun erst der Name Jesu Christi. Wie es im NT noch 5
keine ausgebildete Trinitätslehre gibt, so darf auch der dreigliedrige Ausdruck an unserer Stelle nicht im Sinne später entfalteter Dogmatik verstanden werden (vgl. Mt. 28,19 f.; 1.Kor. 12,4-6; 2.Kor. 13,13). Es könnte sein, daß eine ursprünglich jüdische Redeweise von Gott und den sieben Geistern durch Hinzufügung des dritten Gliedes verchristlicht worden ist. Mit drei Prädikaten wird der Name Jesu Christi geschmückt, wobei alle drei sich an Wendungen aus Ps. 89,38.28 anlehnen und der Folge des christlichen Bekenntnisses entsprechen: gestorben – auferstanden – erhöht. Er war Zeuge, der für die Wahrheit Zeugnis ablegte (vgl. Joh. 18,37), und wird treu genannt, weil er das Zeugnis bis in den Tod festhielt (vgl. 1.Tim. 6,13;

Offb. 2, 13). Seine Auferstehung bedeutet den Anbruch der Auferweckung aller
Toten (vgl. 1.Kor. 15, 20; Kol. 1, 18), darum heißt er Erstgeborener von den Toten.
Als der Erhöhte schließlich ist er zum Fürsten über alle Könige der Erde eingesetzt
worden, der alle Macht und Gewalt in Händen hält (vgl. Mt. 28, 19; Phil. 2, 11;
Eph. 1, 20 ff.). Mit diesem dreigliedrigen Bekenntnis, das das Werk Christi von
seinem Kreuz bis zu seiner Herrlichkeit umschreibt, ist der Gruß zum Höhepunkt
und Abschluß gekommen. Von der Hoheit des erhöhten Herrn und der ihm über-
tragenen herrscherlichen Gewalt spricht der Seher gleich zu Beginn seines Buches,
um der bedrängten Kirche die Botschaft zuzurufen, daß Christus der König aller
Könige ist und in Kürze sein Regiment über aller Welt sichtbar aufrichten wird.
Weil er der Herr aller Herren ist, kann die Gemeinde in den Schrecken der letzten
Tage getröstet bleiben und bei dem Lobpreis verharren, in den der Gruß übergeht.
Dabei schließt sich der Seher an festformulierte Wendungen an, die wahrscheinlich
auf die Taufe Bezug nehmen. Denn der Erweis der Liebe Gottes ist den Christen
in der Vergebung der Sünden zuteil geworden, die sie in der Taufe als der Erlösung
auf Grund des stellvertretenden Todes Christi empfangen haben, so daß sie nun im
Herrschaftsbereich des Gottessohnes leben (vgl. Kol. 1, 13). Der Lobpreis, zu dem
der Seher überleitet, gilt Christus und ist wieder dreifach gegliedert. Zuerst wird
die Liebe Christi genannt. Die ständig wirkende Liebe Christi ist in der einmaligen
Tat seiner Hingabe für uns offenbar geworden (vgl. Gal. 2, 20; Eph. 5, 2. 25). Er hat
uns losgekauft von unseren Sünden durch sein Blut. In dieser Wendung klingen die
Worte der urchristlichen Verkündigung an, daß Christus für unsere Sünden ge-
storben ist (1.Kor. 15, 3; Gal. 1, 4 u. ö.). Das Bild des Loskaufes ist häufiger auf
Christi Tod bezogen worden (Gal. 3,13; 4, 5; 1.Kor. 6, 20; 7, 23; 1.Petr. 1, 18). Dabei
ist vorausgesetzt, daß wir uns infolge unserer Sünden in einer Schuldknechtschaft
befanden, aus der wir uns nicht selbst zu befreien vermochten. Christus aber hat mit
seinem Blut – d. h. mit seinem für uns erlittenen Sterben (vgl. Mk. 14, 24 Par.;
Röm. 3, 25; 5, 9; 1.Kor. 10, 16; 11, 25; Kol. 1, 20; Eph. 1, 7; 2, 13 u. ö.) – den Kauf-
preis gezahlt, um unsere Gefangenschaft aufzuheben und uns zu befreien. [Jüngere
Handschriften lesen hier nicht das Wort erlösen (lyein), sondern waschen (loyein),
wobei wahrscheinlich durch die Hinzufügung eines einzigen Buchstabens der Hin-
weis auf die Taufe verstärkt und eine Angleichung an die 7, 14; 1.Joh. 1, 7;
Hebr. 9, 14 auftauchende Redeweise vom Waschen in dem Blut Christi vollzogen
6 werden sollte.] Den so Befreiten hat Christus an seiner Würde als Fürst über die
Könige der Erde Anteil verliehen. Hieß es im AT von den Israeliten, daß sie für
Gott ein königliches Priestertum und ein heiliges Volk sein sollten (2.Mose 19, 6), so
gilt nun von der christlichen Gemeinde, daß sie in königlicher Vollmacht und
priesterlicher Reinheit vor Gott Dienst tut. Obwohl sie in der Gegenwart eine ärm-
liche, unter Verfolgungen leidende Schar ist, die voller Sehnsucht auf die zukünftige
Erlösung schaut und erst dann die Herrschaft wird ausüben können (5, 10; 22, 5),
ist ihr doch schon gültig zugesagt, daß sie jetzt bereits zu ihrem Herrn, dem König
und Priester, gehört. Um die einzigartige Würde Christi hervorzuheben, wird Gott
sein Vater genannt. In der Offb. heißt Gott nur der Vater Jesu Christi (2, 28; 3, 5. 21;
14, 1), nicht der Vater der Gläubigen. Denn Christus ist der Sohn, der in engster
Verbundenheit mit dem Vater steht. Darum gebührt ihm aller Lobpreis. Ähnliche

5,1-14	Christologische Hoheitstitel in der Offb.Joh.
7,9-17	Liturgische Stücke in der Offb.Joh.
11,1-14	Die zwei Zeugen
12,6	Die Geburt des Kindes
13,11-18	Der römische Kaiserkult
13,11-18	Die Zahl 666
14,6-20	Das Geschichtsverständnis der Offb.Joh.
20,6	Die Erwartung des Tausendjährigen Reiches
22,6-21	Die Botschaft der Offb.Joh.

Stand: September 1981

Band 6, Römerbrief

zu Röm

1,4-5	Christus als Sohn Gottes
1,17	Gerechtigkeit Gottes bei Paulus
1,24-32	Die Anklage des Heidentums
1,24-32	Ur-Offenbarung und Ur-Schuld
2,1-11	Das Gericht nach den Werken
3,21-31	Die "Rechtfertigung" bei Paulus
3,21-31	Rechtfertigung bei Paulus und in Qumran
3,21-31	Tod und Auferstehung Jesu Christi als Heilstatsachen
4,22-25	Das Alte Testament bei Paulus
4,22-25	Abraham
4,22-25	Der Glaube
5,1-11	Rechtfertigung und Versöhnung
5,19-21	Adam und Christus. Die Geschichte bei Paulus
5,19-21	Die Gnade
6,11-14	Die Taufe bei Paulus und die Mysterien
6,11-14	Das neue Leben als Wirklichkeit und Aufgabe
7,7-13	Das "Ich" in 7,7ff.
7,14-25	Das "Ich" in 7,14ff.
7,14-25	Gesetz und Evangelium bei Paulus
8,1-11	Fleisch und Geist bei Paulus
8,18-22	Welt und Mensch
8,18-30	Ewige Erwählung, Prädestination
11,11-16	Zur "Dialektik" des Paulus
11,36	Rückblick auf Kap. 9-11
11,36	Wiederbringung aller?
11,36	Israels Schicksal und die Christenheit
13,5-7	Die Christenheit und der Staat

Band 7, Korintherbriefe

zu 1.Kor

6,12-20	Die Anschauung des Paulus vom Leibe
7,39-40	Die Ehe in der Auffassung des Paulus
10,23-11,1	Zur Ehtik des Paulus
10,23-11,1	Die anthropologischen Voraussetzungen der paulinischen Ethik
11,7-17	Die Stellung der Frau nach Paulus und in den paulinischen Gemeinden
11,27-34	Das Abendmahl bei Paulus
12,1-14,40	Bekenntnisformeln
12,27-31a	Die Kirche bei Paulus
13,8-13	Die Liebe bei Paulus
14,37-40	Geisteswirkung und Zungenrede
14,37-40	Der Gottesdienst der paulinischen Gemeinden in der Beurteilung des Paulus

15,1-11	Die paulinische Osterüberlieferung und die Auferstehungsberichte der Evangelien
15,50-58	Die paulinische Auferstehungshoffnung
15,50-58	Die Gnosis in Korinth

zu 2.Kor

5,1-10	Der Wandel in der Zukunftshoffnung des Paulus
5,14-6,2	Paulus und der geschichtliche Jesus
12,1-10	Die "Himmelsreise der Seele"
12,1-10	Die Krankheit des Paulus
13,11-13	Die Gegner des Paulus in Korinth
13,11-13	Dreigliedrige (triadische) Formeln bei Paulus

Band 8, Die Briefe an die Galater, Epheser, Philipper, Kolosser, Thessalonicher und Philemon

zu Gal

1,9	Anáthema
3,18	Paulus und das Alte Testament
4,3	Weltelemente
5,12	Zur Theologie der Judaisten

zu Eph

4,12.13	Die Kirche als der Leib Christi

zu Phil

4,7	In Christus Jesus

zu Kol

1,15-20	Der Aufbau des Liedes
2,20	Die Irrlehrer von Kolossä
3,18-4,1	Die Haustafeln

zu 1.Thess

1,10	Die Missionspredigt des Apostels Paulus
2,15f.	Paulus und die Juden

zu 2.Thess

2,12	Der Antichrist

Band 9, Pastoralbriefe und Hebräerbrief

zu 1.Tim

1,10	Die "gesunde Lehre"
3,2	"Eines Weibes Mann"

4,14-30	Heilsgeschichte
21,20-24	Zur Bedeutung Israels
21,25-38	Endgültiges Kommen und Endgeschichte
22,14-30	Zum Verständnis des Kreuzestodes Jesu
23,1-25	Sonderquelle (S) in der Passionsgeschichte?

Band 4, Johannes

zu Joh

1,1-18	Die ursprüngliche Gestalt des Wort-Hymnus
1,1-18	Der religionsgeschichtliche Hintergrund des Logos-Begriffs
3,1-21	Der Menschensohn
3,31-36	Der johanneische Dualismus
6,22-59	Die Sakramente
5,19-30	Die "Wahrlich, wahrlich, ich sage euch"-Sprüche und der vorjohanneische Geistenthusiasmus
8,12-20	Die Ich-bin-Bildworte und -Bildreden
13,31-35	Jüngerschaft und Gemeinde
14,15-17	Der Paraklet
15,9-17	Wort und Glaube
16,25-33	Der Offenbarer und Gesandte. Die Herrlichkeit Jesu
17,24-26	Die Zukunftserwartung (Eschatologie)
19,16b-30	Der Tod Jesu

Band 5, Apostelgeschichte

zu Apg

1,9-11	Jesu Himmelfahrt
1,20-22	Die "Zwölf" - die Apostel - die "12 Apostel"
2,14	Die Reden der Apostelgeschichte
2,17-21	Die Bezeichnung Jesu als "Herr" (kyrios)
2,37-38	Ursprung und Bedeutung der christlichen Taufe
4,32-35	Die urchristliche Gütergemeinschaft - Ideal und geschichtliche Wirklichkeit
8,9-24	Simon Magus
13,1-3	Die erste Missionsreise
15,1-34	Apg 15,1-34 und der Bericht des Paulus (Gal 2,1-10)
15,1-34	Der westliche Text von 15,1-34
15,36-41	Die Epoche der großen paulinischen Mission und ihre Darstellung durch Lukas
17,22-34	Die Areopagrede und Paulus
18,12	Gallio und die Chronologie des Urchristentums
19,21-28,31	Der Schlußteil der Apostelgeschichte

DIE THEMATISCHEN AUSFÜHRUNGEN IM NTD

Band 1, Markus

zu Mk

1,1	Evangelium
1,15	Das Reich Gottes
1,21-28	Schriftgelehrte, Pharisäer, Sadduzäer, Älteste, Synedrium
1,34	Messiasgeheimnis
3,1-6	Jesu Stellung zur pharisäischen Sabbatheiligung
4,1-9	Die Gleichnisse
4,35-41	Wundergeschichten
5,43	Totenauferweckung
6,7-13	Der Zwölferkreis
8,27-33	Der Menschensohn
14,1f.	Die Passionsgeschichte
14,12-16	Das Passa
14,22-25	Die Einsetzungsworte zum Herrenmahl
14,36	Abba
14,53-72	Die historischen Fragen des Prozesses Jesu
15,39	Der Gottessohn
16,1-8	Die Osterberichte
16,1-8	Die Entdeckung des leeren Grabes
16,1-8	Der Markusschluß

Band 2, Matthäus

zu Mt

1,18-25	Reflexionszitate
1,18-25	Die Geburt Jesu von der Jungfrau
3,13-17	Gerechtigkeit Gottes
4,1-11	Zum Problem des Bösen
5,3-12	Seligpreisungen
5,3-12	Söhne Gottes
7,13-23	Propheten, Weise, Schriftgelehrte und Gerechte in der Gemeinde des Matthäus
7,28f.	Die Bergpredigt
18,15-18	Das Problem der Sünde
23,1-39	Jesus als Weisheit Gottes
25,31-46	Wiederkunft Christi
28,16-20	Vater, Sohn und Heiliger Geist

Band 3, Lukas

zu Lk

2,31-38	Israel und die Völker
2,41-52	Die Christusverkündigung der Vorgeschichte

Doxologien werden 5,13; 7,10 Gott dargebracht und gelten in der ältesten Schicht des NT stets dem Vater (Röm. 11,36; Gal. 1,5 u.a.). Hier dagegen heißt es, wie auch in anderen aus der zweiten christlichen Generation stammenden Schriften (2.Tim. 4,18; Hebr. 13,21; 1.Petr. 4,11; 2.Petr. 3,18), daß Christus, ihm, der uns liebt, Ehre und Kraft von Ewigkeit zu Ewigkeit gebühren. Amen, das ist wahr, so wird der Lobpreis bekräftigt. Mit diesem Wort machte man sich das von einem anderen gesprochene Gebet zu eigen (vgl. 1.Kor. 14,16). Die Gemeinden, in denen die von Johannes geschriebenen Worte verlesen werden, stimmen mit Amen in den Lobpreis Christi ein.

Ohne Übergang werden an den Eingangsgruß die Verse 7 und 8 angeschlossen, 7
um den Inhalt des Buches anzukündigen. Dabei sind, wie häufig im NT, zwei alttestamentliche Stellen aufgenommen und, obwohl sie aus ganz verschiedenen Büchern stammen, zu einem Wort zusammengefügt worden. Dan. 7,13 und Sach. 12,10ff. sind auch Joh. 19,37 und Mt. 24,30 miteinander verbunden, Mt. 24,30 wie hier im Blick auf die Parusie, d.h. die Wiederkunft Jesu. Siehe, er kommt mit den Wolken – so wird nach Dan. 7,13 im Urchristentum die Ankunft des Menschensohnes zum Gericht aller und zur Befreiung der Seinen erwartet (vgl. Mk. 14,62). Sach. 12,10ff. ist von der Klage gesprochen, die man nach der Ermordung eines unschuldigen Gerechten in Reue über das Geschehene anstimmt. Hier aber sind diese Worte nicht Ausdruck der Buße, sondern auf das kommende Gericht bezogen. Jedes Auge, alle Menschen werden ihn sehen, und auch die müssen ihn schauen, die ihn durchbohrt haben. Damit sind die Juden gemeint, die Jesus an das Kreuz geschlagen haben. Sie werden den Weltenrichter als den Gekreuzigten kommen sehen und dann das Ausmaß ihrer Schuld erkennen müssen. Schuldig aber sind mit ihnen zusammen alle Menschen. Alle Geschlechter, d.h. die ungläubigen Heiden, werden wehklagen. Alle müssen dann vor Gericht erscheinen, und der Gekreuzigte wird als der Herr das Urteil fällen. Ja, Amen, so wird mit dem griechischen und hebräischen Wort noch einmal unterstrichen, daß diese Ankündigung unbedingt in Erfüllung geht. Die Endereignisse, von denen im Buch der Offenbarung die Rede sein soll, beginnen also mit dem Leiden, Sterben und Auferstehen Jesu Christi (V. 5f.)
und reichen bis zu seiner Wiederkehr am Jüngsten Tage (V. 7). Gottes Wort selbst 8
fügt seine Bestätigung hinzu. Ich bin der Erste und der Letzte, so heißt es im AT (Jes. 41,4; 44,6; 48,12). Gott ist unveränderlich durch alle Zeiten hindurch. Die im AT noch nicht verwendete Buchstabensymbolik war in der hellenistischen Welt weit verbreitet und ist aus dieser in das Judentum eingedrungen. Das volle Alphabet wurde zum All in Beziehung gesetzt, so daß man z.B. die 24 Stunden des Tages mit den 24 griechischen Lettern bezeichnete und eine Verbindung zu den zwölf Tierkreiszeichen herstellte. Aus jüdischer Überlieferung hat der Verfasser der Offb. den sinnbildlichen Gebrauch der Buchstaben übernommen und benutzt die Formel A und O, um sowohl Gottes (21,6) als auch Christi (22,13; auch 1,17; 2,8) Allmacht als Schöpfer und Vollender zu umschreiben. Er, der ist, war und kommt (1,4), ist der Allherrscher. Der Herr Zebaoth (vgl. Am. 4,13), der Herrscher der Heerscharen, regiert als Pantokrator. Alle Gewalt ruht in seinen Händen. Mögen darum seine Feinde toben, chaotische Mächte sich erheben und gegen das Volk Gottes anstürmen, er spricht das erste und das letzte Wort.

Berufung und Beauftragung des Johannes 1,9-20

[9] Ich, Johannes, euer Bruder, der ich teilhabe an der Trübsal und dem Reich und dem Ausharren in Jesus, ich war auf der Insel, die Patmos heißt, um des Wortes Gottes und des Zeugnisses Jesu willen. [10] Ich geriet in Verzückung am Herrentage und hörte hinter mir eine laute Stimme wie von einer Posaune, [11] die sagte: Was du siehst, das schreibe in ein Buch und schicke es den sieben Gemeinden, nach Ephesus und nach Smyrna und nach Pergamon und nach Thyatira und nach Sardes und nach Philadelphia und nach Laodizea. [12] Und ich wandte mich um, die Stimme zu sehen, die mit mir sprach. Und als ich mich umwandte, sah ich sieben goldene Leuchter [13] und inmitten der Leuchter ‚einen wie einen Menschensohn', ‚angetan mit einem langen Gewand' und um die Brust ‚mit einem goldenen' Gürtel ‚umgürtet'. [14] ‚Sein Haupt' aber und ‚die Haare' waren ‚weiß wie weiße Wolle, wie Schnee, und seine Augen wie Feuerflamme', [15] ‚und seine Füße wie Golderz', im Ofen geläutert, ‚und seine Stimme wie das Rauschen vieler Wasser'. [16] Und er hatte in seiner Rechten sieben Sterne, und aus seinem Munde ging ein scharfes zweischneidiges Schwert, und sein Angesicht war, ‚wie die Sonne in ihrer Kraft' leuchtet. [17] Und als ich ihn sah, fiel ich zu seinen Füßen nieder wie ein Toter. Da legte er seine Rechte auf mich und sprach: ‚Fürchte dich nicht, ich bin' der ‚Erste' und der Letzte [18] und der Lebendige. Und ich war tot, und siehe, ich bin lebendig in alle Ewigkeiten. Und ich habe die Schlüssel des Todes und der Hölle. [19] Schreibe nun, was du gesehen hast, und was ist, und ‚was hernach geschehen wird'. [20] (Was) das Geheimnis der sieben Sterne, die du in meiner Rechten gesehen hast, und die sieben goldenen Leuchter (betrifft, so gilt): Die sieben Sterne sind die sieben Engel der Gemeinden, und die sieben Leuchter sind die sieben Gemeinden.

Vers 13: Dan. 7, 13; 10, 5 f. Vers 14: Dan. 7, 9; 10, 6 Vers 15: Dan. 10, 6; Ez. 1, 24; 43, 2 Vers 16: Richter 5, 31 Vers 17: Jes. 44, 6; 48, 12 Vers 19: Dan. 2, 29

9 Wie am Anfang der Schriften der alttestamentlichen Propheten von ihrer Berufung erzählt wird, so steht auch zu Beginn des Buches des Johannes ein Bericht über den ihm gegebenen Auftrag, der ihn zur Rede bevollmächtigt (vgl. Jes. 6; Jer. 1; Ez. 1-3 u. a.). Der Herr, der ihn rief, ist freilich nicht Gott, sondern der erhöhte Christus. Und während die Propheten des Alten Bundes aus dem Volk ausgesondert wurden, um einsam und allein als Prediger ihren Ruf auszurichten, bleibt Johannes Glied der Gemeinde. Neben den Brudernamen, der nicht mehr wie im AT und im Judentum die leibliche Zugehörigkeit zum Volke Israel anzeigt, sondern die Gemeinschaft in der christlichen Gemeinde, stellt Johannes ein zweites Wort, durch das er sich mit seinen Lesern zusammenschließt: Sie alle haben teil an der Trübsal, dem Reich und dem geduldigen Ausharren in Jesus. Dabei will die Reihenfolge der Begriffe beachtet sein. Die Trübsale sind Verfolgungen und Bedrängnisse, die zu den Schrecken der letzten Zeit gehören. Für die Christen, die sie erleiden müssen, können sie schwere Anfechtung bedeuten. Aber der Zugang zum Reich, zur Herrschaft Gottes, erschließt sich nur durch solche Trübsale hindurch (Apg. 14, 22). In ihnen will das geduldige Ausharren bewährt sein, wie es denen möglich ist, die in der Gemeinschaft mit Jesus stehen (3, 10). Durch die Wendungen „in dem Herrn" (14, 13), „in Christus" ist vor allem bei Paulus die in der Taufe begründete Christuszugehörigkeit der Glaubenden bezeichnet (vgl. z. B. Röm. 6, 1-11). Wer in dieser Verbundenheit mit Jesus steht, der kann auch in standhafter Treue durchhalten bis zum Ende. Johannes weiß sich mit den Lesern seines Buches zu solcher Gemeinschaft, die in der Zugehörigkeit zu dem einen Herrn begründet ist, zusammen-

geschlossen. Er schildert nun zunächst kurz die äußeren Umstände, unter denen er
seine Berufung und Beauftragung erfuhr. Er befand sich auf Patmos, einer kleinen
Insel, die zur Gruppe der sog. Sporaden gehört und der kleinasiatischen Küste vor-
gelagert ist; sie wurde von den Römern als Verbannungsort benutzt. Auf Patmos
herrschen gute klimatische Bedingungen, und man konnte dort ein erträgliches
Leben führen. Johannes wird in einer Art Schutzhaft festgehalten worden sein,
durch die es ihm unmöglich gemacht werden sollte, zu predigen wie bisher. Denn
die römischen Behörden waren vor allem daran interessiert, Unruhe und Streit unter
der einheimischen Bevölkerung zu verhindern. Das Wort Gottes und das Zeugnis
Jesu (vgl. zu 1,2) werden von Johannes als Ursache dafür genannt, daß er von
seinen Gemeinden getrennt, nach Patmos gebracht und dadurch an der unmittel-
baren Wortverkündigung gehindert worden war. Da geschah es am Herrentag, am 10
Sonntag, den die Christen statt des Sabbats als den Tag der Auferstehung Jesu
Christi feiern (Mk. 16,2 Par.; 1.Kor. 16,2; Apg. 20,7), daß Johannes in besonderer
Weise die Verbundenheit mit der zum Gottesdienst versammelten Gemeinde er-
fuhr. Der Geist Gottes ergriff von ihm Besitz. Während aber bei Paulus mit dem
Sein im Geist das Christsein als solches gemeint ist (vgl. z.B. Röm. 8,9), wird
hier das Eintreten eines besonderen Zustandes angedeutet. Johannes geriet in Ver-
zückung, er wurde in ekstatischen Zustand versetzt (vgl. Apg. 22,17; 2.Kor. 12,1 ff.),
damit er jene einzigartigen Bilder, die ihm gezeigt werden sollten, schauen könnte.
Der alten Welt war es durchaus kein fremder Gedanke, daß Propheten und Seher
in der Ekstase zu himmlischen Höhen emporgehoben wurden und besondere Er-
kenntnis gewannen. Das frühe Christentum aber ist gegenüber solchen Erfahrungen
sehr zurückhaltend geblieben und fordert die Gemeinden auf, die Geister zu prüfen,
die rechten von den falschen zu scheiden (1.Thess. 5,21; 1.Joh. 4,1 u.ö.). Darum
schildert auch Johannes nur mit wenigen Worten, was ihm geschah. Die Ver-
zückung, die über ihn kam, darf nicht etwa als ein Zustand der Bewußtlosigkeit
verstanden werden. Denn wachen Sinnes hat Johannes aufgenommen, was seinem
Auge offenbar und seinem Ohr kundgetan wurde. Aber er beschreibt nicht weiter
seine eigenen Erfahrungen, sondern geht gleich zur Darstellung der Beauftragung
über, die ihm widerfuhr, um der Gemeinde die Botschaft des erhöhten Herrn aus-
zurichten. Zuerst hört er eine Stimme von unvergleichlichem Klang – wie eine
Posaune. Mit den häufig gebrauchten Wörtern „wie", „gleich" deutet der Seher,
apokalyptischer Tradition folgend (vgl. z.B. Dan. 7,4 f. 13), das Uneigentliche
seiner Vergleiche an. Es fehlen die Ausdrücke, um das Erlebte auch nur annähernd
zureichend beschreiben zu können. Die mächtige Stimme erteilt ihm den Befehl, das, 11
was er sieht, in ein Buch zu schreiben und an die sieben Gemeinden zu schicken.
Sieben Namen werden genannt. Wir wissen aber, daß es auch in anderen Städten
Kleinasiens damals schon christliche Gemeinden gegeben hat, z.B. in Milet und
Kolossae. Durch die Siebenzahl, deren Bedeutung in der Überlieferung längst fest-
gelegt war (vgl. zu 1,4), war der Verfasser gezwungen, eine Auswahl zu treffen und
nur sieben Gemeinden namentlich anzuführen. Nur Vermutungen können darüber
angestellt werden, warum er gerade diese und nicht andere ausgewählt hat. Alle
sieben Gemeinden lagen an der großen Römerstraße, die von Ephesus über Smyrna
nach Pergamon nordwärts ging und dann über Thyatira, Sardes, Philadelphia und

Laodizea wieder nach Süden ins Land hinein führte. Alle sieben Städte waren
Gerichtsplätze, Sitze staatlicher Behörden und darum auch notwendig Stätten, an
denen in besonderer Weise der Kaiserkult, die göttliche Verehrung des Herrschers,
gefördert wurde. Für die Gemeinden in diesen Orten mußte es daher unausweich-
lich zu schweren Auseinandersetzungen und Prüfungen kommen.
12 Nachdem Johannes diesen Auftrag vernommen hat, wendet er sich um und
schaut ein eigenartiges Bild, das er mit alttestamentlichen Wendungen nach-
zuzeichnen sucht. Zur Audition (V. 11) tritt die Vision (V. 12-16). Zuerst sieht Jo-
hannes sieben goldene Leuchter. Dieses Bild ist nicht aus dem AT genommen, da
die alttestamentliche Überlieferung nur den siebenarmigen Leuchter kennt (2.Mose
25, 31 ff.; 37, 17 ff.; auch Sach. 4, 2), hier aber von sieben einzelnen Leuchtern die
Rede ist. Vielleicht wird ursprünglich an ein Bild von sieben Sternen zu denken sein,
aber solche astralreligiösen Beziehungen sind dem Seher sicherlich nicht mehr
bewußt; er deutet in V. 20 die Leuchter in dem Sinne, wie er sie verstanden wissen
13 wollte (vgl. zu V. 20). In der Mitte der Leuchter steht einer „wie" ein Menschen-
sohn. Damit ist wiederum auf Dan. 7, 13 Bezug genommen (vgl. 1, 7); Jesus ist der
Menschensohn, der in der Vollmacht Gottes erscheint und handelt. Mit diesem
Hoheitstitel wird nicht auf den irdischen Jesus, sondern auf den erhöhten Herrn
hingewiesen, der bei Gott thront und die Herrschaft über alle Welt empfangen hat
(vgl. Phil. 2, 9-11; 1.Tim. 3, 16; Mt. 28, 18-20). Auf die kommende Offenbarung
seines Regiments deutet die ihm übertragene herrschaftliche Würde hin. Worte
können freilich die Erscheinung des Menschensohnes nur unzureichend wieder-
geben, was auch hier durch das „Wie" (vgl. 1, 10) angedeutet wird. Für die Be-
schreibung werden alttestamentliche Züge benutzt (Dan. 10, 5 f.). Das lange
Gewand, das den Menschensohn kleidet, ist Zeichen der hohenpriesterlichen Würde
(vgl. 2.Mose 28, 4. 27; Weish. Sal. 18, 24), und der goldene Gürtel, mit dem er um
die Brust gegürtet ist, wurde von Königen getragen (vgl. 1.Makk. 10, 89). Als
Priester und König ist der Menschensohn von unvergleichlicher Hoheit (s. 1, 6).
14 Seine Erscheinung ist so von Licht umhüllt, daß sein Haupt und sein Haar schnee-
weiß glänzen. Damit aber ist ein Zug auf Jesus übertragen worden, mit dem Dan.
7, 9 der Hochbetagte geschildert wurde, der auf dem himmlischen Thron zum
Gericht Platz nahm (vgl. Henoch-Apk. 71, 10). Gottesprädikate aus dem AT werden
in der Offb. öfter unmittelbar auf Jesus angewendet; denn er erscheint als der
Menschensohn in göttlicher Vollmacht und Autorität zum Gericht, ja, er ist Gott
gleich. Wie Feuerflammen (Dan. 10, 6) durchdringen seine leuchtenden Augen alles,
15 so daß nichts vor ihm verborgen bleiben kann. Seine Füße sind wie Golderz (Dan.
10, 6), und seine Stimme kann nur mit dem Tosen brausender Wasserfälle ver-
16 glichen werden (Dan. 10, 6; Ez. 43, 2). In seiner rechten Hand – die rechte Seite ist
die der Kraft und Macht – hält er sieben Sterne (vgl. 1, 4: sieben Geister; 1, 12:
sieben Leuchter; 4, 5: sieben Fackeln; 5, 6: sieben Augen). Wahrscheinlich ist dabei
an ein zusammenhängendes Sternbild zu denken, etwa das des Kleinen Bären, das
als Sinnbild für Macht und Herrschaft angesehen wurde. So trug z. B. der Gott
Mithras das Bärengestirn in der Rechten; auch galt dieses Bild als Zeichen der
Weltherrschaft der Caesaren. Nicht die Mächtigen der Welt, sondern der Menschen-
sohn – das sagt dann dieser Zug – ist Herrscher über das All. Er wird als der Richter

kommen und alle vor seinen Thron fordern. Nun freilich gelingt es nicht mehr, dem Bilde Anschaulichkeit zu verleihen, sondern nur noch die zeichenhafte Bedeutung der Aussage kann aufgenommen werden: Ein scharfes, zweischneidiges Schwert geht aus seinem Munde (vgl. 19, 15). Es weist darauf hin, daß Christus der Richter ist (vgl. Jes. 11, 4; 49, 2). Von der Erscheinung Christi, des Herrschers und Richters, heißt es abschließend mit Worten aus Richter 5, 31: Das Leuchten seines Antlitzes war wie die Lichtfülle der Sonne, wenn diese auf der Mittagshöhe in voller Kraft erstrahlt.

Die letzten Verse dieses Abschnittes schildern die Wirkung der Vision auf den Seher 17
und seine Beauftragung durch den Menschensohn. Wie die Erscheinung Gottes bei den Menschen Furcht und Schrecken auslöst, weil der Mensch vor der Heiligkeit Gottes vergehen muß (1.Mose 32,31; 2.Mose 33, 20; Richter 6, 22 f.; 13, 22; Jes. 6, 5 u. a.), so sinkt auch Johannes vor der hoheitsvollen Gestalt des Menschensohnes wie tot zu Boden (vgl. Dan. 10, 9-11). Der Menschensohn aber legt ihm die Rechte auf das Haupt (vgl. 4.Esr. 10, 29 f.). Daß er sieben Sterne in der Hand hielt, scheint vergessen zu sein; die Bilder wechseln rasch ohne Rücksicht auf den Zusammenhang. Durch die Berührung strömt belebende Kraft auf den wie tot daliegenden Seher über (vgl. Mk. 5, 23 Par.; Lk. 5, 17; 6, 19 u. ö.). In dem Wort, das der Menschensohn zu ihm spricht und mit dem er die Furcht bannt, werden die höchsten Ehrenprädikate von ihm in Anspruch genommen. Er sagt, er sei wie Gott der Erste und der Letzte (vgl. 1, 8), und fügt hinzu: und der Lebendige, wie Gott im Gegensatz zu den leblosen Göttern und Götzen der Heiden allein der wahrhaft Lebendige
ist (vgl. 4, 9. 10; 10, 6; ferner Ps. 42, 3; Hos. 2, 1; 1.Thess. 1, 9 u. ö.). Im zweiten Satz, 18
den der Menschensohn spricht, ist von Christi Tod und Auferstehung, die im Bekenntnis der Gemeinde genannt werden, die Rede. Wenn es aber heißt: Ich war tot, und siehe, ich bin lebendig in alle Ewigkeiten, so ist der Menschensohn ganz an die Seite Gottes gerückt. Im dritten Satz wird auf die Hadesfahrt Christi angespielt. Freilich wird der Vorgang, wie Christus in die Hölle hinabgestiegen ist, nicht beschrieben. Aber die Wirkung des Sieges, den Christus über die Mächte der Unterwelt erfochten hat, wird hervorgehoben. Er hält die Schlüssel des Todes und der Hölle in Händen. Mit dem Tod und der Hölle sind personifizierte Mächte gemeint, die den Schlüssel besessen hatten. Den hat Christus ihnen entrissen, indem er sie im Kampf besiegte. Weil er nun der Herr über die Totenwelt ist, hat der Tod für die Gemeinde seinen Schrecken verloren. Befindet sich nach jüdischer Vorstellung der Schlüssel zur Belebung der Toten nur in Gottes Hand, so sieht die christliche Ge-
meinde den erhöhten Menschensohn in majestätischer Hoheit an Gottes Seite. Der 19
Befehl zum Schreiben wird vom Menschensohn wiederholt und nun der Inhalt dessen, was aufgezeichnet werden soll, mitgeteilt. In manchen antiken Texten findet sich die Wendung „was war, was ist und was sein wird", um den umfassenden Gang der Geschichte zu bezeichnen und anzuzeigen, daß allein die Propheten kraft göttlicher Erleuchtung gewürdigt sind, das Geheimnis des ganzen geschichtlichen Ablaufs schauend zu erfassen. An unserer Stelle ist der formelhafte Ausdruck ein wenig abgewandelt. Die Offb. Joh. gibt keine Rückschau auf bereits vergangene Geschichte, sondern ist ausschließlich auf zukünftige Ereignisse gerichtet, deren Beginn mit dem Sterben und Auferstehen Jesu Christi gegeben ist. Statt „was

war“ heißt es daher „was du gesehen hast“. Damit wird auf die eben geschaute
Vision hingewiesen. „Was ist“ bezieht sich auf die sieben Sendschreiben (Kap. 2-3);
„und was hernach geschehen wird“ (vgl. 1,1) betrifft die sich entrollenden zu-
20 künftigen Ereignisse (4,1; Kap. 4-22). Zum Abschluß folgt noch eine kurze Erklärung, die den verborgenen Sinn eines Geheimnisses enthüllt (vgl. 17,7.9): Die sieben Leuchter werden auf die sieben Gemeinden (vgl. 1,11) gedeutet, in deren Mitte der Menschensohn steht (1,12 f.; 2,1). Und die sieben Sterne, die der erhöhte Herr in Händen hält (1,16; 2,1), sind die sieben Engel der Gemeinden. Wer ist mit diesen Engeln gemeint? Von manchen Auslegern ist die Auffassung vertreten worden, daß an die Leiter der Gemeinden, also an ihre Bischöfe, zu denken sei. Aber abgesehen davon, daß diese sonst niemals Engel genannt werden, ist es fraglich, ob es damals schon das Amt eines Bischofs gegeben hat, der allein an der Spitze der Gemeinden gestanden hat (monarchischer Episkopat). Es ist daher wirklich von Engeln die Rede, und die an sie gerichteten Sendschreiben (Kap. 2-3) sind zugleich an die Gemeinden auf der Erde adressiert. Wie der einzelne Mensch nach verbreiteter Anschauung einen Schutzengel hat (Mt. 18,10), der sogar die Gesichtszüge des von ihm behüteten Menschen tragen kann (Apg. 12,15), so ist auch jeder Gemeinde ein Engel zugeordnet, in dem zugleich die Gemeinde repräsentiert ist. Wird daher der Engel angesprochen, so gilt das Wort zugleich der zu ihm gehörenden Gemeinde. Wenn es heißt, dem Engel einer Gemeinde solle geschrieben werden (2,1 ff.), so bedeutet das, daß der Gemeinde Botschaft geschickt wird (vgl. 1,4.11). Da die Beziehung zwischen Leuchtern bzw. Sternen und Engeln auch sonst häufig in Schriften des nachbiblischen Judentums nachzuweisen ist (vgl. zu 1,4), fügt sich diese in V. 20 gegebene Deutung den apokalyptischen Vorstellungen vollauf ein. Christus trägt als der Herrscher des Alls das Siebengestirn als Zeichen seiner Macht und Gewalt in Händen (1,16; 2,1). Die sieben Sterne aber sollen zugleich als die sieben Engel der Gemeinde verstanden werden, und die den Engeln gegebene Botschaft ist unmittelbare Anrede der Gemeinden.

Apokalyptische Zahlen in der Offb. Joh. In der apokalyptischen Überlieferung sind verschiedene Zahlen mit einer bestimmten Bedeutung verbunden, die auch vom Seher für sein Buch übernommen worden ist. Am häufigsten kehrt die Zahl Sieben wieder: Sieben Gemeinden werden angesprochen (1,4.11), sieben Geister genannt (1,4; 4,5; 5,6), sieben Leuchter (1,12.20; 2,1), sieben Sterne (1,16.20), ein Buch mit sieben Siegeln (5,1), das Lamm mit sieben Hörnern und sieben Augen (5,6), sieben Posaunen in den Händen der sieben Engel (8,2ff.), sieben Donner (10,3), sieben Plagen in sieben Schalen (15,1.7; 16,1 ff.). Da nach der babylonischen Gestirnsreligion sieben als Gottheiten verehrte Gestirne den Lauf des Kosmos bestimmen, galt in der alten Welt die Sieben als die Zahl, die das All umgreift. Diese Bewertung der Sieben hat in die Apokalyptik Eingang gefunden, so daß sie die Vollkommenheit des göttlichen Waltens und die umfassende Fülle bezeichnet. Die halbe Sieben dagegen wird verwandt, um im Unterschied zur Vollzahl eine begrenzte kurze Zeit anzugeben, die dreieinhalb Jahre (12,14 = 42 Monate, 11,2; 13,5 = 1260 Tage, 11,3; 13,5) bzw. dreieinhalb Tage (11,9.11) währt. Auch der Vierzahl wurde besondere Bedeutung beigemessen: An den vier Enden der als

Fläche vorgestellten Erde (20,8) stehen vier mächtige Engelwesen (7,1), die das Himmelsgewölbe tragen und über die Naturgewalten gebieten (7,1f.; 9,14f.). Die vier Jahreszeiten werden von vier großen Sternbildern geleitet, die als ungeheure Wesen das Himmelsgewölbe tragen (4,6). Zwar tritt der astralreligiöse Bezug in der Offb. Joh. nicht mehr in Erscheinung, aber die Vierzahl bleibt an den Bezug auf die kosmische Ordnung gebunden. Der Sinn der Zwölfzahl ist ursprünglich ebenfalls durch Vorstellungen aus der Gestirnsreligion bestimmt worden. In zwölf Monaten legt das Jahr seinen Lauf zurück (22,2), und vierundzwanzig Gestirnen, die je zur Hälfte nördlich und südlich des Tierkreises stehen, wurde in Babylon göttliche Ehre erwiesen (4,4). Die Zwölf gilt daher als Zeichen der Vollendung. Mit zwölf Sternen ist die Himmelskönigin geschmückt (12,1), und die Himmelsstadt ist von einer Mauer umgeben, die auf zwölf Grundsteinen ruht und zwölf Tore hat, die zwölf Perlen sind (21 12-14. 21). Das neue Jerusalem erstreckt sich in Länge und Breite in einem ebenmäßigen Viereck 12000 Stadien weit (21,16). Zwölf Stämme bilden das Volk Gottes (7,5-8), das durch ein Vielfaches von Zwölf als die 144000, die vollzählige Schar der von Gott Erwählten, beschrieben wird (7,1-8; 14,1-5). In dem weitgespannten Zeitraum einer Weltwoche rollt die Geschichte ab. Es wurde daher verschiedentlich vermutet, ihr Gang würde sich auf siebentausend Jahre erstrecken, so daß der letzte Tag der Weltwoche tausend Jahre umfassen würde (20,2-7). Die jüdische Apokalyptik übernahm zwar von der Gestirnsreligion die Beachtung der Zahlen, denen geheimer Sinn eignet, aber die Gestirne wurden nicht mehr verehrt, sondern galten nur als Geschöpfe Gottes. So weiß auch der Seher Johannes, daß das Maß der Zeit allein in Gottes Rat beschlossen liegt, der die Fristen gesetzt und Sterne und Zahlen geordnet hat. (Über die Zahl 666 siehe zu 13,18.)

Die sieben Sendschreiben 2,1—3,20

Johannes soll aufschreiben, was ist (1,19). Er erfüllt diesen Befehl in dem ersten Hauptteil seines Buches, der die sog. Sendschreiben an die sieben Gemeinden in Kleinasien enthält. Diese stellen nicht wirkliche Briefe dar, sondern sind von vornherein als ein Stück des ganzen Buches verfaßt worden und bilden miteinander eine Einheit. War das ganze Buch als Brief an die sieben Gemeinden in Kleinasien eingeleitet (1,4-8), so wird nun in sieben einzelnen Briefen, die nacheinander an jede der Gemeinden gerichtet werden, das Wort des erhöhten Herrn entfaltet. Der Seher verkündet die Worte, die der Geist Gottes ihm eingibt. Die Wirkung der prophetischen Worte aber tritt auch dann ein, wenn die Menschen, denen sie gelten, sie nicht unmittelbar vernehmen. Mit der siebenfachen Botschaft, die Johannes weitergibt, läßt sich die siebenfache Predigt des Propheten Amos vergleichen. Er hatte nacheinander den um Israel herumliegenden Staaten und zuletzt Israel selbst das Gericht angedroht (Am. 1-2), ohne diese Botschaften in die einzelnen Hauptstädte zu schicken. Denn das Wort Gottes erreicht sein Ziel unabhängig davon, ob die Empfänger des Wortes anwesend sind oder nicht.

Die Briefe, die einen aufschlußreichen Einblick in das Leben frühchristlicher Gemeinden gewähren, sind alle gleichförmig aufgebaut. Ihr Aufriß erinnert an das Schema der alttestamentlichen Bundesvermahnung, in der auf Gottes Gebote hingewiesen, zur Umkehr gerufen, den Gehorsamen Segen verheißen, den Ungehorsamen aber Fluch angedroht und das Volk auf den Bund verpflichtet wurde (vgl. 2.Mose 19, 3-8; 24, 3-7; 5.Mose 1-4; Jos. 24). Im Eingang der Sendschreiben stellt sich nach der Adresse stets der Redende selbst vor. Die dem erhöhten Herrn beigelegten Prädikate nehmen dabei vielfach auf die Berufungsvision (1, 9-20) Bezug und klingen häufig im folgenden Hauptteil des Schreibens wieder an. Im Mittelstück wird zunächst das Lob ausgesprochen (dieses fehlt bei Sardes und Laodizea) und dann der Tadel (dieser fehlt bei Smyrna und Philadelphia), gefolgt von einer Bußmahnung und Androhung des Gerichtes. Der Schluß wird von einer nachdrücklichen Aufforderung zum Hören und einer Verheißung für diejenigen gebildet, die im Kampfe treu bleiben und bis zum Siege durchhalten. Die Reihenfolge von Weckruf und Überwinderspruch wird vom vierten Schreiben an umgekehrt (2, 26-29).

An die Gemeinde in Ephesus 2, 1-7

[1] Dem Engel der Gemeinde in Ephesus schreibe: So spricht, der die sieben Sterne in seiner Rechten hält, der inmitten der sieben goldenen Leuchter wandelt. [2] Ich kenne deine Werke, deine Mühe und deine Ausdauer, und daß du nicht Bösewichter ertragen kannst, und diejenigen, die behaupten, sie seien Apostel, und es doch nicht sind, geprüft und sie als Lügner erfunden hast. [3] Und du hast Ausdauer und hast ausgehalten um meines Namens willen und bist nicht müde geworden. [4] Aber ich habe gegen dich, daß du deine erste Liebe verlassen hast. [5] Gedenke nun, von welcher Höhe du gefallen bist, und kehre um und tue wieder die ersten Werke. Wenn aber nicht, dann komme ich dir und werde deinen Leuchter von seiner Stelle stoßen, wenn du nicht umkehrst. [6] Aber das hast du, daß du die Werke der Nikolaiten hassest, die ich auch hasse.

[7] Wer ein Ohr hat, der höre, was der Geist den Gemeinden sagt!

Wer überwindet, dem will ich von ‚dem Holz des Lebens zu essen' geben, welches ‚im Paradiese Gottes' ist.

Vers 7: 1. Mose 2, 9; 3, 22

1 Die erste Botschaft wird nach *Ephesus* gerichtet, in die Hauptstadt der Provinz, in der auch der römische Proconsul seinen Amtssitz hatte. Die blühende Handelsstadt war weit berühmt durch den Tempel der Artemis (vgl. Apg. 19, 23 ff.). Hier wurde auch schon früh der Kaiserkult gepflegt, von dem die Reste eines für Domitian errichteten Tempels Zeugnis geben, die durch Ausgrabungen zutage gefördert worden sind. Bedeutend war aber auch die christliche Gemeinde, die einst der Apostel Paulus gegründet hatte. Der Überlieferung nach hatte hier nicht nur der Apostel Paulus gepredigt, sondern nach ihm hatten in Ephesus Timotheus, Johannes und Maria, die Mutter Jesu, gewirkt. Ihre Gräber zeigte man später in Ephesus. Wenn auch diese Angaben nicht uneingeschränkt vor der historischen Kritik bestehen können, so lassen sie doch erkennen, welch große Bedeutung man dieser Gemeinde beimaß. „So spricht der Herr" – mit diesen Worten beginnen die Propheten des AT. Hier redet der, der die sieben Sterne in Händen hält (1, 16. 20), der inmitten der

sieben Leuchter wandelt (1, 12; 2, 5), das heißt: Er hält die Gemeinden fest in Händen und spricht zu ihnen im Wort des prophetischen Zeugnisses (vgl. zu V. 7).
Er beginnt mit dem Lob, das sich auf die Werke, auf das ganze christliche Leben 2
bezieht (vgl. 14, 13). Als Werke der Gemeinde werden die Mühe und die Ausdauer hervorgehoben (vgl. 1.Thess. 1, 3). Von der Mühe ist V. 2 die Rede, von der Ausdauer in V. 3. Mühe hat die Gemeinde darin bewiesen, daß sie die Bösewichter nicht ertrug und die falschen Apostel als solche entlarvte. Das Wort Apostel ist hier noch im weiteren Sinne verwendet, in dem es ursprünglich von urchristlichen Missionaren gebraucht wurde. Die rechten von den falschen zu unterscheiden, war vielfach für die Gemeinden eine schwierige Aufgabe (vgl. 1.Joh. 4, 1; Apostellehre 11, 3 ff.; Ignatius, An die Epheser 9, 1). In Ephesus hat man die Lügner erkannt. Was sie lehrten und ob sie mit den hernach genannten Nikolaiten identisch waren, erfahren
wir nicht. Standhaftigkeit hat die Gemeinde gegenüber äußeren Schwierigkeiten 3
gezeigt, die ihr von Juden oder Heiden wegen des Bekenntnisses zu Christus bereitet wurden. Aber zu tadeln ist, daß sie die erste Liebe verlassen hat. Dabei ist 4
nicht an eine anfängliche Begeisterung gedacht, die später verflogen ist. Sondern die Liebe, in der einer für den anderen einsteht, ist das Kennzeichen christlichen Lebens und Handelns schlechthin. Von ihr war der Anfang der Gemeinde erfüllt, doch die Gegenwart sieht anders aus. Es gehört zu den schrecklichen Geschehnissen der letzten Notzeit, daß die Bruderliebe erkaltet (vgl. Mt. 24, 12) und jeder nur noch an sich selbst denkt. Hatte man in Ephesus zunächst Liebe an den Brüdern geübt, so war man im Laufe der Zeit nachlässig und säumig geworden. Preisgeben der Liebe aber bedeutet Verlust der Liebe Christi, ohne die alles andere nichts ist (vgl.
1.Kor. 13). Darum schließt sich die Bußmahnung unmittelbar an, in der drei auf- 5
einander folgende Befehle erteilt werden. Die Buße beginnt damit, daß man sich darüber klar wird, von welcher Höhe man gefallen ist; sie wird in der Umkehr, die nicht nur einen Gesinnungswandel, sondern eine Kehrtwendung des ganzen Menschen bedeutet, vollzogen; und sie wird verwirklicht in der Tat. Es sollen wieder die der ersten Liebe entsprechenden Werke getan werden. Es gilt, sich auf den Anfang zu besinnen und sich erneut von der Kraft der Liebe, mit der das Leben der Gemeinde begann, leiten zu lassen. Wie ernst diese Bußmahnung ist, wird durch ein Drohwort unterstrichen. Wenn der Ruf zur Umkehr nicht befolgt wird, dann kommt der Herr zum Gericht und wird es vollziehen, indem er den Leuchter der Gemeinde umstößt. Dieses Gerichtsurteil, das schon vor dem Endgericht vollstreckt werden kann, würde bedeuten, daß Ephesus aus der Zahl der sieben Ge-
meinden ausgeschlossen würde. Aber es besteht durchaus Hoffnung, daß es nicht 6
dazu kommt. Denn außer dem Tadel kann die Gemeinde noch ein Lob empfangen, weil man sich in Ephesus eindeutig von den Nikolaiten getrennt hat. Wer die Nikolaiten waren, wird nicht gesagt. Außer den wenigen Angaben, die wir in der Offb. über diese Gruppe erhalten (vgl. zu 2, 15), sind keine zuverlässigen Nachrichten über sie überliefert. Vermutlich sind sie nach ihrem uns unbekannten Gründer und Anführer benannt worden. Anstößig ist nach 2, 15 ihre Lehre, die in ihren Taten, d. h. in ihrem gesamten Verhalten, sich auswirkt. Diese Nikolaiten, die wahrscheinlich Gnostiker waren (vgl. zu 2, 24), hat man in Ephesus gehaßt, d. h.
man hat sie ausgeschlossen als nicht zur Gemeinde gehörig. – Der in allen Send- 7

schreiben gleichlautende Weckruf (vgl. Mk. 4, 9 Par.) fordert auf zu hören, was der Geist den Gemeinden sagt. Dieser ist der prophetische Geist, der in dem Wort des Johannes laut wird. Durch den Geist redet der erhöhte Herr selbst (14, 13; 19, 10; 22, 17). Eine Verheißung für den Sieger steht am Ende. Dabei ist nicht nur an die Zeugen gedacht, die ihr Zeugnis im Leiden festhalten, sondern die Verheißung gilt der ganzen Gemeinde, die sich als die Schar der Streiter Christi im Kampf befindet, den sie in der letzten Notzeit bestehen muß. (Vgl. dazu die jüdische Gemeinschaft von Qumran: Die Kinder des Lichtes müssen in der letzten Zeit gegen Kinder der Finsternis Krieg führen bis zum Sieg, der mit Gottes Hilfe errungen werden wird.) Allen, die Treue bewahren und durchhalten (vgl. 1. Joh. 5, 4; Joh. 16, 33), wird Anteil an der zukünftigen Herrlichkeit verheißen. Diese Verheißung wird in jedem der sieben Überwindersprüche mit verschiedenen apokalyptischen Bildern ausgemalt. Denen, die hier auf Erden um Christi willen Leiden und Verfolgung erdulden, soll am Ende köstlicher Lohn zuteil werden. Sie sollen sich an der überströmenden Fülle des Paradieses laben dürfen. War einst nach dem Sündenfall das Paradies verschwunden, so erwartet man für die Endzeit die Wiederkehr des Paradieses, in dem der Baum des Lebens (1. Mose 2, 9; 3, 22) steht (vgl. Test. Levi 18, 10 f.; Henoch-Apk. 24, 4; 25, 4 f.). Wer überwindet, der wird vom Holz des Lebens essen dürfen (vgl. 22, 2); ihm wird zugesagt, daß er das Heil empfangen wird.

An die Gemeinde in Smyrna 2, 8-11

[8] Und dem Engel der Gemeinde in Smyrna schreibe: So spricht ‚der Erste und der Letzte', der tot war und wieder lebendig wurde. [9] Ich kenne deine Trübsal und Armut – aber du bist reich – und die Lästerung von seiten derer, die behaupten, sie seien Juden und sind es nicht, sondern die Synagoge des Satans. [10] Fürchte dich nicht vor dem, was du wirst leiden müssen. Siehe, der Teufel wird einige von euch ins Gefängnis werfen, damit ihr ‚versucht werdet', und ihr werdet Trübsal haben ‚zehn Tage lang'. Sei treu bis zum Tod, so will ich dir den Kranz des Lebens geben.

[11] Wer ein Ohr hat, der höre, was der Geist der Gemeinden sagt!
Wer überwindet, dem soll kein Leid von dem zweiten Tod geschehen.

Vers 8: Jes. 44, 6; 48, 12 Vers 10: Dan. 1, 12. 14

8 Die altgriechische Handelsstadt *Smyrna* stand Ephesus an Reichtum und Wohlstand kaum nach. Die christliche Gemeinde der Stadt hatte von den Juden wiederholt Verfolgung und Nachstellungen zu erdulden, denen später auch der Bischof Polykarp zum Opfer fiel. Als er das Martyrium erlitt (156 n. Chr.), sagte er, 86 Jahre lang habe er Christus gedient. Es ist daher nicht ausgeschlossen, daß Polykarp bereits zur Zeit der Abfassung der Sendschreiben als verantwortliches Glied zur Gemeinde in Smyrna gehört hat. Der erhöhte Herr spricht als der Erste
9 und Letzte (1, 17 f.), der vom Tode erstanden ist (vgl. V. 10; Röm. 14, 9). Kein Wort des Tadels wird laut, nur Lob wird der Gemeinde erteilt. Inmitten der Bedrängnisse und der drückenden Armut ist sie doch wahrhaft reich (vgl. Lk. 6, 20; 12, 21; 2. Kor. 6, 10; 1. Tim. 6, 18; Jak. 2, 5). Zwar muß sie sich Lästerungen und Schmähungen von den Juden gefallen lassen. Jene aber haben durch ihr feindliches Verhalten den

Ehrennamen Jude verwirkt und bewiesen, daß sie nicht Volk Gottes, sondern
vielmehr Synagoge des Satans sind, Volksgemeinde des Teufels. Israel Gottes ist
allein die Schar derer, die sich zu Christus bekennen (vgl. Gal. 6, 15 f.; Röm. 2, 28).
Sie wird neuen Leiden entgegengehen müssen. Einige ihrer Glieder wird man ins 10
Gefängnis werfen. Diese Verfolgung, die Menschen der Gemeinde bereiten, ist vom
Teufel gewirkt. Doch Gott behält das Regiment in der Hand und will die Seinen
auf die Probe stellen (vgl. Hiob 1, 6 ff.) – aber nur auf kurze Zeit, wie mit dem
Hinweis auf die Spanne von zehn Tagen angedeutet wird (vgl. Dan. 1, 12. 14;
1. Mose 24, 55). Darum gilt es, treu zu bleiben bis in den Tod hinein. Denen, die
ihr Bekenntnis mit dem Tode besiegeln, wird der Kranz des Lebens (vgl. Jak. 1, 12)
verheißen. Damit sind nicht Kränze gemeint, wie sie Siegern in Sportwettkämpfen
(1. Kor. 9, 24; Phil. 3, 14 u. ö.) oder verdienten Männern (1. Petr. 5, 4) verliehen
wurden. Denn hier ist an eine himmlische Gabe gedacht, so daß in dem Verheißungswort die alte Vorstellung, nach der die Lichtgötter eine Strahlenkrone
tragen, in abgeblaßter und veränderter Gestalt anklingt. Die seligen Frommen
werden in der Vollendung mit einer Strahlenkrone geschmückt (3, 11; 4, 4. 10; 12, 1;
14, 14). Die jüdische Gemeinschaft von Qumran erwartet, daß am Ende die Kinder
der Wahrheit „ewige Freude in ewigem Leben" genießen „und eine Krone der
Herrlichkeit mitsamt einem Ehrenkleid in ewigem Licht" empfangen werden
(1 QS IV, 7 f.). So wird den Getreuen die Gabe des Lebens zuteil, die ihnen nicht
wieder genommen werden kann. Denn ihnen wird kein Leid widerfahren vom 11
„zweiten Tod". Dieser aus dem Judentum stammende Ausdruck meint den Ausschluß von der Auferstehung der Toten bzw. die Überweisung in die ewige Verdammnis (vgl. 20, 6. 14; 21, 8). Während jeder Mensch durch das leibliche Sterben
hindurchgehen muß, werden die Überwinder nicht vom ewigen Tod betroffen,
sondern auferweckt und in das unvergängliche Leben versetzt werden. Diese Verheißung soll zugleich Mut und Ausdauer der angefochtenen Christen stärken,
damit sie getreu bleiben bis zum Ende.

An die Gemeinde in Pergamon 2, 12-17

12 Und dem Engel der Gemeinde in Pergamon schreibe: So spricht, der das zweischneidige scharfe Schwert hat. 13 Ich weiß, wo du wohnst – wo der Thron des Satans ist. Und du hältst meinen Namen fest und hast den Glauben an mich nicht verleugnet, selbst in den Tagen des Antipas, meines Zeugen, meines getreuen, der bei euch getötet wurde, dort, wo der Satan wohnt. 14 Aber ich habe etwas gegen dich, daß du dort solche hast, die sich an die Lehre ‚Bileams' halten, der Balak lehrte, ‚die Söhne Israels' zu verführen, ‚Götzenopferfleisch zu essen und Hurerei zu treiben'. 15 So hast du auch solche, die sich an die Lehre der Nikolaiten in gleicher Weise halten. 16 Kehre nun um; wenn aber nicht, komme ich dir bald und werde sie bekämpfen mit dem Schwerte meines Mundes.

17 Wer ein Ohr hat, der höre, was der Geist den Gemeinden sagt!

Wer überwindet, dem ‚will ich' von dem verborgenen ‚Manna geben', und dem will ich einen weißen Stein geben, und auf dem Stein einen neuen Namen geschrieben, den niemand kennt, außer dem, der ihn empfängt.

Vers 14: 4. Mose 31, 16; 25, 1 f. Vers 17: Ps. 78, 24; Jes. 62, 2

Pergamon war die alte Hauptstadt des Reiches der Attaliden und konnte auch in 12
römischer Zeit den Vergleich mit Ephesus wohl aufnehmen. Viele Tempel standen

in der Stadt. Unter ihnen war einer dem Zeus geweiht, ein anderer dem Heilgott Asklepios, der von zahlreichen Pilgern aufgesucht wurde, die von dem Gott Hilfe bekommen wollten. Bereits 29 v. Chr. war ein Tempel für Augustus und die Göttin Roma errichtet worden. Die christliche Gemeinde in Pergamon, von der wir hier zum ersten Mal hören, mußte in dieser Umgebung einen schweren Stand haben. Der erhöhte Herr, der zu ihr spricht, bezeichnet sich als Richter mit dem scharfen
13 zweischneidigen Schwert (vgl. 1, 16; 2, 16). Er weiß, in welcher Umgebung seine Gläubigen wohnen. Dort, wo die heidnischen Kulte blühen, dem Herrscher göttliche Ehren dargebracht und die Bekenner Christi verfolgt werden, steht der Thron des Satans. Hier den Namen Christi festzuhalten und den Glauben an ihn nicht zu verleugnen, ist keine leichte Sache. Aber die Gemeinde hat sich auch durch äußeren Druck nicht beirren lassen – selbst dann nicht, als einer aus ihrer Mitte, der ein getreuer Zeuge seines Herrn war, getötet wurde. Der Tod des Antipas wird kaum auf eine allgemeine Verfolgung zurückgehen; denn wir wissen nichts von einer allgemeinen Christenverfolgung, die schon in dieser Zeit in Kleinasien stattgefunden hätte. Die große Prüfung steht der Kirche noch bevor. Der Tod des Antipas wird daher eine Folge unkontrollierter Lynchjustiz gewesen sein, durch die die Gegner die Christen einschüchtern wollten. Ihr tapferes Verhalten verdient hohes Lob, das nur durch einen Punkt, der als Tadel genannt werden muß, eingeschränkt wird:
14 Innerhalb der Gemeinde gibt es Leute, die Anhänger der Lehre Bileams sind. Bileam war einst vom Moabiterkönig Balak gerufen worden, um die Israeliten zu verfluchen (4. Mose 22-24). Er galt später im Judentum als der Anstifter zum Götzendienst schlechthin (4. Mose 31, 16). Er soll es gewesen sein, der die Moabiterinnen veranlaßte, mit den Israeliten Hurerei zu treiben (4. Mose 25, 1 ff.). Er ist Typus der Irrlehrer, die zu den beiden Hauptlastern des Essens von Götzenopferfleisch (vgl. 1. Kor. 8-10) und der Hurerei (vgl. 1. Kor. 6, 12-20) auffordern.
15 Seinem Vorbild eifern die Nikolaiten (2, 6) nach. Es handelt sich also bei den Anhängern Bileams und den Nikolaiten nicht um zwei Gruppen, sondern: Wie einst Bileam die Israeliten verführte, so haben jetzt die Nikolaiten durch ihre Lehre einige Glieder der Gemeinde in Pergamon gewonnen. Sie vertreten die Auffassung, daß die Christen sich nicht von der heidnischen Umwelt scheiden müßten, sondern sich weiterhin an ihrem Treiben beteiligen könnten. Das eigentliche Ich der Christen werde davon nicht berührt. Diese libertinistische Ethik ist aus der gnostischen Lehre abgeleitet, die nicht nur in Ephesus (vgl. 2, 6) und Pergamon, sondern auch in
16 Thyatira (vgl. 2, 20. 24) in die Gemeinde eingedrungen war. Angesichts dieser Gefährdung werden alle zur Umkehr gerufen; denn den gnostischen Irrlehrern dürfen keinerlei Zugeständnisse gemacht werden (vgl. zu 2, 20. 24). Wird die Buße verweigert, so wird der Herr mit seiner richterlichen Gewalt eingreifen und mit dem
17 Schwerte seines Mundes die Bösewichter strafen (vgl. 19, 11. 15). Denen aber, die treu bleiben, gilt die Zusage des zukünftigen Heils. Zunächst wird gesagt, daß sie etwas von dem verborgenen Manna bekommen sollen. Nach jüdischer Überlieferung hatte vor der Zerstörung Jerusalems der Prophet Jeremia die Bundeslade und die in ihr aufbewahrten heiligen Dinge, unter denen sich ein Mannakrug befand, an verborgener Stätte in Sicherheit gebracht (2. Makk. 2, 4-8; Baruch-Apk. 6, 5-10). In der Endzeit, so hoffte man, sollte es wieder Manna geben, mit dem

Gott sein Volk speisen würde, wie er es einst in der Wüste getan hatte (Baruch-Apk. 29, 8). Wer überwindet, wird an dieser Gabe der Heilszeit teilhaben dürfen. Nicht ganz einfach ist das zweite Bild zu erklären, in dem ein weißer Stein verheißen wird, auf dem ein neuer Name geschrieben ist, den niemand außer dem Empfänger kennt. Wahrscheinlich liegt hier der in der alten Welt weit verbreitete Brauch zugrunde, schutzkräftige Amulette zu tragen, die mit einem zaubermächtigen, geheimnisvollen Namen gekennzeichnet waren. Kenntnis eines Namens zu haben, heißt, Macht über seinen Träger zu besitzen. Wer ein solches Amulett bei sich hatte und die Bedeutung der darauf eingetragenen Inschrift kannte, war vor bösen Geistern und Dämonen geschützt. Aus diesem Vorstellungskreis wird das hier vom Seher verwendete Bild übernommen worden sein. Freilich ist es nun mit einem neuen Inhalt gefüllt; denn der Name, den man sonst nicht kennt, ist der Name Christi (vgl. 19, 12). Nur wer an ihn glaubt, seinen Namen festhält (vgl. V. 13) und im Kampf der letzten Notzeit tapfer streitet, nur der kennt den neuen Namen, der ihm Hilfe und Kraft spendet.

An die Gemeinde in Thyatira 2, 18-29

[18] Und dem Engel der Gemeinde in Thyatira schreibe: So spricht der Sohn Gottes, der ‚Augen' hat ‚wie eine Feuer'-Flamme ‚und dessen Füße wie Golderz sind'. [19] Ich kenne deine Werke, deine Liebe und Treue und Fürsorge und Ausdauer, und deine letzten Werke sind größer als die ersten. [20] Aber ich habe gegen dich, daß du die Frau Isebel gewähren läßt, die behauptet, sie sei Prophetin, und meine Knechte lehrt und verführt, ‚Hurerei zu treiben und Götzenopferfleisch zu essen'. [21] Und ich habe ihr eine Frist gegeben, damit sie umkehre, aber sie will nicht umkehren von ihrer Hurerei. [22] Siehe, ich werfe sie aufs Krankenlager und diejenigen, die mit ihr Ehebruch treiben, in große Trübsal, wenn sie nicht umkehren von ihren Werken. [23] Und ihre Kinder werde ich durch die Pest töten. Und alle Gemeinden sollen erkennen, daß ich es bin, der ‚Nieren und Herzen erforscht', und ‚ich will einem jeden' von euch ‚nach' euren ‚Werken vergelten'. [24] Euch aber sage ich, den übrigen in Thyatira, die diese Lehre nicht haben, die nicht die Tiefen des Satans erkannt haben, wie sie es nennen: Ich lege euch keine andere Last auf, [25] außer: Was ihr habt, das haltet fest, bis ich komme!

[26] Und wer überwindet und meine Werke bis zum Ende bewahrt, ‚dem will ich' Macht über ‚die Heiden geben', [27] und ‚er wird sie mit eisernem Stabe weiden, wie man tönerne Gefäße zerschlägt', [28] wie auch ich es von meinem Vater empfangen habe. Und ich will ihm den Morgenstern geben.

[29] Wer ein Ohr hat, der höre, was der Geist den Gemeinden sagt!

Vers 18: Dan. 10, 6 Vers 20: 4. Mose 25, 1 f. Vers 23: Jer. 11, 20; Ps. 7, 10; 62, 13 Vers 26 f.: Ps. 2, 8 f.

Thyatira war eine wenig bedeutende Stadt, in der vorwiegend Handwerker und 18
Kaufleute wohnten (vgl. Apg. 16, 14). Sie lag an der großen Straße, die von Pergamon über Sardes und Philadelphia nach Laodizea führte. An die kleine Gemeinde, über deren Entstehung nichts bekannt ist, wird das längste der sieben Sendschreiben gerichtet. Im Eingang wird Christus der Titel Sohn Gottes beigelegt, der offensichtlich schon auf das in V. 26 f. angeführte Zitat aus Ps. 2 hinweist. Wenn der Seher Johannes diese Hoheitsaussage nur an dieser einzigen Stelle seines Buches verwendet, so folgt er damit jüdischer Redeweise, in der man vom Sohn Gottes nur im Anschluß an Schriftzitate sprach, sonst aber diese Messiasbezeichnung vermied,

weil sie in der heidnischen Umwelt zu leicht im Sinne einer physischen Abstammung
hätte mißverstanden werden können. Wie im alttestamentlichen Wort dient auch
hier der Titel Sohn Gottes dazu, um die herrscherliche und richterliche Würde, die
Gott verliehen hat, anzuzeigen (vgl. 19,15). Die hoheitsvolle Erscheinung des
erhöhten Herrn wird mit Zügen beschrieben, die an die Berufungsvision erinnern
(vgl. 1,14f.). Seine durchdringenden Augen erforschen alles (vgl. V. 23). Er weiß,
19 wie es um die Gemeinde bestellt ist. Sein Lob gilt ihrem gesamten Verhalten
(vgl. 2,2), für das Liebe, Treue, den Armen erwiesene Fürsorge und geduldiges
Ausharren als Beispiele angeführt werden. Dabei wird die erfreuliche Entwicklung
der Gemeinde besonders hervorgehoben: Die letzten Werke sind größer als die
20 ersten. Scharf zu tadeln ist aber, daß man die Frau Isebel gewähren läßt. Wie eben
Bileam als Typus für die Irrlehre in Pergamon genannt war (vgl. 2,14f.), so wird
hier die fremdstämmige Gattin des Königs Ahab als Vorbild einer falschen Prophetin angesehen, die in der Gemeinde aufgetreten ist. Isebel hatte Elia verfolgt
(1.Kön. 16,31ff.; 21,25), Götzendienst und Hurerei getrieben (2.Kön. 9,22). Mit
ihrem Namen wird eine Frau bezeichnet, die beansprucht, Prophetin zu sein (vgl.
Apg. 21,9; 1.Kor. 14,34; 1.Tim. 2,12), in Wahrheit aber eine Verführerin ist. Wie
die Nikolaiten vertritt auch sie die gnostische Auffasung, daß man als Christ ohne
Bedenken Hurerei treiben und am Götzenopfermahl in den heidnischen Tempeln
teilnehmen dürfe. Diese beiden angeführten Beispiele libertinistischer Ethik werden
wiederholt als die gefährlichen Auswirkungen gnostischer Lehre genannt (vgl. 2,14;
1.Kor. 6,12-20; 8-10). Dieser Lehre nachzugeben, bedeutet, von Gott abzufallen
21 und bösen Mächten und Dämonen zu dienen (vgl. 1.Kor. 10,20f.). Darum wird so
scharf gegen die falsche Prophetin vorgegangen, die bisher ungehindert hat wirken
22 können. Eine Frist zur Umkehr hat sie ungenutzt verstreichen lassen. Nun bleibt
nur die Ankündigung der Strafe: Das Bett der Hurerei soll zum Krankenlager
werden. Denen, die ihrer zuchtlosen Lehre folgen und unbedenklich die Ehe brechen
und zur Dirne gehen, wird noch Gelegenheit gegeben, sich von den Werken dieser
23 Frau abzuwenden. Tun sie das nicht, dann sollen sie in große Trübsal geraten. Der
himmlische Richter wird die Kinder der Isebel, d.h. die Anhänger der Prophetin,
durch eine Pest töten. An diesem Strafakt sollen alle Gemeinden die göttliche Gewalt Christi erkennen; denn wie Gott erforscht er das Innerste, auch die geheimen
24 Gedanken der Menschen, und vergilt jedem nach seinen Taten. Er erkennt die
Irrlehre und durchschaut sie als das, was sie in Wahrheit ist, ein gefährliches Spiel
mit satanischen Mächten. Wenn die Irrlehre hier „Erkenntnis der Tiefen des Satans" genannt wird, so könnte dieser Ausdruck eine absichtliche Verdrehung dessen darstellen, was die Gnostiker für sich in Anspruch nahmen. Während sie behaupteten, die Abgründe Gottes zu erforschen (vgl. 1.Kor. 2,10) und daher ihr Wissen zu haben, würde hier ihr Schlagwort umgekehrt und gesagt, daß sie nur die Tiefen des Satans erkennen (vgl. dazu 2,9: Volk Gottes – Synagoge des Satans). Es ist aber auch möglich, daß jene Gruppe tatsächlich von einer Erkenntnis der Tiefen des Satans gesprochen hat. Dann ist es ihre Meinung gewesen, man müsse die teuflische Macht wirklich kennen und erkennen, um von ihr unabhängig zu werden. Die wahre Freiheit wollten die Gnostiker bewahren, indem sie die Normen der Ethik beiseite schoben und unbeschwert sich in der synkretistischen Welt der Spät-

antike bewegten, in die Tempel der Heiden gingen oder mit der Dirne Umgang
hatten. Vor solchen gefährlichen Folgerungen, die aus gnostischen Spekulationen
über den Satan, Mächte und Gewalten gezogen wurden, wird die Gemeinde ge-
warnt. Der Vollendungszustand der Seligen ist noch nicht da (vgl. 2.Tim. 2, 18), 25
sondern es gilt, treu auszuharren, bis der Herr kommt. Darum: Was ihr habt, das
haltet fest, bis ich komme! An diesen Aufruf schließt der Überwinderspruch an, der 26
hier zum erstenmal dem Weckruf vorangeht. Zweierlei wird als Lohn für die ver-
heißen, die bis zum Ende an den Werken Christi festhalten und nicht den von Irr-
lehrern angebotenen Verlockungen nachgehen. Der Überwinder soll – wie mit den
Worten von Ps. 2, 8 f. gesagt wird – an dem königlichen Regiment Christi teilhaben 27
(vgl. 1, 6; 10, 15). Dabei wird die Herrschaft über die heidnischen Völker als Gericht
geschildert. Denn das Weiden mit eisernem Stabe bedeutet, daß abgeweidet und
zerstört wird. Die heidnischen Mächte müssen vor ihren Richtern erscheinen und
das Urteil empfangen. Was mit dem Morgenstern, den der Sieger aus der Hand 28
Christi empfangen soll, gemeint ist, kann nicht sicher gedeutet werden. Wenn
Christus 22, 16 der helle Morgenstern genannt wird, so kann doch an diese Gleich-
setzung an unserer Stelle nicht gedacht sein, da sie keinen passenden Sinn ergibt.
Wahrscheinlich liegt hier die verbreitete Vorstellung zugrunde, nach der die Venus
als Symbol der Herrschaft galt, deren höchste Würde in den Händen des Caesar lag.
Wenn diese Deutung des Morgensterns auch an unserer Stelle beabsichtigt ist,
würde sie sich dem Zusammenhang gut einfügen: Nicht den Großen der Welt,
sondern denen, die ihrem Herrn treu bleiben, wird das Zeichen der Herrschaft ver-
liehen, die sie mit Christus ausüben sollen. Der Weckruf steht in diesem und in 29
den folgenden Sendschreiben als Mahnung am Ende.

An die Gemeinde in Sardes 3, 1-6

1 Und dem Engel der Gemeinde in Sardes schreibe: So spricht, der die sieben Geister Gottes und die sieben Sterne hat. Ich kenne deine Werke, daß du den Ruf hast, du lebtest, und du bist doch tot. 2 Werde wach und stärke den Rest, der schon im Sterben liegt. Denn ich habe deine Werke nicht erfüllt gefunden vor meinem Gott. 3 Gedenke nun, wie du empfangen und gehört hast, und halte daran fest und kehre um. Wenn du nun nicht wach wirst, dann werde ich kommen wie ein Dieb, und du sollst nicht wissen, um welche Stunde ich über dich kommen werde. 4 Aber du hast einige Personen in Sardes, die ihre Gewänder nicht befleckt haben. Und sie werden mit mir in weißen Gewändern wandeln, weil sie würdig sind.

5 Wer überwindet, soll so mit weißen Gewändern bekleidet werden, und seinen Namen ‚werde ich' nicht ‚auslöschen aus dem Buch des Lebens', und ich werde seinen Namen bekennen vor meinem Vater und vor seinen Engeln.

6 Wer ein Ohr hat, der höre, was der Geist den Gemeinden sagt!

Vers 5: Ps. 69, 29; 2. Mose 32, 32 f.; Dan. 12, 1

Sardes, einst die Hauptstadt des reichen Lyderfürsten Kroesus, besaß im 1. Jahr- 1
hundert n. Chr. nur noch geringe Bedeutung. Die Gemeinde, von der hier die erste
Nachricht vorliegt, wird von Christus scharf getadelt. Er bezeichnet sich als den
Herrn der sieben Geister (1, 4), die ihm als Boten Gottes zu Diensten stehen (5, 6),
und als den, der die sieben Sterne in der Hand hält (1, 16.20; 2, 1). Wie im Send-

schreiben an Ephesus werden die Werke als das Ganze des christlichen Verhaltens
genannt (2,2). An diesen ist aber nichts zu loben; denn die Gemeinde ist nur dem
2 Namen nach noch lebendig, in Wirklichkeit aber tot. Mit scharfer Drohung soll sie
wachgerüttelt werden, weil die schwere Zeit der letzten Versuchung nur wachend
bestanden werden kann (vgl. Mk. 13,33; 14,38 Par. u. ö.). Die schlafenden und
sterbenden Glieder der Gemeinde müssen geweckt werden. Getadelt wird, daß das
erforderliche Maß (zum Bilde des Maßes vgl. Gal. 4,4) an Werken vor Gottes
3 Richtstuhl sich als nicht erfüllt erweist. Darum wird im Bußruf an das erinnert, was
die Gemeinde empfangen und gehört hat. Buße bedeutet Umkehr und Rückkehr zu
diesem Anfang. Wacht aber die Gemeinde nicht auf, dann wird der Herr sie im
Schlafe überraschen, wenn er unvermutet als der Richter erscheint. Das Bild vom
Dieb in der Nacht, das im Gleichnis das plötzliche Kommen des Jüngsten Tages
veranschaulicht (vgl. Mt. 24,43 f. par. Luk. 12,39 f.; 1.Thess. 5,2.4; 2.Petr. 3,10),
ist hier und 16,15 allegorisierend auf Christus übertragen worden. Weil niemand
4 die Stunde weiß, gilt es, wachend ihr entgegenzuharren. Einige Leute in Sardes
haben ihre Gewänder nicht befleckt. Sie haben sich nicht geschlechtlichen Aus-
schweifungen hingegeben (vgl. Jud. 23) und sollen zum Lohn die Gemeinschaft mit
dem erhöhten Herrn erhalten, in der sie mit weißen Kleidern angetan werden (vgl.
4,4; 6,11; 7,9.13). Das leuchtende Gewand ist Zeichen himmlischer Erscheinungen
(vgl. Mk. 9,3 Par.; 16,5 Par.; Apg. 1,10) und wird den vollendeten Seligen ver-
5 liehen. Diejenigen, die bis zum Siege treu bleiben, sind dieses Lohnes würdig. In
der abschließenden Verheißung wird das Bild von den weißen Gewändern, die das
verklärte Dasein der Gerechten in der himmlischen Welt andeuten, noch einmal
aufgenommen und hinzugefügt, daß ihre Namen aus dem Buch des Lebens nicht
getilgt werden sollen. Wer in das Buch einer Stadt eingetragen ist, besitzt Bürger-
recht. Diese Vorstellung ist seit alters auch auf die Zugehörigkeit zu Gott und seiner
Gemeinde angewendet (vgl. 2.Mose 32,32 f.; Jes. 4,3 u. ö.) und dann in der Apo-
kalyptik in eschatologischer Bedeutung gebraucht worden (vgl. Dan. 12,1). Im Buch
des Lebens stehen die Namen derer verzeichnet (vgl. Lk. 10,20; Phil. 4,3 u. ö.), die
das himmlische Bürgerrecht besitzen, im Gericht bewahrt bleiben und in das ewige
Leben eingehen werden (vgl. 13,8; 17,8; 20,12.15; 21,27). Der Zuspruch des zu-
künftigen Heils wird zuletzt durch ein Herrenwort bekräftigt (Mt. 10,32; Lk. 12,8).
Jesus wird vor dem Richtstuhl Gottes und dem himmlischen Gerichtshof sich zum
Namen der Getreuen bekennen. Dieses Bekenntnis Jesu bedeutet Vergeltung der be-
wiesenen Treue, Rettung und Bewahrung im Endgericht.

An die Gemeinde in Philadelphia 3,7-13

7 Und dem Engel der Gemeinde in Philadelphia schreibe: So spricht der Heilige, der Wahrhaftige, der ‚den Schlüssel Davids' hat, ‚der öffnet, und niemand schließt wieder zu, und der zuschließt, und niemand öffnet wieder'. 8 Ich kenne deine Werke – siehe, ich habe vor dir eine Tür geöffnet, die niemand wieder zuschließen kann –: daß du eine kleine Kraft hast und mein Wort bewahrt und meinen Namen nicht verleugnet hast. 9 Siehe, ich füge es: Einige aus der Synagoge des Satans, die behaupten, sie seien Juden, und sind es nicht, sondern lügen – siehe, ich werde bewirken, daß sie ‚kommen und dir zu Füßen fallen werden' und erkennen, daß ‚ich dich geliebt habe'. 10 Weil du mein Wort vom Ausharren

bewahrt hast, will auch ich dich bewahren vor der Stunde der Prüfung, die über den ganzen Erdkreis kommen wird, um die Bewohner der Erde zu erproben. 11 Ich komme bald; halte, was du hast, damit niemand deinen Kranz nehme.

12 Wer überwindet, den will ich zu einer Säule im Tempel meines Gottes machen, und er soll nicht wieder hinauskommen, und ich werde auf ihn den Namen meines Gottes schreiben und den ‚Namen der Stadt' meines Gottes, des neuen Jerusalem, das herabkommt vom Himmel von meinem Gott, und meinen ‚neuen Namen'.

13 Wer ein Ohr hat, der höre, was der Geist den Gemeinden sagt!

Vers 7: Jes. 22, 22 Vers 9: Jes. 60, 14; 45, 14; 49, 23; Ps. 86, 9; Jes. 43, 4 Vers 12: Ez. 48, 35; Jes. 62, 2; 65, 15.

Die Stadt *Philadelphia* ist nach ihrem Gründer König Attalos II. Philadelphos 7
von Pergamon (159–138 v. Chr.) benannt. Hier gab es eine kleine christliche Ge-
meinde, der wenig später auch der Bischof Ignatius von Antiochien ein gutes Zeug-
nis ausstellt. Diese Gemeinde empfängt wie die von Smyrna nur Lob. Zu ihr spricht
Christus in göttlicher Hoheit. Denn heilig (s. Jes. 6, 3 u. ö.) und wahrhaftig (s. Jes.
65, 16 u. ö.) ist Gott allein. Der erhöhte Herr hält den Schlüssel Davids in Händen
(vgl. 1, 18), mit dem er als der endzeitliche Davidide (vgl. 5, 5; 22, 16) die Tür
öffnen kann. Dabei wird ein Bild aus Jes. 22, 22 verwendet. War aber dort vom
Schlüssel zum königlichen Palast die Rede, so ist hier das Bild auf den himmlischen
Palast übertragen. Den Zugang zum messianischen Festsaal öffnet Christus allein. 8
Er tut der Gemeinde von Philadelphia die Tür auf. Wenn Paulus verschiedentlich
von der offenen Tür spricht, so meint er damit, daß er ungehindert missionarisch
wirken kann (1.Kor. 16, 9; 2.Kor. 2, 12 u. ö.). Daran ist hier aber nicht gedacht,
sondern es wird – wie der Zusammenhang zeigt– auf den Eingang in die endzeit-
liche Herrlichkeit hingewiesen, den Christus der Gemeinde erschlossen hat. Sie wird 9
mit ihm über alle Gegner, die sie jetzt bedrängen, triumphieren. Unter ihnen werden
die Juden namentlich genannt, die als Feinde des Israel Gottes (Gal. 6, 15 f.) den
Ehrennamen Juden und Volk Gottes nicht mehr verdienen (vgl. 2, 9). Die Pro-
phetenworte, die von der Unterwerfung heidnischer Könige sprechen, werden nun
auf die Juden angewendet. Der Herr selbst wird bewirken, daß sie vor der Ge-
meinde gebeugt erscheinen und ihr zu Füßen fallen müssen. Dann werden die Juden
erkennen, daß er sie geliebt, d. h. erwählt (vgl. Jes. 42, 1; Mk. 1, 11 Par.), und zu
seinem Volk gemacht hat. Sie hat das Wort ihres Herrn befolgt, das sie zum ge- 10
duldigen Ausharren aufruft, und erfahren, daß ihr in der Gemeinschaft mit Jesus
die Kraft zum Durchhalten gegeben wurde (vgl. 1, 9). Zum Lohn dafür will er sie
aus der Stunde der Prüfung heraushalten, die über alle Bewohner der Erde – d. h.
alle Ungläubigen (vgl. 6, 10; 8, 13; 11, 10; 13, 8. 12. 14; 17, 2. 8) – kommen muß.
Bis zur baldigen Ankunft des Herrn gilt es festzuhalten, was die Gemeinde hat. 11
Denn auch sie könnte fallen und den Kranz, der für sie schon bereit liegt, verlieren.
Wer überwindet, dem werden reiche Verheißungen zugesprochen. Jesus, der in 12
engster Gemeinschaft mit Gott steht, will ihn zur Säule im Tempel Gottes machen.
Säulen nannte man im Judentum Abraham und die Frommen Israels, in der Ur-
gemeinde die Apostel (Gal. 2, 9; Eph. 2, 19-22; 1.Petr. 2, 5). In den Bau der trium-
phierenden Kirche sollen die Getreuen als tragende Säulen eingefügt sein, die man
nicht mehr daraus entfernen kann. Sie sollen mit dem Namen Gottes als sein Eigen-
tum gezeichnet werden und den Namen der himmlischen Stadt, in der sie Bürger-

recht bekommen, erhalten. Wie einst am Anfang alle Dinge mit Namen gerufen wurden (1.Mose 1,5ff.; 2,19ff.), so sollen sie am Ende der Zeiten neu benannt werden: Das neue Jerusalem kommt vom Himmel herab (vgl. Kap. 21; ferner Gal. 4,26; Hebr. 12,22). Neu ist auch der Messiasname Jesu (2,17; 19,12f.), der den Überwindern gegeben werden soll. Denn sie werden bei Christus sein und mit ihm in die ewige Herrlichkeit eingehen.

An die Gemeinde in Laodizea 3,14-22

[14] Und dem Engel der Gemeinde in Laodizea schreibe: So spricht, der Amen heißt, ‚der treue' und wahrhaftige ‚Zeuge', ‚der Urgrund der Schöpfung' Gottes. [15] Ich kenne deine Werke, daß du weder kalt noch warm bist. Wärest du doch kalt oder warm! [16] So, weil du lau bist und weder warm noch kalt, will ich dich ausspeien aus meinem Munde. [17] Weil du behauptest: Ich bin reich und ‚habe Reichtümer aufgehäuft' und habe nichts not, und nicht weißt, daß gerade du elend und bejammernswürdig und arm und blind und nackt bist, [18] rate ich dir, von mir Gold zu kaufen, das im Feuer geläutert ist, damit du reich werdest, und weiße Kleider, damit du sie anziehest und nicht die Schande deiner Nacktheit offenbar werde, und Salbe, um deine Augen einzureiben, damit du wieder sehend wirst. [19] Ich – ‚die ich liebe, die züchtige' und ‚erziehe ich'. Sei nun eifrig und kehre um. [20] Siehe, ich stehe vor der Tür und klopfe an. Wenn einer auf meine Stimme hört und die Tür öffnet, zu dem werde ich hineingehen und das Mahl mit ihm halten und er mit mir.

[21] Wer überwindet, dem werde ich verleihen, bei mir auf meinem Thron zu sitzen, wie auch ich überwunden und mich bei meinem Vater auf seinen Thron gesetzt habe.

[22] Wer ein Ohr hat, der höre, was der Geist den Gemeinden sagt.

Vers 14: Ps. 89,38; Spr. Sal. 8,22 Vers 17: Hos. 12,9 Vers 19: Spr. Sal. 3,12

14 Die Stadt *Laodizea,* die Antiochos II. im 3. Jahrhundert v. Chr. gegründet und
nach seiner Gemahlin Laodice benannt hatte, war reich, berühmt durch Handel,
Bankwesen und eine Ärzteschule. Nach einem furchtbaren Erdbeben, das 60/61
n. Chr. die Stadt zerstört hatte, konnten sie ihre Bürger ohne fremde Hilfe wieder
aufbauen und rasch zu neuer Blüte emporführen. Die Anfänge der christlichen
Gemeinde in Laodizea reichen in die Zeit des Apostels Paulus zurück (Kol. 2,1;
4,13-17). Zu ihr spricht Christus in göttlicher Vollmacht; denn wahrhaftig ist Gott
allein, der Gott des Amen (Jes. 65,16). An seiner Seite steht Jesus als der treue und
wahrhaftige Zeuge (1,5), der Urgrund der Schöpfung (vgl. Kol. 1,15). Er ist der
Ursprung und Uranfang alles dessen, was ist (vgl. Joh. 1,1; Hebr. 1,3). Mit diesem
Gedanken von der Mitwirkung bei der Schöpfung, der im Judentum auf die Weis-
heit bezogen wird (vgl. Spr. Sal. 8,22), soll ausgesagt werden, daß das Christus-
15 geschehen aller Welt gilt. Der erhöhte Herr, der mit Gott über das All regiert,
wendet sich mit scharfem Tadel an die Gemeinde. Sie lebt – weder kalt noch
16 warm – in selbstzufriedener Sattheit. Weil sie lau ist, wird Christus sie im Gericht
verwerfen, wie man von ekelerregendem Wasser angewidert ist und es aus dem
17 Munde ausspeit. Die Gemeinde dagegen ist sich dessen gar nicht bewußt, wie es
um sie bestellt ist. Sie meint, reich zu sein (vgl. 1.Kor. 4,8), Schätze erworben zu
haben, ist zufrieden und selbstgerecht. Aber sie sieht nicht, daß sie sich in einem
Zustand befindet, der nur als schlechthin bejammernswert geschildert werden
kann. Sie, die sich so gut in der Welt eingerichtet hat, ist im Urteil Christi arm,

blind und nackt. Dieser Feststellung entspricht der dreifache Rat, der ihr gegeben 18
wird: von ihm echtes Gold zu „kaufen“, wie es die Armen umsonst von ihm
empfangen (vgl. Jes. 55, 1); bei ihm sich weiße Kleider zu holen, um die Schande der
Nacktheit zu verhüllen; und sich von ihm – wie wohl in Anspielung auf die be-
kannte Ärzteschule der Stadt gesagt ist – Augensalbe verschreiben zu lassen, um die
Blindheit zu heilen. Diese Empfehlungen meinen alle drei dasselbe: Bei Christus
allein gibt es wahren Reichtum, Fülle des Heils, wirkliche Genesung. Der nach- 19
drückliche Ruf zur Umkehr, der mit solcher Schärfe an die mit sich selbst zufriedene
Gemeinde gerichtet wird, ist aber nichts anderes als Ausdruck der Liebe, mit der der
Herr auch die satten und lauen Christen wachrütteln und zur Besinnung bringen
möchte. Er ist der Herr, der bald kommen und Gericht halten wird. Auf seine 20
bevorstehende Ankunft weist er hin, indem er an die Tür klopft (vgl. Jak. 5, 9;
Lk. 12, 36). Wenn er da ist, wird er mit den Seinen das Freudenmahl der Heilszeit
halten (vgl. Mk. 14, 25 Par.; Lk. 22, 29 f.; Mt. 8, 11). Mahlgemeinschaft ist im Orient
Ausdruck engster Verbundenheit (vgl. Mk. 2, 15 f. Par.; Lk. 15, 2 u. ö.). Wenn daher
Christus denen, die auf seine Stimme hören, verheißt, daß er mit ihnen das Mahl
halten will, so sagt er ihnen zu, daß sie bei ihm in der kommenden Herrlichkeit
werden sein dürfen. Die im Kampfe treu bleiben, werden am Ende mit Christus 21
triumphieren, neben ihm auf dem Thron Platz nehmen, auf dem er mit Gott Gericht
hält (Mt. 19, 28; 1. Kor. 6, 3), und an seinem Richter- und Herrscheramte teilhaben
(vgl. 1, 6). Der Weckruf am Ende bildet zugleich den Abschluß der sieben Send- 22
schreiben. Er unterstreicht den Befehl, der an alle gerichtet ist: wachen, hören,
bereit sein.

Die Botschaft der sieben Sendschreiben. In dem siebenfachen Wort des erhöhten Christus an die Gemeinde wird die Lage der Kirche in Kleinasien nüchtern gesehen, Lob für geduldiges Ausharren, Liebe und Treue ausgesprochen, Tadel gegen ein laues und träges Christentum gerichtet. Hieß es 1, 13, daß sich der erhöhte Menschensohn inmitten der sieben Leuchter, die als die sieben Gemeinden zu verstehen sind (1, 20), befand, so hat der Seher damit angezeigt, daß die Gemeinden in unlöslicher Zuordnung zu ihrem Herrn leben und das Handeln der Kirche danach zu beurteilen ist, wieweit es als Ausdruck des Gehorsams gegenüber diesem Herrn gelten kann. Es wird uns kein Idealbild vom Leben frühchristlicher Gemeinden gemalt, sondern auch Versagen, Lieblosigkeit und Nachgeben gegenüber Irrlehrern werden offen aufgedeckt. Die schwerste Gefährdung kommt von jenen Gruppen, die die Ansicht vertreten, man könne in gnostischer Freiheit unbesorgt sich der synkretistischen Umwelt anpassen (2, 6. 14-16. 20 ff.). Die damit verbundene Bedrohung der Gemeinden ist schlimmer als die da und dort von außen gegen sie herangetragenen Bedrängnisse (2, 9. 13; 3, 9 u. ö.). Wie will man bereit sein für die kommenden Prüfungen, wenn die Gemeinden schlafen und nicht wissen, woran sie sich halten sollen? Gegen die geschichtslose Haltung der Gnosis, deren Lehre und Tun ausschließlich auf die Gegenwart bezogen sind, wird mit Hilfe der apokalyptischen Rede klargemacht, daß die Kirche Jesu Christi noch nicht an das Ziel gelangt ist, sondern der kommenden Vollendung erst entgegengeht. Nur im Zeichen des Kommenden kann daher begriffen werden, was jetzt als Aufgabe der Gemeinde gestellt ist. Darum ist in allen Sendschreiben der Aufruf und die Mahnung zur

Umkehr so stark hervorgehoben. Nach den Werken wird gefragt (2,2.5.19; 3,15 u. ö.), es gilt, den Gehorsam gegen das verkündigte Wort in der Tat zu bewähren. Die Zusage dessen, was Christus für uns getan hat (1,5 f.), tritt demgegenüber in den Hintergrund. Daran ist der Abstand zu erkennen, der die Offb. Joh. von Paulus, der die ersten Gemeinden in Kleinasien gegründet hatte, trennt. Vergeblich suchen wir in den Sendschreiben nach einer Theologie des Kreuzes, nach der Rechtfertigung aus Glauben und dem Zuspruch des gegenwärtigen Heils. Für Johannes liegt das Heil noch in der Zukunft (vgl. die Überwindersprüche). Was die Gegenwart erfüllt und bestimmt, ist eben die auf das Kommende gerichtete gewisse Hoffnung. Die Äonenwende ist noch nicht eingetreten (vgl. dagegen 2.Kor. 5,17), sondern steht noch bevor (vgl. 21,1 ff.). Diese Erwartung wird weithin mit den aus der jüdischen Apokalyptik übernommenen Vorstellungen ausgedrückt. Freilich hält der Verfasser der Offb. nicht wie die jüdischen Apokalyptiker in banger Erwartung nach der Zukunft Ausschau, sondern er weiß, daß der kommende Herr kein anderer ist als der gekreuzigte, auferstandene und erhöhte Christus. Er regiert jetzt schon über sein Volk, das er zur Teilhabe an der kommenden Herrschaft erlöst hat. Wer ihm treu bleibt, der wird die Verwirklichung des zugesagten Heils empfangen und in das unvergängliche Leben eingehen (vgl. 2,7.10; 3,5), das von keinem Tod mehr bedroht wird (2,11). Weil die Ankunft des Herrn nahe bevorsteht, ist der Aufruf zum Wachen und Durchhalten das Gebot der Stunde.

Die sieben Siegel 4,1—8,1

Vorspiel im Himmel 4,1-5,14

Der himmlische Thronsaal 4,1-11

**1 Danach schaute ich, und siehe, eine Tür war geöffnet im Himmel, und die erste Stimme,
die ich zu mir wie ‚eine Posaune' hatte reden hören, sprach: ‚Steige herauf' hierher, und
ich will dir zeigen, ‚was' hernach ‚geschehen muß'. 2 Sogleich geriet ich in Verzückung,
und siehe, ein Thron stand im Himmel, und ‚auf dem Thron saß einer'. 3 Und der Sitzende
war anzusehen wie Jaspisstein und Karneol, und ‚ein Strahlenkranz war rings um den
Thron', anzusehen wie Smaragd. 4 Und ‚rings um den Thron' (sah ich) vierundzwanzig
Throne und auf den Thronen vierundzwanzig Älteste sitzen, bekleidet mit weißen Gewändern, und auf ihren Häuptern goldene Kronen. 5 Und von dem Thron ‚gehen Blitze aus und
Getöse' und ‚Donner'. Und sieben Feuerfackeln brennen vor dem Thron, welches die sieben
Geister Gottes sind. 6 Und vor dem Thron war es wie ein gläsernes Meer ‚gleich Kristall';
‚und inmitten (jeder Seite) des Thrones' und ‚rings um den Thron herum vier Wesen', vorn
und hinten ‚voller Augen'. 7 Und ‚das erste' Wesen glich ‚einem Löwen', ‚und das zweite'
Wesen glich ‚einem Stier', ‚und das dritte' Wesen hatte ‚das Gesicht' wie das ‚eines Menschen', ‚und das vierte' Wesen glich ‚einem' fliegenden ‚Adler'. 8 Und die vier Wesen, ‚ein
jedes' von ihnen, hatten ‚je sechs Flügel', ‚rings herum' und innen sind sie ‚voller Augen'.
Und sie haben keine Ruhe bei Tag und Nacht und sprechen:**

‚Heilig, heilig, heilig ist der Herr, Gott, der Allherrscher', der da war und ‚der da ist' und der da kommt.

9 Und wenn die Wesen Preis und Ehre und Dank darbringen dem, ‚der auf dem Thron

sitzt', ‚der in' alle ‚Ewigkeiten lebt', [10] dann fallen die vierundzwanzig Ältesten nieder vor dem, ‚der auf dem Thron sitzt', und beten an den, ‚der in' alle ‚Ewigkeiten lebt', und legen ihre Kronen vor dem Thron nieder und sprechen:

[11] Würdig bist du, unser Herr und Gott,
zu empfangen Preis und Ehre und Kraft!
Denn du hast alle Dinge geschaffen,
und nach deinem Willen waren sie da und wurden sie geschaffen.

Vers 1: 2. Mose 19, 24; Dan. 2, 29 Vers 2: Ez. 1, 26; Jes. 6, 1 Vers 3: Ez. 1, 26–28 Vers 5: 2. Mose 19, 1; Ez. 1, 13 Vers 6: Ez. 1, 22. 5. 18 Vers 7: Ez. 1, 10 Vers 8: Jes. 6, 2 f.; Ez. 1, 18; 2. Mose 3, 14 Vers 9 f.: Dan. 6, 27; 4, 31; 12, 7

Von dem, was ist (1, 19), hat der Seher Johannes in den sieben Sendschreiben Bericht gegeben. Ehe er sich nun der Aufgabe zuwendet darzustellen, was hernach geschehen wird (1, 19), gibt er eine breit angelegte Schilderung eines Vorspiels im Himmel. Dieses stellt die Einleitung zu der sich dann anschließenden Folge der sieben Siegelvisionen dar (6, 1-8, 1) und bildet gleichzeitig das große Eingangsportal zum Ablauf aller Endereignisse bis zum Kommen Christi und der Vollendung. Der Blick in den himmlischen Saal wird aufgetan. In dessen Mitte thront der eine, dem allein Anbetung und Huldigung gebühren. Alle Einzelzüge des Bildes, die sich teilweise an alttestamentliche Stellen, teilweise aber auch an uralte orientalische Vorstellungen anlehnen, sind durch ihre Bezogenheit auf die Mitte des Bildes zu einer Einheit zusammengewoben. Ehe von dem schrecklichen Getümmel im letzten Abschnitt der Weltgeschichte die Rede sein soll, wird in der Eingangsvision gezeigt, daß Gott in erhabener Ruhe auf dem Throne sitzt und unerschüttert das Regiment in Händen hält.

Danach schaute ich – so wird neu eingesetzt, ohne anzugeben, wie lang der 1
Zwischenraum zwischen dem Empfang der vorangegangenen Botschaft und den
nun folgenden Bildern vorzustellen sei (vgl. 7, 1. 9; 15, 5; 18, 1; 19, 1). Johannes
sieht vor sich eine geöffnete Tür im Himmel, die den Zugang zur oberen Welt (vgl.
Ez. 1, 1), zum Thronsaal Gottes, erschließt (vgl. Henoch-Apk. 14, 13). Wird er auf-
getan, so ist der undurchschaubare Vorhang, der Himmel und Erde, Gott und die
Menschen voneinander trennt, beiseite geschoben (Mk. 1, 10 Par.; Apg. 7, 55 u. ö.).
Die Stimme, die schon einmal mit Posaunenschall zum Seher gesprochen hatte
(1, 10), fordert ihn auf heraufzusteigen, damit ihm gezeigt werden kann, was
hernach geschehen soll (1, 1. 19), was sich in den letzten Zeiten abspielen wird. Der 2
Seher gerät erneut in Verzückung, in ekstatischen Zustand (vgl. zu 1, 10), und
wird, befreit von aller Erdenschwere, in die himmlische Welt hinaufgehoben (vgl.
2. Kor. 12, 2). Es ist also vorausgesetzt, daß er dem Befehl Folge geleistet hat und
durch den Beistand des Geistes, der ihn ergriff (vgl. 17, 3), dazu befähigt wurde, sich
vom Boden zu lösen und in die obere Welt hinaufzugehen. Hier nun wird ihm die
verheißene Offenbarung zuteil. Er darf den Saal des himmlischen Palastes schauen.
Sein Blick fällt zunächst auf den Herrscherthron, der in der Mitte steht, und auf den,
der darauf sitzt. Könige und Richter amtieren sitzend. Der im Himmel Thronende
kann darum nur der König aller Könige sein, der über alle Welt herrscht und richtet.
Wie das fromme Judentum den Namen Gottes nicht aussprach, sondern in scheuer
Ehrfurcht nur andeutend von ihm redete, so vermeidet es auch der Seher, das Bild

auszumalen oder den Namen des Thronenden anzugeben. Er hatte keine Bedenken gehabt, den himmlischen Menschensohn zu schildern (1, 12-16), aber angesichts der
3 Erscheinung Gottes fehlen die Worte. Nur soviel kann gesagt werden, daß der Thronende in unsagbaren Lichtglanz gehüllt ist, der mit dem Funkeln von Edelsteinen annähernd und doch unzureichend beschrieben werden kann. Wahrscheinlich war der Jaspis ein farbloser, durchsichtiger Stein, der Karneol – auch Sardion nach dem Fundort Sardes benannt – leuchtet in rötlicher Farbe. Der Strahlenkranz, der rings um den Thron herumgelegt ist, wird mit dem grünlichen Smaragd verglichen. Diese Züge, die an die Schilderung der Gotteserscheinung Ez. 1, 26-28 anklingen, weisen darauf hin, daß Gott Licht ist (1.Joh. 1, 5) und in einer unnahbaren Herrlichkeit thront.

4 Nachdem der Seher den Thron Gottes in der Mitte des Saales geschaut hat, geht sein Blick in die Runde. Auf vierundzwanzig kleineren Thronen sitzen im weiten Kreis vierundzwanzig Älteste. Sie haben Gott zu huldigen (4, 10), Lobgesänge anzustimmen (4, 11; 5, 9 f.; 11, 17 f.; 19, 4), Zither zu spielen und goldene Räucherschalen in priesterlichem Dienst zu halten (5, 8). Da sie auf Thronen Platz genommen haben (vgl. 3,21), mit weißen Gewändern bekleidet sind (vgl. zu 3, 5) und goldene Kronen auf dem Haupte tragen (vgl. 2, 10; 3, 11 u. ö.), haben manche Ausleger in ihnen vollendete, in die himmlische Seligkeit versetzte Menschen sehen wollen – christliche Heilige oder Fromme des Alten Bundes. Doch später redet der Seher einen der Ältesten, der ihm eine himmlische Vision deuten will (7, 13; vgl. 5, 5), mit dem Hoheitsnamen „mein Herr“ an (7, 14). Daher können die Ältesten nicht verklärte Menschen sein, sondern müssen über ihnen stehen als Engelgestalten, die in besonderer Weise mit den göttlichen Geheimnissen vertraut sind und diese zu erklären wissen. Sie sind um Gottes Thron versammelt, wie man in der alttestamentlichen Überlieferung des öfteren von einer himmlischen Ratsversammlung gesprochen hatte (Jes. 24, 23; 1.Kön. 22, 19; Ps. 89, 8; Hiob 1, 6; Dan. 7, 9 f. u. a.). Einer besonderen Erklärung bedarf jedoch die Zahl Vierundzwanzig. Wahrscheinlich geht diese ursprünglich auf astralreligiöse Vorstellungen zurück; denn in Babylon hatte man vierundzwanzig Gestirne als Götter verehrt, die je zur Hälfte nördlich und südlich des Tierkreises standen. Über die iranische Religion, wo man lehrte, daß sich um den höchsten Gott Ahura Mazda ein Götterstaat von vierundzwanzig Yazatas scharte, sind vermutlich diese Vorstellungen in die jüdische Apokalyptik eingedrungen. Der strenge Monotheismus Israels hatte jedoch zur Folge, daß die Gestirne nur als dienende Geschöpfe um Gottes Thron stehen durften, denen keinerlei göttliche Ehre gebührt. Sie beten vielmehr huldigend die göttliche Majestät an. Die astralreligiösen Zusammenhänge sind daher dem Verfasser der Offb. sicherlich nicht mehr bewußt gewesen, als er von den vierundzwanzig Ältesten um Gottes Thron schrieb, denen ähnlich wie den vierundzwanzig Klassen der Priester und Leviten (1.Chr. 24, 5 ff.; 25, 1 ff.) kultische Funktionen im himmlischen Gottesdienst zugewiesen sind. Sie beten Gott an und tragen
5 als Mittler die Gebete der Menschen vor den Allerhöchsten (5, 8). Blitze, Getöse und Donner gehen vom Thron aus (vgl. 8, 5; 11, 19; 16, 18) – seit alters die furchterregenden Begleiterscheinungen der Offenbarung Gottes (vgl. 2.Mose 19, 16; Ez. 1, 13; Ps. 77, 18 f.; Hiob 37, 4 f.). Vor dem Thron Gottes, der Stätte seiner Heilig-

keit, brennen sieben Feuerfackeln, die mit den sieben Geistern gleichgesetzt werden, die vor Gott zum Dienst bereit stehen und seines Winkes gewärtig sind. Da die sieben Feuerfackeln mit den sieben Geistern identisch sind, die als Engelsboten Gott dienen, ist auch hier (vgl. zu 1,4) die jüdische Umdeutung der Gestirne zu Engeln übernommen worden, die z.B. Baruch-Apk. 21,6 zum Ausdruck kommt, wo es von Gott heißt: „Der du die [Engel-]Heere, die vor dir dastehen, mit großer Umsicht leitest, auch die zahllosen heiligen Wesen, die du von Ewigkeit her geschaffen hast, die flammenden und die feurigen, die rings um deinen Thron herumstehen, durch [dein] Schelten leitest." Der Platz vor dem Thron Gottes kann wieder 6
nur mit einem nicht ganz zureichenden Vergleich beschrieben werden, in dem ein altes mythisches Motiv verwendet wird. Wie einst der Himmel über die Urflut gewölbt wurde (1.Mose 1,7), so dachte man sich, daß Gott über den Wassern seinen himmlischen Palast gegründet habe (Ps. 104,3; 148,4; Test.Levi 2; slav.Henoch 3,3). Er ruht also auf den gebändigten Fluten des mächtigen Meeres, das durch Gottes Befehl in seine Schranken gewiesen wurde. Diese alte mythische Vorstellung ist hier übernommen, aber nicht mehr recht verstanden worden; denn dem gläsernen Meer ist nur noch die unbedeutende Rolle zugewiesen, den Platz vor Gottes Thron auszufüllen. Um diesen stehen im inneren Kreis – den äußeren bilden die vierundzwanzig Ältesten – vier mächtige Wesen. „Tiere" werden nur die gottfeindlichen Mächte in der Offb. genannt (vgl. 11,7; 13,1 ff. u.ö.). Die Wesen aber sind Diener Gottes, voller Augen vorn und hinten, so daß sie alles sehen können. Wäh- 7
rend in der Vision des Ezechiel vier gleiche Wesen geschaut wurden, die nach den vier Seiten je ein anderes Gesicht trugen (Ez. 1,10: Mensch – Löwe – Stier – Adler), werden hier vier voneinander verschiedene Erscheinungen aufgeführt: die erste einem Löwen, die zweite einem Stier, die dritte einem Menschen, die vierte einem fliegenden Adler gleichend. Diese vier Wesen stammen ebenfalls aus alten mythischen Anschauungen, nach denen sie wahrscheinlich ursprünglich einmal als vier mächtige Gestalten gedacht waren, die das Himmelsgewölbe stützen, das Gottes Thron bildet. An den vier Enden des Himmels stehen vier gewaltige Engel (vgl. 7,1), vier große Sternbilder. Nach der babylonischen Astrologie sind es folgende vier Bilder des Tierkreises, die die vier Jahreszeiten einleiten: der Stier im April (Frühling), der Löwe im Juli (Sommer), der als Skorpionmensch vorgestellte Skorpion im Oktober (Herbst) und der in der Nähe des Adlers stehende Wassermann im Januar (Winter). So weist auch dieses Bild von den vier Wesen auf astralreligiöse Zusammenhänge zurück, die freilich für den Verfasser der Offb. keine Bedeutung mehr haben. Denn die vier Wesen sind zu Engeln geworden, die nun 8
mit den Seraphen von Jes. 6,2 identifiziert werden. Jedes von ihnen hat sechs Flügel; und noch einmal wird gesagt, daß sie mit Augen übersät sind. Diese Augen erinnern an die Sterne am Himmelsgewölbe, mit denen die gewaltigen Sternbilder geschmückt sind. Freilich paßt der Ausdruck „ringsum und innen" eigentlich nur zu dem Ez. 1,18 verwendeten Bild von den Felgen der Räder, die voller Augen waren; es stimmt aber nicht recht zur Beschreibung der Wesen in der Offb. Trotzdem wird der alttestamentliche Ausdruck festgehalten, weil die Gott dienenden Wesen mit biblischen Wendungen geschildert werden sollen. Die vier Wesen haben bei Tag und Nacht die Heiligkeit Gottes zu preisen (Jes. 6,3), des Allherrschers

(Amos 4, 13), der war, ist und kommt (1, 4; 11, 17). Wie nach Ps. 19, 2 die Himmel die Ehre Gottes erzählen und das Firmament das Werk seiner Hände verkündigt, so sagt auch die jüdische Apokalyptik, daß alle Engelklassen anbetend im himmlischen Palast dienen: „Seraphim, Cherubim und Ophanim – das sind die, welche nicht schlafen und den Thron seiner Herrlichkeit bewachen" (Henoch-Apk. 71, 7). Die Kirchenväter haben den vier Wesen, die das „Heilig, heilig, heilig" anstimmen, später noch eine andere Bedeutung beigelegt, indem sie sie den vier Evangelisten als Symbole zuordneten.

9 Den Lobgesang der vier Wesen nimmt die große Schar, die zum himmlischen
10 Gottesdienst versammelt ist, auf und stimmt in die Anbetung mit ein. An den Höhe-
punkten des Lobpreises erheben sich die Ältesten von ihren Thronen, legen ihre
Kronen vor dem Thronenden nieder und huldigen ihm als dem, der in alle Ewig-
keiten lebt. Er ist der, bei dem allein Leben ist und kein Tod (vgl. Ps. 42, 3; Hos.
2, 1; 1. Thess. 1, 9 u. ö.). Tacitus berichtet, daß der Perserkönig Tiridates zum Bilde
Neros getreten sei, sein königliches Diadem abgenommen und es zu Füßen des
Bildnisses niedergelegt habe (Annalen XV, 29). Wie man im Herrscherkult dem
Caesar huldigen mußte, so bringen die Ältesten vor Gottes Thron dem die Ehre
11 dar, der als einziger der Anbetung würdig ist. „Herr und Gott" ließ sich Domitian
nennen (vgl. Sueton, Domitian 13). Aber nicht der Kaiser, sondern Gott allein ist
der Herr, dem Preis, Ehre und Kraft gebühren. Denn er hat das All in das Dasein
gerufen, und allein seinem Willen verdankt es das Sein. Als der Schöpfer aber hält
er den Lauf der Geschichte in Händen – mag kommen, was will.

Das Buch mit den sieben Siegeln und das Lamm 5, 1-14

[1] Und ich sah auf der Rechten dessen, ‚der auf dem Throne sitzt', ‚eine Buchrolle, beschrieben auf der Innen- und Rückseite', ‚versiegelt' mit sieben Siegeln. [2] Und ich sah einen mächtigen Engel, der mit lauter Stimme rief: Wer ist würdig, das Buch zu öffnen und seine Siegel zu lösen? [3] Und niemand im Himmel und auf der Erde und unter der Erde konnte das Buch öffnen und einsehen. [4] Und ich weinte sehr, weil keiner würdig erfunden wurde, das Buch zu öffnen und einzusehen. [5] Und einer von den Ältesten spricht zu mir: Weine nicht; siehe, überwunden hat der ‚Löwe' aus dem Stamm ‚Juda', ‚die Wurzel' Davids, um das Buch und seine sieben Siegel zu öffnen.

[6] Und ich sah inmitten des Thrones und der vier Wesen und inmitten der Ältesten ein ‚Lamm' stehen wie ‚geschlachtet'; das hatte sieben Hörner und ‚sieben Augen', welches die sieben Geister Gottes sind, gesandt auf die ganze Erde. [7] Und es trat herzu und empfing (das Buch) aus der Rechten dessen, ‚der auf dem Thron sitzt'. [8] Und als es das Buch empfangen hatte, fielen die vier Wesen und die vierundzwanzig Ältesten vor dem Lamm nieder. Sie hielten jeder eine Zither und goldene Schalen voll von ‚Räucherwerk', welches ‚die Gebete' der Heiligen sind. [9] Und ‚sie singen ein neues Lied' und sprechen:

> **Du bist würdig,**
> **das Buch zu empfangen und seine Siegel zu öffnen!**
> **Denn du wurdest geschlachtet**
> **und hast für Gott losgekauft mit deinem Blut**
> **(Menschen) aus jedem Stamm und Sprache und Volk und Nation**
> **[10] und hast sie unserem ‚Gott' zu einem ‚Königtum' und zu ‚Priestern' gemacht,**
> **und sie werden auf Erden herrschen.**

[11] Und ich schaute, und ich hörte eine Stimme von vielen Engeln rings um den Thron und die Wesen und die Ältesten, und ihre Zahl war ‚zehntausendmal zehntausend und tausendmal tausend'. [12] Sie sprachen mit lauter Stimme:

Würdig ist ‚das Lamm', das ‚geschlachtet ist',
zu empfangen Kraft und Reichtum und Weisheit und Stärke
und Ehre und Ruhm und Preis.

[13] Und alle Geschöpfe, die im Himmel und auf Erden und unter der Erde und auf dem Meer sind, und alles, was darin ist, hörte ich sprechen:

Dem, ‚der auf dem Throne sitzt', und dem Lamm
Preis und Ehre und Ruhm und Macht in alle Ewigkeiten!

[14] Und die vier Wesen sprachen: Amen. Und die Ältesten fielen nieder und beteten an.

Vers 1: Jes. 6, 1; Ez. 2, 9 f.; Jes. 29, 11 Vers 5: 1. Mose 49, 9 f.; Jes. 11, 1. 10 Vers 6: Jes. 53, 7; Sach. 4, 10 Vers 7 u. 13: Jes. 6, 1 Vers 8: Ps. 141, 2 Vers 9: Ps. 33, 3 Vers 10: 2. Mose 19, 6; Jes. 61, 6 Vers 11: Dan. 7, 10 Vers 12: Jes. 53, 7

Der Seher bemerkt, daß der Thronende, der in der Mitte des himmlischen Saales 1
sitzt, eine Buchrolle in der Hand hält, die auf der Innen- und Rückseite beschrieben
ist, wie es in Anlehnung an die prophetischen Worte von Ez. 2, 10 heißt. Vor
Ezechiel war eine Rolle ausgebreitet worden, die innen und außen beschrieben war,
weil all die Klage, das Ach und Wehe beide Seiten füllten. Die Rolle, die der Seher
Johannes erblickt, ist siebenfach versiegelt. Die sieben Siegel weisen darauf hin, daß
die Buchrolle in der Hand Gottes eine Urkunde ist. Im Orient wurden Urkunden,
die man in alter Zeit auf Ton ausfertigte, so ausgestellt, daß man den eigentlichen
Text aufschrieb, eine Tonhülle herumlegte und dann auf die Außenseite noch einmal
den innen verzeichneten Wortlaut eintrug. So konnte dieser jederzeit nachgeprüft
und in Zweifelsfällen die Übereinstimmung mit dem in die Hülle eingefaßten
Original gerichtlich festgestellt werden. Diese Doppelform, die Schutz gegen Verfälschung
bot, blieb auch später üblich, als die Urkunden auf Papyrusblätter geschrieben
wurden. Der Seher weist jedoch nur andeutend auf die Gestalt der Buchrolle
hin. Ihm kommt es nicht darauf an, die Urkunde genau zu beschreiben; sondern
er hebt ihre Bedeutung hervor, indem er auf die prophetischen Worte von
Ez. 2, 10 anspielt und die sieben Siegel, mit denen die Buchrolle verschlossen ist,
nennt. Damit ist das Motiv angegeben, nach dem die anschließende Folge von
Geschichten und Bildern gestaltet ist. Zwar ist hier noch nicht gesagt, was auf der
Buchrolle, die auf der Innen- und Rückseite randvoll beschrieben ist, verzeichnet ist.
Wie aber die folgenden Bilder zeigen, enthält die Urkunde den endzeitlichen Geschichtsplan
Gottes; denn mit der Lösung der sieben Siegel werden die Geschicke
der letzten Zeit entbunden. Die Siebenzahl deutet die Größe des Geheimnisses an
und ist als Zahl der umfassenden Fülle genannt. Die Fülle der endzeitlichen Geschehnisse
ist mit der Lösung des letzten Siegels noch nicht erschöpft, denn aus
diesem enthüllt sich unmittelbar die nächste Folge der dem Ende näher entgegenführenden
Ereignisse (8, 1). Das bedeutet aber, daß der Inhalt der Urkunde nicht
nur die sieben Siegelvisionen, sondern die ganze Fülle der Schicksale und Schrecken
umspannt, die noch über die Welt hereinbrechen sollen. Ein Engel fragt mit lauter 2
Stimme, wer würdig sei, diese Rolle zu öffnen. Damit ist das entscheidende Stichwort
der ganzen Vision genannt. Niemand ist würdig, keiner im ganzen All (vgl. 3
zu dessen Umschreibung 2. Mose 20, 4; Phil. 2, 10). Als der Seher darüber in trauern- 4

5 des Weinen ausbricht, tritt einer der vierundzwanzig Ältesten zu ihm, um ihn zu trösten: Überwunden hat der Löwe aus dem Stamm Juda (vgl. 1.Mose 49, 9), die Wurzel Davids (vgl. Jes. 11, 10). Beide Prädikate sind aus alttestamentlichem Erbe genommen und waren jüdische Messiastitel (vgl. Test. Juda 24, 5; Röm. 15, 12). 1.Mose 49, 9 f. wurde in der jüdischen Gemeinde von Qumran als messianische Verheißung gelesen (vgl. 4 Q Patriarchensegen). Beide Hoheitsprädikate sind auch in der Esraapokalypse miteinander verbunden: „Der Löwe aber ... das ist der Christus, den der Höchste bewahrt hat für das Ende der Tage, der aus dem Samen Davids entstehen und auftreten wird, um zu ihnen zu reden" (4. Esr. 12, 31 f.). Werden diese Worte nun auf Christus übertragen, so weisen sie ihn als den aus, in dem die Verheißungen des AT sich erfüllt haben. Er ist darum als einziger würdig, den endzeitlichen Geschichtsplan Gottes zu enthüllen. Daß aber die ihm beigelegten Bezeichnungen nicht im Sinne einer nationalen jüdischen Messiaserwartung verstanden werden sollen, wird durch die folgende Szene dargelegt.

Das Bild ist in klarem Aufbau gestaltet: Im himmlischen Rat, der um den Thron Gottes versammelt ist, wird die Frage gestellt, wer würdig sei, das Buch zu empfangen und seine Siegel zu lösen. Spannungsvolles Schweigen zeigt, daß niemand gefunden wird. Dann aber wird auf den einen hingewiesen, der hoheitsvoll hereintritt und als allein würdig bezeichnet wird. Diese Schilderung erinnert an alttestamentliche Geschichten, in denen ebenfalls von einer Beauftragung die Rede ist, die in der himmlischen Ratsversammlung erteilt wird. Jes. 6 handelt von der Berufung des Propheten. Gott thront als Herrscher in majestätischer Erhabenheit und Heiligkeit. Eine Stimme ruft: Wen soll ich senden? (Jes. 6, 8). Darauf wird geantwortet: Hier bin ich, sende mich! (ebendort). Jesaja wird dann ausgeschickt, um die Gerichtsbotschaft über Israel auszurufen. 1.Kön. 22, 19-22 wird ebenfalls der himmlische Hofstaat beschrieben: Der Herr sitzt auf seinem Thron, seine Diener zur Rechten und zur Linken. Die von Gott gestellte Frage, wer seinen Befehl ausführen wird, begegnet allgemeiner Ratlosigkeit, bis dann einer vortritt, der den Auftrag übernehmen kann. Der Seher Johannes hat sich zweifellos an die alttestamentlichen Vorbilder angelehnt, um die Beauftragung des Lammes in der himmlischen Ratsversammlung darzustellen: Im weiten Kreis der Diener, die um Gottes Thron herumstehen, gibt es niemanden, der den überaus schweren Auftrag Gottes ausführen könnnte, bis der eine gefunden wird, der allein würdig ist: der Löwe aus dem Stamm Juda, die Wurzel Davids, in dem die Verheißungen der Schrift wunderbar in Erfüllung gegangen sind.

6 In der Mitte des ganzen Bildes erblickt der Seher **das Lamm.** Ohne nähere Erklärung wird dieser Titel, der im Buch noch häufig wiederkehrt, eingeführt. Offenbar war er den Gemeinden, für die Johannes schreibt, bekannt. Es handelt sich dabei um eine christliche Messiasbezeichnung, die nicht aus dem Judentum übernommen worden ist. Denn die einzige Stelle, an der im jüdischen Schrifttum der damaligen Zeit der kommende Erlöser als Lamm geschildert wird (Test. Joseph 19), ist ein späterer christlicher Einschub. Wenn Christus in der Offb. das Lamm genannt wird, so werden in diesem Titel zwei Vorstellungen zusammengefaßt: 1. Das Lamm trägt sieben Hörner als Zeichen seiner herrscherlichen Würde (vgl. 5.Mose 33, 17; Ps. 22, 22 u. ö.). Dieses Bild ist – wie auch die Gestalten der vierundzwanzig Ältesten,

der sieben Geister und der vier Wesen – wahrscheinlich ursprünglich aus astralmythologischen Vorstellungen übernommen worden, in denen das Bild des Widders als Zeichen der Kraft und Herrschaft galt (vgl. Dan. 8,3; Henoch-Apk. 89,42 ff.). Diese Zusammenhänge sind freilich ganz verblaßt, aber darin noch angedeutet, daß das Lamm sieben Augen hat. Denn Augen Gottes sind die Gestirne, und die sieben Planeten galten in der alten Welt als seine Trabanten. Daher hat das Lamm, der von den Toten erstandene Christus, an Gottes Regiment teil und gebietet wie Gott über die sieben Geister, die als Engelsboten in alle Lande ausgesandt werden (vgl. zu 1,4). 2. Gleichzeitig aber ist das Lamm das Opferlamm, das geschlachtet wurde und die Schuld der Welt stellvertretend gesühnt hat (vgl. Joh. 1,29.36; 19,36; 1.Kor. 5,7; 1.Petr. 1,18 f.). Es trägt noch am Halse die Wunde vom Schächtschnitt. Und doch wird der Ausdruck als nicht ganz zutreffend hingestellt: Es steht da „wie geschlachtet"; denn das Lamm ist nicht im Tode geblieben, sondern hat den Tod überwunden und tritt die Herrschaft über die Welt an. Beides also ist in dem Titel Lamm zusammengefaßt: der Hinweis auf den Opfertod Christi und der Ausdruck der Herrschaft, die dem erhöhten Herrn übertragen ist. Nimmt der Seher den ersten Gedanken aus dem urchristlichen Bekenntnis auf, so ist ihm der zweite für den folgenden Zusammenhang besonders wichtig: Christus sitzt bei Gott im Regiment.

Feierlich schreitet das Lamm zum Thronenden und empfängt aus seiner Hand die 7
Buchrolle. Dieser nur in knapper Kürze beschriebene Akt gleicht der Thronbesteigung des Herrschers. Christus ist bereits als der Herr erhöht, dem das Regiment über alle Welt übertragen ist (vgl. Phil. 2,9-11; Mt. 28,18-20; 1.Tim. 3,16). Doch noch ist diese seine Herrschaft, die er über alle Welt ausüben soll, vor den Augen der Menschen verborgen. Die Gemeinde aber, die sich im Glauben zu diesem Herrn aller Herren bekennt, wartet darauf, daß er als der König aller Könige offenbar werden wird. In dieser Hoffnung wird die auf Erden leidende Kirche gestärkt, indem sie sich mit den im Himmel jubelnden Scharen verbunden wissen darf. Der vielstimmige Lobpreis, den die himmlische Versammlung erklingen läßt, ist Antwort und Echo darauf, daß Christus die Herrschaft übergeben ist und er die Siegel des Schicksalsbuches öffnen wird.

Die vier Wesen und die vierundzwanzig Ältesten fallen anbetend vor dem Lamm 8
nieder. Dabei haben die Ältesten Zithern und Schalen voller Räucherwerk in den Händen. Die Ältesten bringen im himmlischen Gottesdienst mit dem Saitenspiel Gott und dem Lamm den Lobpreis dar und tragen als Engel mit dem Räucherwerk die Gebete der Heiligen, d.h. der Christen, zu Gott empor; denn heilig werden diese
genannt als das Gott gehörende Volk (vgl. 8,3 f.; 11,18; 13,7.10 u.ö.). Ein neues 9
Lied wird als der endzeitliche Lobgesang angestimmt, in dem die einzigartige Würde des Lammes besungen wird. Das Lamm hat durch seinen Opfertod aus
allen Völkern seine Gemeinde losgekauft und sie zu Königen und Priestern gemacht, 10
die an Gottes Weltregiment teilhaben sollen. In diesen Sätzen des Liedes, das die Würde des Lammes preist, bezieht sich der Verfasser der Offb. Joh. zweifellos wieder auf Aussagen des urchristlichen Bekenntnisses (vgl. zu 1,5 f.). Die der Gemeinde zugesagte Verheißung gründet in der schon geschehenen Erlösungstat
Christi. Die unzähligen Engel, die um Gottes Thron versammelt sind (vgl. Dan. 11
7,10; Henoch-Apk. 14,22; 40,1), stimmen mit ein, indem sie das Wort „würdig" 12

aufnehmen und in einer Kette von sieben Gliedern die Fülle der Machtgüter auf-
zählen, die dem Lamm gehören (vgl. 11,17). In den ersten vier Gliedern werden
Macht und Herrschaft genannt, die das Lamm empfangen hat: Kraft und Reichtum
und Weisheit und Stärke. In den letzten drei Gliedern aber wird die Anbetung aus-
13 gedrückt, die ihm entgegengebracht wird: Ehre und Ruhm und Preis. Den Chören
schließt sich die gesamte Schöpfung an. War diese in V.3 in die drei Bereiche
Himmel, Erde und unter der Erde geteilt, so wird hier als vierter das Meer hinzu-
gefügt (vgl. 2.Mose 20,4; Ps. 146,6). Das ganze All fällt in den Lobpreis ein. Dem
Thronenden und dem Lamm gehört alle Ehre, alle Anbetung. Denn Gott ist nicht
nur der Schöpfer (Kap. 4), sondern auch der Erlöser (Kap. 5), der über das All
herrscht und sich sein Volk aus aller Welt berufen hat. Er ist darum allein der Herr,
14 nicht die Großen auf Erden, nicht der Caesar in Rom. Die vier Wesen machen sich
den Hymnus zu eigen, indem sie Amen sprechen (vgl. 1.Kor. 14,16). Und die
Ältesten fallen erneut anbetend zu Boden. In atemloser Spannung wird nun er-
wartet, was geschehen wird, wenn das Lamm die Siegel öffnen und damit die Folge
der Endereignisse auslösen wird.

Ist der erste Abschnitt des Kapitels vom Motiv der Beauftragung dessen bestimmt, der allein würdig ist, so ist der zweite Teil nach dem Vorbild der Inthronisation eines antiken Herrschers gestaltet. Nachdem seine Würde erwiesen und begründet ist, wird der Herrscher in sein Amt eingesetzt, indem er zunächst mit seinem Namen öffentlich vorgestellt, dann mit der Legitimation seiner Hoheit versehen und schließlich von der anwesenden Menge mit lautem Jubel begrüßt wird, um ihm die geschuldete Huldigung zu erweisen. So wird das Lamm, das mit dem siegreichen Löwen aus dem Stamm Juda und der Wurzel Davids identisch ist (V. 5), in die Mitte der himmlischen Versammlung geführt (V. 6). Dann empfängt es aus der Hand des Thronenden den Ausweis seiner Würde, die ihm übertragen wird (V. 7), d. h. es empfängt die Buchrolle (V. 8 f.), bzw. Kraft, Reichtum, Weisheit und Stärke, Ehre, Ruhm und Preis (V. 12). Die große Schar derer, die Zeugen dieses Geschehens sind, fällt anbetend nieder und preist den neuen Herrscher, indem sie das Lied der endzeitlichen Erlösung anstimmt (V. 9-14). Das aber bedeutet: Das Lamm, das geschlachtet ist, ist zum Herrscher der Welt eingesetzt. In seine Hand ist der göttliche Geschichtsplan gelegt. Es wird seine Siegel öffnen und den Gang der endzeitlichen Ereignisse auslösen. Alles künftige Geschehen steht daher im Zeichen seiner Herrschaft, deren Offenbarung sich in den kosmischen Katastrophen ankündigt und deren unvorstellbare Herrlichkeit und Größe aller Welt kundgetan werden soll.

Christologische Hoheitstitel in der Offb. Joh.: Die Eigenart der christologischen Aussagen der Offb. Joh. tritt am deutlichsten hervor, wenn man die Hoheitstitel betrachtet, die dieses Buch mit dem übrigen urchristlichen Schrifttum gemeinsam hat: Vom **Christus/Messias** spricht der Seher vorzugsweise dann, wenn er auf seine Herrschaft hinweisen möchte (11,15; 12,10; 20,4. 6). Damit folgt er dem jüdischen Verständnis des Messiastitels, nach dem unter diesem der endzeitliche König, der nach dem Vorbild Davids erscheinen sollte, vorgestellt wird. Das Wort **Herr** bezieht der Verf. der Offb. nur an einigen Stellen auf Christus (11,8; 14,13; 17,14; 19,16: 22,20 f.), meist aber behält er es alttestamentlich-jüdischer Redeweise entsprechend

Gott vor, der als der Allherrscher im Regiment sitzt (1, 8; 4, 8. 11; 11, 15. 17; 15, 3 f. u. ö.). Nur zweimal wird in Anlehnung an das Vorbild von Dan. 7, 13 der erhöhte und zum Gericht kommende Christus „gleich einem **Menschensohn**" genannt (1, 13; 14, 14). Der erweiterte Gebrauch dieses Titels, wie er in den Evangelien im Blick auf den irdischen sowie den leidenden, sterbenden und auferstehenden Menschensohn vorliegt, fehlt dagegen in der Offb. Joh. **Sohn Gottes** heißt Christus nur 2, 18 im Zusammenhang mit dem wenige Verse später folgenden Zitat aus Ps. 2. In seiner großen Zurückhaltung gegenüber diesem Titel stimmt der Seher mit der jüdischen Verwendung von Ps. 2, 7 überein (vgl. zu 2, 18). Läßt sich somit am Gebrauch der Hoheitstitel, die der Verf. der Offb. aus dem urchristlichen Bekenntnis übernahm, durchgehend eine so auffallende Anlehnung an die alttestamentlichen Voraussetzungen dieser Prädikate sowie deren Deutung in der endzeitlichen Erwartung des Judentums beobachten, so folgt daraus, daß der Seher Johannes in seinen christologischen Aussagen diesen Zusammenhang bewußt betont haben muß. Indem er die alttestamentlich-jüdischen Hoheitstitel auf den gekreuzigten, auferstandenen und erhöhten Christus überträgt, will er hervorheben, daß in ihm alle Verheißungen und Zusagen Gottes eingelöst worden sind, daß in ihm alle Hoffnungen Israels in Erfüllung gegangen sind. Darum ist das Lamm allein würdig, das Buch mit den sieben Siegeln aus Gottes Hand zu empfangen und den göttlichen Geschichtsplan zu entbinden. Die Endereignisse, die mit dem Christusgeschehen eingesetzt haben, werden durch die Ankunft des Königs aller Könige zur sichtbaren Aufrichtung seiner Herrschaft an ihr Ziel gelangen.

Die Öffnung der sieben Siegel 6, 1-8, 1

Nacheinander sollen nun die sieben Siegel vom Lamm gelöst werden, so daß dadurch zunächst die Außenseite der Buchrolle freigelegt wird. Die ersten sieben Visionen stellen nach dem kunstvollen Aufbau des Buches den Anfang der Folge von Katastrophen dar, die bis zur Wiederkunft Christi sich immer furchtbarer steigern werden. Die Reihe der Visionen ist so aufgebaut, daß die ersten vier Bilder nur mit wenigen Strichen gezeichnet und einander parallel gestaltet worden sind (6, 1-8). Die fünfte (6, 9-11) und sechste Vision (6, 12-17) sind weiter ausgeführt. Ehe jedoch das Lamm das letzte Siegel öffnet (8, 1), wird in einem Zwischenstück (Kap. 7) der Blick auf die Gemeinde gelenkt: Sie steht als die Schar der Versiegelten geborgen in Gottes Schutz.

Die ersten vier Siegel: Die apokalyptischen Reiter 6, 1-8

**1 Und ich schaute – als das Lamm das erste der sieben Siegel öffnete, da hörte ich das
erste der vier Wesen wie mit Donnerstimme rufen: Komm! 2 Und ich schaute, und siehe,
ein ‚weißes Roß', und der, der darauf saß, hatte einen Bogen, und es wurde ihm ein Kranz
gegeben, und er zog aus als Sieger und um zu siegen. 3 Und als er das zweite Siegel öffnete,
hörte ich das zweite Wesen rufen: Komm! 4 Und es zog ein anderes, ein ‚feuerfarbenes
Roß' aus, und dem, der darauf saß, wurde gegeben, den Frieden von der Erde zu nehmen,
und daß sie einander mordeten, und es wurde ihm ein großes Schwert gegeben. 5 Und als
es das dritte Siegel öffnete, hörte ich das dritte Wesen rufen: Komm! Und ich schaute,
und siehe, ein ‚schwarzes Roß', und der, der darauf saß, hatte eine Waage in seiner Hand.**

**6 Und ich hörte es wie eine Stimme inmitten der vier Wesen sprechen: ein Maß Weizen
für einen Denar und drei Maß Gerste für einen Denar. Und dem Öl und dem Wein sollst
du keinen Schaden tun. 7 Und als es das vierte Siegel öffnete, hörte ich die Stimme des
vierten Wesens rufen: Komm! 8 Und ich schaute, und siehe, ein fahles ‚Roß', und der, der
darauf saß, hatte den Namen ‚Tod', und ‚der Hades' folgte ihm auf dem Fuß, und es wurde
ihnen Macht gegeben über ein Viertel der Erde, ‚zu töten mit Schwert, Hunger und Pest'
und durch die ‚wilden Tiere der Erde'.**

Vers 2. 4. 5. 8: Sach. 1, 8; 6, 1–3 Vers 8: Hos. 13, 14; Ez. 14, 21; 5, 12. 17; 3. Mose 26, 22 ff.; Jer. 14, 12; 15, 2 f.

1 Der Seher schaut: Das Lamm nimmt das erste Siegel von der Urkunde ab und
löst darauf sofort ein Geschehen aus. Eines der vier Wesen, die um Gottes Thron
stehen (4, 6-8), ruft wie eine Donnerstimme: Komm! Dieser Vorgang wiederholt
2 sich viermal: Auf den Ruf hin setzt sich ein Roß, das einen Reiter trägt, in Be-
wegung. Das erste ist von weißer Farbe, sein Reiter hält einen Bogen in der Hand,
empfängt einen Siegerkranz und zieht siegreich dahin. Wer ist dieser Reiter?
Manche Ausleger haben ihn auf Christus als den Sieger deuten wollen (vgl.
19, 11 ff.). Aber Christus war soeben als das Lamm schon genannt worden. Da den
anderen Reitern stets nur Unglück folgt, muß auch der erste als Unheilsbringer
verstanden werden. Christus erscheint zudem nicht am Anfang der endzeitlichen
Katastrophen, sondern an deren Ende. Auf Grund dieser Erwägungen muß auch ein
anderer Deutungsversuch abgelehnt werden, nach dem der erste Reiter den sieg-
reichen Gang des Evangeliums (vgl. Mk. 13, 10 Par.) darstellen soll. Denn er leitet
eine Reihe von schrecklichen Geschehnissen ein. Schließlich ist es auch nicht
möglich, in ihm den Antichristus zu erkennen, da dieser nicht zu Beginn der end-
zeitlichen Ereignisse auftritt, sondern an deren Höhepunkt. Die Bedeutung des
ersten Reiters kann daher nur im Zusammenhang mit den sich unmittelbar an-
schließenden Visionen näher bestimmt werden (s. unten zu 1-8). Nur soviel läßt das
Bild zunächst eindeutig erkennen, daß er als ein siegreicher Kriegsmann einherzieht,
3.4 dem niemand widerstehen kann. Der zweite Reiter auf feuerfarbenem Roß ist mit
der furchtbaren Gewalt ausgestattet, den Frieden von der Erde zu nehmen (vgl.
Mk. 13, 7 f. Par.). Kriege von nie dagewesenem Ausmaß brechen aus, so daß die
5.6 Menschen einander morden und unsagbares Leid einkehrt. Es folgt ein schwarzes
Pferd, dessen Reiter eine Waage in der Hand hält. Damit ist die Hungersnot, die
sich in Kriegszeiten einstellt, gemeint (vgl. Mk. 13, 8 Par.). Jedem wird sein Maß
an Speise genau zugewogen (vgl. 3. Mose 26, 26). Eine Stimme bietet zu weit über-
teuerten Preisen lebensnotwendige Waren an. Für einen Denar, den Tageslohn
eines Arbeiters (vgl. Mt. 20, 2), wird die Ration an Weizen verkauft, die ein Mensch
an einem Tage benötigt. Von dem weniger wertvollen Gerstenmehl gibt es für den-
selben Betrag die dreifache Menge. Verglichen mit den damals üblichen Preisen
bedeutet das eine acht- bis zwölffache Teuerung, die vor allem die kleinen Leute in
bittere Not bringt, weil die Grundnahrungsmittel so unerhört knapp geworden
sind. Die Luxusartikel Öl und Wein dagegen sind nicht von dem allgemeinen
Mangel betroffen. Nach antiken astrologischen Kalendern wurde für ein Jahr, das
unter dem Sternbild der Waage stand, Mißernte an Getreide, aber reiche Fülle an
7.8 Wein und Öl erwartet. Noch Schrecklicheres bringt die vierte Vision. Auf einem
Roß von fahler Farbe sitzt der Reiter Tod. Wahrscheinlich ist dabei vor allem an

die Pest gedacht, die in Kriegszeiten als Geißel die Menschheit furchtbar traf (vgl. zu 2,27). Aber dieser Reiter kommt nicht allein. Die Totenwelt reitet mit dem Tod einher, um die Opfer sogleich einzusammeln und in ihr Reich zu bringen. Tod und Hades haben Macht über ein Viertel der Menschheit. Mit Schwert, Hunger und Pest töten sie. Und wo Verwüstung angerichtet wurde, da tauchen die wilden Tiere auf, um das Werk der Zerstörung fortzusetzen und zu vollenden.

Wenn es in V. 8 heißt, daß ein Viertel der Menschheit durch Schwert, Hunger 1–8
und Pest umgebracht wird, so geht daraus hervor, daß die vier Reiter gemeinsam wirken und Unglück über die Erde bringen. Die vier Rosse – von weißer, roter, schwarzer und fahler Farbe – erinnern an die Gesichte des Sacharja (Sach. 1,7-15; 6,1-8). Nach Sach. 6 brausen vier Wagen, vor die rote, schwarze, weiße und gescheckte Pferde gespannt sind, als die vier Winde in verschiedene Himmelsrichtungen auseinander. Bei Sacharja ist noch deutlich erkennbar, daß das Bild der vier verschiedenfarbigen Rosse ursprünglich astralmythologischen Vorstellungen entnommen ist. Denn jeder der vier Wagen fährt in eine andere Himmelsrichtung davon, und jede der vier Farben ist einem der Winde zugeordnet. Diese Verbindung der Rosse mit den Winden liegt aber in der Offb. nicht mehr vor. Der Verfasser der Offb. verwendet vielmehr überliefertes Gut, ohne um dessen Herkunft Näheres zu wissen. Die vier Reiter ziehen nicht mehr nach Norden, Süden, Osten und Westen auseinander, sondern jeder reitet über die ganze Erde und bringt eine bestimmte Plage mit sich. Wie das Bild der Reiter überlieferten Anschauungen entstammt, so auch die mit ihnen verbundene Folge der Plagen. Nach der Erwartung der Apokalyptik treten die Ereignisse der letzten Zeiten in bestimmter Reihenfolge ein (vgl. z. B. Mk. 13 Par.): Kriege, allgemeine Kämpfe, Hungersnöte, Pest, Verfolgung der Gläubigen und Erdbeben gehen dem Ende als Vorzeichen voran. Diese in den verschiedenen Apokalypsen jeweils leicht abgewandelte Folge ist hier zunächst mit den vier Reitern verknüpft worden und wird dann in den beiden anschließenden Visionen fortgesetzt: Verfolgung der Gläubigen (6,9-11) und Erschütterung des Kosmos (6,12-17). In diesen fest vorgezeichneten Rahmen muß sich daher auch die Deutung des ersten Reiters einfügen: Kriegsgeschehnisse leiten die Schrecken ein. Wie nah aber das Ende bevorsteht, wird angedeutet, indem diesem ersten Bild über die traditionellen Züge hinaus eine zeitgeschichtliche Zuspitzung verliehen wird: Der Reiter auf weißem Roß, der mit einem Bogen ausgerüstet ist, gleicht den Reitern der Partherheere, die mit Bogen bewaffnet waren und auf ihren Pferden wiederholt über die Ostgrenze des Römischen Reiches gedrungen waren, die Römer in Furcht versetzten und bei den von ihnen beherrschten Völkern Hoffnung auf Roms Untergang erweckten. Die im Osten das Reich bedrohende Gefahr und die bevorstehende siegreiche Ausdehnung des Partherreiches sollen als das erste Vorzeichen des Endes verstanden werden.

Das fünfte Siegel: Die Seelen der Blutzeugen am Fuße des himmlischen Altars 6,9-11

9 Und als es das fünfte Siegel öffnete, sah ich am Fuße des Altars die Seelen derer, die geschlachtet worden waren um des Wortes Gottes und des Zeugnisses willen, das sie festhielten. 10 Und sie riefen mit lauter Stimme: ‚Wie lange (soll es noch dauern), Herr', Heiliger und Wahrhaftiger, daß du nicht ‚Gericht hältst' und ‚rächst' unser ‚Blut' an den

Bewohnern der Erde? [11] Und es wurde ihnen einem jeden ein weißes Gewand gegeben, und es wurde ihnen gesagt, daß sie sich noch kurze Zeit gedulden sollten, bis die Zahl ihrer Mitknechte und ihrer Brüder, die ebenso wie sie getötet werden müßten, voll geworden sei.

Vers 10: Sach. 1, 12; Ps. 79, 5; 5. Mose 32, 43; 2. Kön. 9, 7

9 Nach der apokalyptischen Überlieferung werden in den letzten Zeiten Krieg, Kämpfe, Hunger, Pest und Tod über die ganze Menschheit kommen, die Gläubigen aber werden in besondere Not geraten. Von der Verfolgung der Zeugen Jesu (vgl. Mk. 13, 9 ff. Par.) handelt daher das Bild, das sich nun nach Öffnung des fünften Siegel darbietet. Der Seher erblickt im Himmel einen Altar (vgl. 8, 3 ff.; 9, 13; 14, 18; 16, 7), an dessen Fuß die Seelen derer liegen, die „um des Wortes Gottes und des Zeugnisses willen" (s. zu 1, 9) getötet wurden. Der Tod der Zeugen wird hier mit einem Opfer verglichen (vgl. Phil. 2, 17; 2.Tim. 4, 6). Nach altüberkommener Anschauung befindet sich die Seele, das Leben, im Blut (3.Mose 17, 11. 14; 5.Mose 12, 23). Wird das Opferblut an den Brandopferaltar gesprengt (3.Mose 4, 7 u. ö.), so wird damit die Seele, d. h. das Leben der Tiere, am Altar ausgegossen. Tempel und Altar aber sind in der Vorstellung der jüdischen Apokalyptik auch auf die himmlische Welt übertragen worden: Wie es auf Erden einen Brandopferaltar gibt, so auch im Himmel. Der Altar im himmlischen Tempel aber ist die Stätte, an der man Gott am allernächsten ist. Dorthin sind die Seelen derer versetzt worden, die als Gerechte und Fromme gestorben sind. Während ihre Leiber in den Gräbern ruhen und auf den Tag der Auferstehung warten, weilen die Seelen in einer Art Zwischenzustand bei Gott. Von diesen Vorstellungen her wird das Bild verständlich, das der Seher Johannes schaut: Die Seelen der Blutzeugen, die bis in ihre letzte Stunde hinein treu geblieben sind und den Opfertod erlitten haben, liegen am Fuße des himmlischen Altars, d. h. sie sind in die unmittelbare Nähe Gottes versetzt
10 worden und bleiben bei ihm bis zur Auferstehung der Toten (vgl. auch 7, 15). Ihr Rufen dringt daher sogleich an Gottes Ohr. Mit banger Erwartung stellen sie die Frage, wie lange es noch dauern soll, bis endlich der Tag des Gerichts kommt, an dem Gott ihr Blut an den Bewohnern der Erde rächen wird. Gemeint sind mit diesen die Ungläubigen (vgl. zu 3, 10), die die Gemeinde verfolgt und den Tod der Zeugen verschuldet haben. Da Gott der Herr, der Heilige und Wahrhaftige (vgl. zu 3, 7) ist, wird er gerechtes Urteil fällen und über die Schuldigen die wohlverdiente Strafe verhängen. Aber wie lange soll es bis dahin noch dauern? Dieser Ruf, den die Seelen der getöteten Zeugen erheben, ist mehr als nur ein Schrei nach Rache. Denn sie stellen ja gerade das Gericht Gott anheim (vgl. Röm. 12, 19) und bitten darum, daß er bald seine Gerechtigkeit auf Erden aufrichten möge. Dieses bange Gebet wird
11 erhört. Jedem von ihnen wird ein weißes Gewand gegeben, das Kleid der himmlischen Seligen (vgl. zu 3, 4 f.). Sie werden „überkleidet" (vgl. 2.Kor. 5, 1 ff.) und empfangen strahlende Gewänder wie die Engel. Auf ihre Frage „wird ihnen gesagt" – der Seher vermeidet in ehrfürchtiger Redeweise den Gebrauch des Gottesnamens –, sie müßten sich noch kurze Zeit gedulden, bis die festgesetzte Zahl derer, die wie sie als Zeugen den Tod erleiden müssen, voll geworden ist. Wenn das Maß der Zeit gefüllt ist, dann kommt das Ende (vgl. Gal. 4, 4). Auch in der jüdischen Erwartung wurde verschiedentlich die Frist bis zum baldigen Ende nach dem Maß

der Gerechten und Frommen bezeichnet, die noch getötet werden müssen, bis der ersehnte Tag der Erlösung da ist (Henoch-Apk. 47, 1-4; 4. Esr. 4, 35 f.; Baruch-Apk. 30, 2). Was also an Leiden noch über die Gemeinde Jesu hereinbrechen wird, ist von Gott festgesetzt, der als der Herr nichts ohne seinen Willen geschehen läßt. Wie lange noch? Nur noch kurze Zeit, dann wird Gott die große Stadt, die Hure Babylon, richten (18, 20), in der das Blut von Propheten und Heiligen und aller derer gefunden wurde, die auf Erden ermordet worden sind (18, 24). Dann wird er an ihr das Blut seiner Knechte rächen (19, 2), und dann werden die Blutzeugen zusammen mit Christus das Herrscher- und Richteramt ausüben (20, 4). Noch aber gilt es, Geduld zu haben. Schweres Geschick hatte die Gemeinde in der Verfolgung durch Kaiser Nero schon erfahren. Von einer besonderen Verehrung der Märtyrer, durch die sie über die Gemeinde hinausgehoben würden, ist nicht die Rede. Sie haben das Zeugnis bis in den Tod hinein festgehalten, aber Gott sieht ihr Sterben an. Doch noch ist das Leiden der Gemeinde nicht ausgekostet. Sondern sie wird neue Verfolgungen bestehen müssen – doch nur noch kurze Zeit!

Das sechste Siegel: Die Erschütterung des Kosmos 6, 12-17

[12] Und ich schaute – als es das sechste Siegel öffnete, da geschah ein großes Beben, und ‚die Sonne' wurde schwarz wie ein härener Sack, und ‚der Mond' wurde ganz wie ‚Blut', [13] und ‚die Sterne des Himmels fielen' auf die Erde, ‚wie ein Feigenbaum' seine Spätfeigen abwirft, wenn er von starkem Wind geschüttelt wird. [14] ‚Und der Himmel' entwich, ‚wie eine Buchrolle zusammengerollt wird', und alle Berge und Inseln wurden von ihren Plätzen gerückt. [15] ‚Und die Könige der Erde und die Großen' und die Befehlshaber und die Reichen und die Mächtigen und alle Knechte und Freien ‚verbargen sich in den Höhlen und in den Felsklüften' der Berge. [16] ‚Und sie sprechen zu den Bergen und Felsen: Fallet auf uns' und ‚verbergt uns' vor dem Angesicht dessen, ‚der auf dem Throne sitzt', und vor dem Zorn des Lammes. [17] Denn gekommen ist ‚der große Tag' seines ‚Zorns'. ‚Und wer kann da bestehen'?

Vers 12: Am. 8, 9; Jes. 13, 10; 50, 3; Ez. 32, 7 f.; Joel 3, 3 f. Vers 13 f.: Jes. 34, 4 Vers 15: Ps. 2, 2; Jes. 24, 21; Jer. 4, 29; Jes. 2, 10. 19. 21 Vers 16: Hos. 10, 8; Jes. 6, 1 Vers 17: Joel 2, 11; 3, 4; Zeph. 1, 14 f.; Nah. 1, 6; Mal. 3, 2

Zu den Zeichen der letzten Zeit gehört in der apokalyptischen Tradition stets das Beben des Firmamentes (vgl. 4. Esr. 6, 14 ff.; Himmelfahrt des Mose 10, 4 ff.; Baruch-Apk. 70, 8; Sibyll. Or. 3, 80 ff.; 669 ff.). Vor Anbruch des Endes wird der ganze Kosmos erschüttert werden, so daß er ins Wanken gerät und seine Ordnung durcheinander gebracht wird (vgl. Mk. 13, 24 ff. Par.). Man sollte daher eigentlich erwarten, daß nach der sechsten Siegelvision der große Gerichtstag (vgl. V. 17) unmittelbar bevorstehen müsse. Da sich aber den sieben Siegelvisionen im kunstvollen Aufbau der Offb. noch weitere Folgen von Visionen anschließen, die immer furchtbarere Geschehnisse darstellen, ist die hier geschilderte kosmische Katastrophe noch nicht die Ankündigung des Endes selbst, sondern Höhepunkt und Abschluß der in Kap. 6 beschriebenen Einleitung des apokalyptischen Dramas.

Die Vision ist aus zahlreichen Einzelzügen zusammengesetzt, die aus verschie- 12
denen alttestamentlichen Büchern entnommen und zu einer eindrucksvollen Einheit
zusammengefügt worden sind. Die Sonne verfinstert sich, als hüllte sie sich in
Trauergewänder. Der Mond färbt sich rot wie Blut (vgl. Himmelfahrt des Mose 13

10, 4 f.). Nach antiker Vorstellung waren die Sterne am Himmelsgewölbe befestigt.
Jetzt fallen sie herunter, wie wenn ein Feigenbaum, vom Sturm geschüttelt, seine
14 Spätfeigen abwirft. Die Ordnung des Alls löst sich auf. Das Himmelszelt wird wie
eine Buchrolle zusammengewickelt, Berge und Inseln werden von ihrer Stelle
gerückt.

15 Furchtbares Entsetzen erfaßt daraufhin alle Menschen (V. 15-17). In siebengliedriger Aufzählung wird die ganze Menschheit genannt, die ohne Ausnahme vom Schrecken gepackt wird. Ohne Rücksicht auf Grenzen der Nationen, Unterschiede des Standes oder der Stellung werden sie alle in gleicher Weise betroffen.
Über alle wird das Gericht kommen (vgl. die 19, 18 gegebene Aufzählung), vor dem
16 es kein Entweichen gibt. Vergeblich ist es daher, sich in Höhlen und Felsklüften verbergen zu wollen. Ausdruck der Verzweiflung ist ihr Wunsch, Berge und Felsen möchten über sie fallen (vgl. Lk. 23, 30), damit sie nur ja nicht vor dem Angesicht des Richters erscheinen müssen. Ihrer Schuld bewußt (vgl. 1. Mose 3, 8), suchen sie auf jede Weise sich dem Zorngericht zu entziehen, das das Lamm (vgl. 5, 6 f.) in göttlicher Vollmacht halten wird. Jeder Mensch muß vor seinen Richtstuhl treten
17 (2. Kor. 5, 10; Mt. 7, 22 f. u. a.), um sein Urteil zu empfangen. Der Gerichtstag, den die Propheten schon angekündigt haben, kommt (Joel 3, 4; Zeph. 1, 15. 18; 2, 2 u. ö.). Wer kann da bestehen? Die bange Frage spricht die Befürchtung aus, daß niemand wird bestehen können (vgl. Nah. 1, 6; Lk. 21, 36; 1. Petr. 4, 17 f.). Was aber wird aus dem Gottesvolk inmitten der über die Erde dahingehenden Katastrophen? Von seiner Bewahrung handelt das Zwischenstück in Kap. 7, das der Öffnung des letzten Siegels (8, 1) vorangeht.

Zwischenstück: Die Bewahrung des Gottesvolkes 7, 1-17

Die Versiegelung der Hundertvierundvierzigtausend 7, 1-8

[1] Danach sah ich vier Engel stehen ‚an den vier Ecken der Erde'. Die hielten ‚die vier Winde' der Erde fest, damit kein Wind über das Land noch über das Meer noch über alle Bäume wehe. [2] Und ich sah einen anderen Engel aufsteigen von Sonnenaufgang her, der ein Siegel des lebendigen Gottes hatte. Und er rief mit lauter Stimme den vier Engeln zu, denen gegeben war, dem Land und dem Meer Unheil anzutun, [3] und sprach: Tut weder dem Land noch dem Meer noch den Bäumen Unheil an, bis wir die Knechte unseres Gottes ‚auf' ihren ‚Stirnen versiegelt haben'. [4] Und ich hörte die Zahl der Versiegelten, einhundertvierundvierzigtausend Versiegelte aus allen Stämmen der Söhne Israels: [5] aus dem Stamm Juda zwölftausend Versiegelte, aus dem Stamm Ruben zwölftausend, aus dem Stamm Gad zwölftausend, [6] aus dem Stamm Asser zwölftausend, aus dem Stamm Naphthali zwölftausend, aus dem Stamm Manasse zwölftausend, [7] aus dem Stamm Simeon zwölftausend, aus dem Stamm Levi zwölftausend, aus dem Stamm Isaschar zwölftausend, [8] aus dem Stamm Sebulon zwölftausend, aus dem Stamm Joseph zwölftausend, aus dem Stamm Benjamin zwölftausend Versiegelte.

Vers 1: Ez. 7, 2; 37, 9; Dan. 7, 2; Sach. 6, 5; Jer. 49, 36 Vers 3: Ez. 9, 4. 6.

1 Ehe der weitere Ablauf des apokalyptischen Dramas geschildert wird, hält der Seher inne. Ein ganz neues Bild taucht vor ihm auf. Sein Blick fällt zunächst auf vier Engel, die an den vier Enden der Erde stehen, die als eine weite viereckige Fläche vorgestellt ist (vgl. 20, 8). Sie halten jeder einen der vier gewaltigen Winde fest

(vgl. 14, 18; 16, 5), die dann, wenn sie loslassen würden, entsetzliche Verheerungen auf der Erde und auf dem Meer anrichten würden. Vier verderbenbringende Winde sind in der jüdischen Apokalyptik verschiedentlich erwähnt (Dan. 7, 2; Henoch-Apk. 34, 3; 76, 4). Wenn sie über Wasser und Land hinwegbrausen, dann kündigen sie mit ihrer furchtbaren Gewalt das nahende Weltende an (Sibyll. Or. 8, 204 f.). An unserer Stelle ist dieses überlieferte Motiv von den vier Winden aufgenommen worden, um die Stille vor dem Sturm zu beschreiben. Noch sind die furchtbaren Naturkräfte von den starken Händen der Engel bezwungen. Wozu aber soll diese
kurze Atempause dienen? Von Osten her – der Richtung, in der einst das Paradies 2
lag (1. Mose 2, 8; Henoch-Apk. 32, 2 f.) und aus der der Messias kommen soll (Sibyll. Or. 3, 652) – steigt ein anderer Engel herauf, der ein Siegel, d. h. einen
Siegelring, des lebendigen Gottes trägt. Er ruft den Engeln zu, die über die Unheils- 3
gewalten gebieten, daß sie diese noch nicht freigeben dürfen (vgl. Baruch-Apk. 6, 4 ff.). Erst sollen die Knechte Gottes, die von ihm erwählte Schar, auf der Stirn versiegelt werden. Nach einem Brauch, der in der alten Welt weit verbreitet war, wurde Tieren oder auch Sklaven ein Mal eingebrannt, um unwiderruflich festzulegen, welchem Herrn sie gehören. Wer daher Gottes Siegel trägt, ist sein Eigentum (vgl. Gal. 6, 17). Ist er als sein Eigentum mit seinem Zeichen versehen, so steht er unter Gottes Schutz, wie Ez. 9, 4 gezeigt wird: Ehe Jerusalem von seinem Geschick ereilt wird, soll ein Engel Gottes ausgehen und ein Zeichen allen denen auf die Stirn drücken, die über alle Greuel in der Stadt seufzen und stöhnen. Wer das Zeichen trägt, wird von dem kommenden Gericht verschont bleiben, alle anderen aber sollen erschlagen werden. Das Siegel dient also als ein Schutzmal, das in Gefahren seine Träger vor Unglück bewahren soll. Im urchristlichen Sprachgebrauch hat man die Taufe auch als Versiegelung bezeichnet, weil die Getauften Gottes Eigentum sind und das Zeichen der Zugehörigkeit zu ihrem Herrn empfangen haben (vgl. 2. Kor. 1, 22; Eph. 1, 13; 4, 30). Der Seher Johannes knüpft an diese Ausdrucksweise an, indem er sie in das apokalyptische Bild aufnimmt. Gott wird seine Knechte, die als sein Eigentum versiegelt sind, schützen. Freilich bedeutet das nicht, daß sie Schmerzen und Verfolgungen einfach entnommen würden (so nach Ps. Sal. 15, 6 ff.). Wäre das mit der Versiegelung beabsichtigt gewesen, so hätte diese vor Beginn der Siegelvisionen erfolgen müssen. Leiden und Bedrängnisse werden den Knechten Gottes also nicht erspart bleiben. Wohl aber bewahrt sie der Herr gegenüber dem furchtbaren Angriff des Satans. Wie Gott seine Knechte mit seinem Siegel versieht (9, 4; 14, 1; 22, 4), so werden umgekehrt auch die Anhänger des Tieres als Eigentum der widergöttlichen Macht gekennzeichnet (13, 16 f.; 14, 9. 11; 16, 2; 19, 20; 20, 4). Wer daher zu den Versiegelten Gottes gehört, der wird in den Schrecken, die noch kommen müssen, unter seinem Schutz bleiben.

Der Vorgang der Versiegelung wird nicht beschrieben, sondern nach der vom 4–8
Engel ausgerufenen Ankündigung wird sogleich das Ergebnis der Handlung und die Zahl der Versiegelten genannt: 144 000 – d. h. zwölfmal 12 000. Diese Zahl hat zeichenhafte Bedeutung und darf nicht zu Spekulationen mißbraucht werden. Von den zwölf Stämmen Israels wird gesprochen, die das vollständige Gottesvolk darstellen und je mit zwölftausend Gliedern vertreten sind. Zu dieser ausführlichen Aufzählung ist zweierlei besonders zu bemerken: 1. Die Reihenfolge der Namen

beginnt im Unterschied zu den alttestamentlichen Listen der Söhne Jakobs (1.Mose 35, 22-26; 4.Mose 13, 4-15; 5.Mose 33, 6-25; 1.Chr. 2, 1-2; Ez. 48 u. a.) nicht mit Ruben als dem Ältesten, sondern als erster wird Juda genannt (vgl. 1.Chr. 2, 3 ff.). Er steht hier voran als der Königsstamm, aus dem einst David hervorgegangen war, aus dem der Messias kommen sollte und dessen Glied Jesus von Nazareth war (Röm. 1, 3 f.; 2.Tim. 2, 8; Mt. 1, 1-17; Lk. 3, 23-38). 2. Unter den Namen fehlt der des Dan. An seine Stelle ist Manasse getreten, obwohl auch Joseph aufgeführt ist. Beide Josephstämme, Ephraim (= Joseph) und Manasse, sind erwähnt, um die Zwölfzahl vollzumachen. Dan aber ist vermutlich ausgeschlossen worden, weil er dem Götzendienst verfallen war (vgl. Ri. 17 f.) und bereits im Judentum von ihm gesagt wurde, der Satan werde sein Fürst sein (Test. Dan. 5, 6 f.). Von den Kirchenvätern (vgl. Irenäus, Gegen die Ketzer V, 30, 2) wird eine Überlieferung erwähnt, nach der der Antichrist aus Dan kommen soll. Götzendiener und Gefolgsleute des Satans aber können nicht mehr zum Gottesvolk gerechnet werden.

Sind hier die zwölf Stämme namentlich aufgezählt, so wird damit an die jüdische Hoffnung angeknüpft, daß in der Endzeit die verlorenen Stämme des Nordreiches herzugebracht werden und Israel vollständig wiederhergestellt wird (Jes. 49, 6; 4.Esr. 13, 39 ff.; Baruch-Apk. 78, 1 ff.; Mt. 19, 28; Offb. 21, 12). Diese Erwartung ist nun aber nicht mehr auf die Zukunft des jüdischen Volkes gerichtet, sondern in übertragenem Sinne auf die Kirche Jesu Christi als das Gottesvolk der Endzeit bezogen. Sie ist das Israel Gottes (Gal. 6, 16), sie sind die zwölf Stämme (1.Petr. 1, 1; Jak. 1, 1 u. ö.). Die Kirche aus Juden und Heiden ist Gottes mit seinem Zeichen versehenes Eigentum, das inmitten aller Schrecken und Bedrängnisse unter seinem Schutz geborgen bleibt.

Die große Schar vor Gottes Thron 7, 9-17

9 Danach schaute ich, und siehe, eine große Schar, die niemand zählen konnte, aus allen Völkern und Stämmen und Nationen und Sprachen; die standen vor dem Thron und vor dem Lamm, bekleidet mit weißen Gewändern und Palmen in ihren Händen.
10 Und sie rufen mit lauter Stimme und sprechen:

Heil unserem Gott, der ‚auf dem Throne sitzt', und dem Lamm!

11 Und alle Engel singen rings um den Thron und die Ältesten und die vier Wesen, und sie fielen vor dem Thron auf ihr Angesicht nieder und beteten Gott an
12 und sprachen:

Amen,

Preis und Herrlichkeit und Weisheit und Dank
und Ehre und Macht und Stärke
unserem Gott in alle Ewigkeiten! Amen.

13 Und es nahm einer von den Ältesten das Wort und sprach zu mir: Diese da, die bekleidet sind mit weißen Gewändern, wer sind sie und woher sind sie gekommen?
14 Und ich sprach zu ihm: Mein Herr, du weißt es. Und er sprach zu mir: Das sind die, die aus der großen ‚Trübsal' kommen und ‚ihre Gewänder gewaschen' und sie weiß gemacht haben ‚in dem Blut' des Lammes.
15 Deshalb stehen sie vor dem Throne Gottes und dienen ihm Tag und Nacht in seinem Tempel, und der, ‚der auf dem Throne sitzt', wird über ihnen wohnen.
16 ‚Sie werden nicht' mehr ‚hungern noch dürsten', ‚noch wird auf sie fallen die Sonne oder' irgendwelche ‚Glut'.
17 Denn das Lamm, (das) inmitten des Thrones (steht),

,wird sie weiden und wird sie leiten' zu ,Wasserquellen des Lebens'. ,Und abwischen wird Gott alle Tränen von' ihren Augen.

Vers 10 u. 15: Jes. 6, 1 Vers 14: Dan. 12, 1; 1. Mose 49, 11 Vers 16: Jes. 49, 10; Ps. 121, 6 Vers 17: Ez. 34, 23; Jer. 2, 13; Ps. 23, 2; Jes. 25, 8

Diese neue Vision führt die vorangegangene weiter. Eine große Schar aus allen 9
Völkern und Nationen steht vor dem himmlischen Thron und dem Lamm. Obwohl
es heißt, daß kein Mensch sie zählen kann, werden sie mit den vorhin genannten
144 000 identisch sein. Nur Engel konnten deren übersehbare Zahl feststellen und
ausrufen (V. 4), für Menschen ist sie nicht zu zählen. Auch in diesem Bild wird also
die Kirche dargestellt, aber nicht mehr als die auf Erden streitende, sondern nun als
die im Himmel triumphierende. Die Zahl derer, die bis zum Ende noch den Tod er-
leiden sollten, ist nun offenbar voll geworden (vgl. 6, 11). Darum sind die vor
Gottes Thron Versammelten mit weißen Gewändern bekleidet (vgl. 3, 5; 4, 4 u. ö.)
und tragen Palmen als Zeichen des Sieges (vgl. 1.Makk. 13, 51; 2.Makk. 10, 7) in
Händen. Sie stimmen den Lobpreis an und rufen Gott und dem Lamm Heil zu. 10
Dieser Gesang wird nach dem Sturz des Drachen (12, 10) und nach dem Fall
Babylons (19, 1) wieder aufgenommen. Wenn auch jetzt schon das Siegeslied
erklingt, so hat es an unserer Stelle vorausweisende Bedeutung. Der Sieg ist so
gewiß, daß er vom Seher bereits geschaut wird, ehe die Kämpfe durchgestanden
sind. Im Himmel preist die triumphierende Kirche jetzt schon den Sieg Gottes und
des Lammes. Die himmlischen Engelchöre antworten darauf, indem sie niederfallen 11
und Gott anbetend huldigen. In einer Kette von sieben Gliedern (vgl. 5, 11 f.; 12
1.Chr. 29, 11) wird ausgesprochen, daß alle Ehre Gott allein gebührt. Eingeleitet
und geschlossen wird der Hymnus mit dem Wort Amen, durch das jeder, der es
spricht, sich zu eigen macht, was vorher gesagt wurde (vgl. 5, 14).

In den Versen 13-17 wird an die Vision von der unübersehbaren Schar, die im 13
himmlischen Gottesdienst das Lob Gottes und des Lammes singt, eine Deutung an-
gefügt. Nur dieses Bild und später das von der Hure Babylon (17, 7-18) werden
ausführlich erklärt. Auf der einen Seite steht das Volk Gottes, auf der anderen Seite
die Gefolgschaft Babylons. Aber es gibt keinen Zweifel darüber, wem von beiden
der Sieg zuteil wird; denn der Seher schaut jetzt schon die triumphierende Kirche.
Einer der vierundzwanzig Ältesten (vgl. zu 4, 4), ein Engel, tritt zum Seher und stellt
die Frage, wer diese seien und woher sie gekommen seien. Damit wird die Deutung 14
eingeleitet, um die der Seher demütig bittet. Der Engel erklärt: Es sind die, die aus
der großen Trübsal gekommen sind. Vorausschauend wird also beschrieben, wie die
Schar der triumphierenden Sieger aus den Leiden, durch die sie hatten hindurch-
gehen müssen, wieder hinausgelangen. Die große Trübsal ist in der Apokalyptik ein
feststehender Ausdruck für die endzeitliche Bedrückung (Dan. 12, 1; Mk. 13, 19 Par.;
Offb. 3, 10). In dieser sind sie bewahrt geblieben, nicht aus eigener Kraft, sondern
weil sie ihre Gewänder gewaschen und im Blut des Lammes weiß gemacht haben.
Mit diesem paradoxen Bild, daß das Blut des Lammes die Gewänder der Glauben-
den weiß werden läßt, soll gesagt werden, daß sie Anteil an der Heilsbedeutung
des stellvertretenden Todes Jesu gewonnen haben (vgl. zu 1, 5) und kraft dessen
vor dem Unterliegen bewahrt geblieben sind (vgl. auch 22, 14). Darum stehen sie 15
vor Gottes Thron und dienen ihm Tag und Nacht in seinem Tempel (vgl. 22, 3). Mit

alttestamentlichen Verheißungsworten wird der herrliche Zustand, in dem sie sich
befinden, beschrieben. Gott wohnt bei ihnen (vgl. 21,3); denn wie er einst bei Israel
16 in der Wüste zeltete, so wird er in der Endzeit bei seinem Volk sein. Die Gegenwart
Gottes verbannt alles Leid. Hunger und Durst wird es nicht mehr geben, Sonne
17 und Glutwind werden die Seligen nicht mehr treffen (vgl. Jes. 49,10). Das Lamm,
das in der Mitte des himmlischen Thronsaals stand (5,6), wird sie als der gute Hirte
leiten und sie zu sprudelnden Quellen führen (vgl. Ps. 23,2), aus denen Lebens-
wasser strömt (vgl. Joh. 4,10-15; Offb. 22,1 f.). Gott wird alle Tränen abwischen,
weil auch der Tod dann vernichtet ist (vgl. Jes. 25,8; Offb. 21,3 f.). Alle diese Aus-
sagen weisen auf die kommende Herrlichkeit hin, die mit der neuen Welt Gottes
anbrechen wird. Ihr Kommen ist so gewiß, daß der Seher jetzt schon schauen darf,
wie die Schar der verklärten Überwinder bei Gott in nicht endender Seligkeit weilt.
Die auf Erden streitende Kirche geht der Vereinigung mit der im Himmel trium-
phierenden Kirche entgegen.

Liturgische Stücke in der Offb. Joh. Die Schilderung der letzten Ereignisse vor dem Anbruch der neuen Welt wird in der Offb. Joh. immer wieder durch kurze Abschnitte unterbrochen, in denen das Lob Gottes erklingt (4,1-11; 5,1-14; 7,9-17; 11,15-19; 12,10-12; 15,2-4; 19,1-10). 1.Kor. 14,26; Kol. 3,16 und Eph. 5,19 werden christliche Psalmen und Hymnen erwähnt, die im Gottesdienst der Gemeinde gesungen wurden. Nach dem Vorbild solcher Lieder hat der Seher Johannes die Lobgesänge gestaltet, in denen der Sieg Gottes und des Christus verherrlicht sind. Aus der jüdischen Liturgie ist das Halleluja (= Preiset den Herrn) als kurze Aufforderung zum Lobgesang übernommen worden (19,1.3.4.6), ebenso das Amen (= Das ist wahr), mit dem die Gemeinde auf Predigt und Gebet antwortet und sich damit das zugesprochene Wort zu eigen macht (1,7; 5,14; 7,12; 19,4; 22,20). Wie die Lieder und Gebete der Synagoge sind auch die Hymnen in der Offb. in einer Sprache abgefaßt, die vom Alten Testament geprägt ist. Ihr Inhalt aber ist vom Glauben der christlichen Gemeinde an ihren Herrn bestimmt. Bekenntnisartige Formulierungen werden wiederholt vom Seher Johannes verwandt. So wird 1,5 Christus der treue Zeuge genannt, der Erstgeborene von den Toten und der Fürst der Könige der Erde und damit auf das Bekenntnis zu Tod, Auferstehung und Erhöhung Christi Bezug genommen. Er hat uns von unseren Sünden durch sein Blut erlöst, so spricht die ganze Gemeinde (1,5). Er war tot und lebt in alle Ewigkeiten (1,18). Das Walten Gottes des Schöpfers (Kap. 4) und des Erlösers (Kap. 5) besingen die himmlischen Chöre, die nacheinander in den Lobpreis einstimmen. Heilig, heilig, heilig ist der Herr, Gott, der Allherrscher (4,8). Dem, der auf dem Thron sitzt, und dem Lamm gebühren Preis und Ehre und Ruhm und Gewalt in alle Ewigkeiten (5,13). Das Heil und die Macht und die Herrschaft Gottes und die Gewalt seines Gesalbten sind schon angebrochen (12,10). In diesem Jubelruf, der den endgültigen Sieg Gottes und Christi verkündet (19,1-10), ist die Gemeinde auf Erden mit den vollendeten Brüdern im Himmel verbunden.

Im letzten Kapitel heißt es, daß die Sünder und Gottlosen aus dem neuen Jerusalem ausgeschlossen werden (22,15). Dies erinnert daran, daß vor Beginn der Feier des Herrenmahles Ungläubige die gottesdienstliche Versammlung verlassen mußten, damit nur das Volk der Heiligen das Mahl miteinander hält. Diese Feier aber wurde eingeleitet, indem die Gemeinde mit dem Ruf Maranatha, der in aramäischer Formulierung aus der Urgemeinde übernommen wurde (1.Kor. 16,22), um das Kommen des Herrn betete: Amen, komm, Herr Jesus (22,20). Wie das ganze Buch von Hinweisen auf den Gottesdienst durchzogen ist, so sind auch Eingang und Schluß in liturgischen Wendungen gehalten. Feierlich werden zu Beginn den sieben Gemeinden Gnade und Friede zugesprochen (1,4), und am Ende wird dieser Wunsch wieder aufgenommen, daß die Gnade des Herrn Jesus bei allen bleiben möge (22,21).

Das siebente Siegel: Stille im Himmel 8,1

[1] Und als es das siebente Siegel öffnete, trat eine Stille im Himmel ein, wie eine halbe Stunde lang.

Jetzt erst löst das Lamm auch das letzte der sieben Siegel. Nachdem es geöffnet 1
und die Buchrolle nun ganz freigelegt worden ist, tritt eine große Stille im Himmel ein. In der Erwartung dessen, was nun kommen muß, schweigt alles eine halbe Stunde lang, ohne daß auch nur irgend etwas geschieht. Unsagbar drückend wird dieses Schweigen empfunden. Erst als diese Frist verstrichen ist, wird die Folge der apokalyptischen Ereignisse fortgesetzt – nicht in Wiederholung dessen, was schon geschehen ist und geschaut wurde, sondern in einer Steigerung noch schrecklicherer Katastrophen. Was sie bringen werden, ist in den nun abgelaufenen sieben Siegelvisionen bereits angedeutet worden, indem wie in einer Ouvertüre die Themen und Motive des Kommenden schon in knapper Zusammenfassung vorgeführt wurden. Die Entfaltung dessen, was bisher umrißhaft gezeigt worden ist, wird in den nun hervortretenden und ineinander greifenden Bildern dargeboten werden.

Die sieben Posaunen 8,2—11,19

Vorbereitung 8,2-6

[2] Und ich sah die sieben Engel, die vor Gott stehen, und es wurden ihnen sieben Posaunen gegeben.

[3] Und ein anderer Engel kam und ‚trat an den Altar', eine goldene Räucherpfanne in der Hand. Und es wurde ihm viel ‚Räucherwerk' gegeben, damit er es ‚für die Gebete' aller Heiligen auf den goldenen Altar bringe, der vor dem Throne ist. [4] Und der Rauch ‚des Räucherwerks' stieg ‚für die Gebete' der Heiligen aus der Hand des Engels vor Gott empor. [5] Und der Engel nahm ‚die Räucherpfanne' und ‚füllte' sie mit ‚Feuer vom Altar' und warf es auf die Erde. Da geschahen ‚Donner' und ‚Getöse und Blitze' und Beben.

[6] Und die sieben Engel, die die sieben Posaunen hatten, rüsteten sich, um zu blasen.

Vers 3: Am. 9, 1; 2. Mose 30, 7 Vers 3 f.: Ps. 141, 2 Vers 5: 3. Mose 16, 12; Ez. 10, 2; 2. Mose 19, 16

Wie den sieben Siegelvisionen ein himmlisches Vorspiel vorangestellt worden 2
war, so schaut der Seher auch vor Beginn der sieben Posaunenvisionen ein Bild, das die Vorbereitung auf die folgenden Geschehnisse darstellt. Er sieht zunächst, daß den sieben Engeln, die ständig in unmittelbarer Nähe Gottes stehen, sieben Posaunen gegeben werden. Es sind die sieben Erzengel, denen im Judentum und im

frühen Christentum besondere Verehrung entgegengebracht wurde (Tob. 12,15;
Henoch-Apk. 20,1-7; 1.Thess. 4,16; Offb. 12,7; Jud. 9; Lk. 1,19.26). Sie werden
hier zum erstenmal in der Offb. genannt. Mit den Posaunen, die sie empfangen,
wird zum Gericht geblasen (vgl. Joel 2,1; 4.Esr. 6,23; 1.Thess. 4,16; 1.Kor. 15,52
6 u. ö.). Sobald sie sich daher anschicken, in die Posaunen zu stoßen, wird das
3 nahende Ende angekündigt (vgl. auch 1QM XVIII, 1 ff.). Zunächst aber tritt ein
anderer Engel, der von den sieben unterschieden wird, mit einer Räucherpfanne in
der Hand an den himmlischen Altar, also nicht an den Brandopfer- (vgl. zu 6,9),
sondern an den Räucheraltar. Dem Engel wird viel Räucherwerk gegeben, damit er
es zugunsten aller Heiligen entzünde (vgl. 5,8). Nach Tob. 12,12 tragen die Erz-
engel die Gebete zu Gott hinauf; diese priesterliche Funktion soll hier der andere
4 Engel ausüben. Steigt das Räucherwerk zu Gott hinauf, so ist damit sinnbildlich
angezeigt, daß das Flehen der Heiligen, der bedrängten und angefochtenen Kirche,
5 zu Gott dringt. Da derselbe Engel, der eben die Gebete zu Gott hinaufbrachte, nun
die Räucherpfanne nimmt, sie mit feurigen Kohlen vom Altar füllt und diese über
die Erde ausstreut (vgl. Ez. 10,2), so daß sie von entsetzlichen Katastrophen heim-
gesucht wird, muß in dem Gebet, das von den Heiligen zu Gott aufstieg, Gott
darum angerufen worden sein, daß er bald das Ende eintreten lassen und Gericht
halten möchte (vgl. 6,9-11). Dieser Bitte folgt sogleich die ihr entsprechende Tat.
Während die dem letzten Gericht vorauseilenden Schrecken über die Erde dahin-
gehen und furchtbare Verwüstungen anrichten, wird das alles den Heiligen keinen
Schaden tun können. Ihre Gebete gelangen zu Gottes Thron und werden erhört.

Die ersten vier Posaunen 8,7-12

7 Und der erste (Engel) blies. Da kam ‚Hagel und Feuer', vermischt mit ‚Blut', und wurde ‚auf das Land' geworfen. Und ein Drittel des Landes verbrannte, und ein Drittel der Bäume verbrannte, und alles grüne Gras verbrannte. 8 Und der zweite Engel blies. Da wurde (etwas) ‚wie ein' großer ‚feurig brennender Berg' ins Meer geworfen. Und ein Drittel des Meeres ‚wurde zu Blut', 9 und es starb ein Drittel der lebendigen Geschöpfe im Meer, und ein Drittel der Schiffe wurde vernichtet. 10 Und der dritte Engel blies. Da ‚fiel ein' großer ‚Stern vom Himmel', brennend wie eine Fackel, und er fiel auf ein Drittel der Flüsse und auf die Wasserquellen. 11 Und der Name des Sternes heißt der Wermut. Und es wurde ein Drittel der Wasser zu Wermut, und viele Menschen starben von dem Wasser, weil es bitter geworden war. 12 Und der vierte Engel blies. Da wurde ein Drittel der Sonne geschlagen und ein Drittel des Mondes und ein Drittel der Sterne, so daß ein Drittel von ihnen finster wurde und der Tag zu einem Drittel kein Licht mehr hatte und die Nacht desgleichen.

Vers 7: 2. Mose 9, 23 ff.; Ez. 38, 22; Joel 3, 3 f. Vers 8: Jer. 51, 25; 2. Mose 7, 20 f. Vers 10: Jes. 14, 12; Dan. 8, 10

Ein Engel nach dem anderen bläst nun in die Posaune, um dadurch neue Ereignisse heraufzuführen. Wiederum sind die ersten vier Visionen einander parallel gebaut und in knapper Kürze gehalten (vgl. 6,1-8). Erst die durch die letzten drei Posaunen ausgelösten Szenen sind breiter ausgeführt worden. Konnten Tod und Hades, die bei Lösung der Siegel zu wüten begannen, über ein Viertel der Erde Gewalt ausüben (6,8), so werden jetzt die apokalyptischen Schrecken gesteigert und betreffen jeweils ein Drittel des Landes, des Meeres, der Flüsse und Quellen sowie der Gestirne. Diese Zahlen wollen freilich nicht im einzelnen nachgerechnet werden. Denn würde man von den verbliebenen drei Vierteln (6,8) den dritten Teil abziehen, so wäre das wieder ein Viertel. Vielmehr soll durch die Steigerung von einem Viertel auf ein Drittel angedeutet werden, daß die nun folgenden Plagen noch ärger sind als die vorangegangenen, daß aber die Verwüstungen noch nicht alles verheert haben und daher das Ende des Grauens noch nicht erreicht ist. Die Bilder sind im Anschluß an die ägyptischen Plagen entworfen (2.Mose 7-10), freilich sind deren Wirkungen ins Kosmische ausgeweitet. Werden die furchtbaren Naturkatastrophen die Menschen zur Umkehr führen, oder werden sie sich verstocken wie einst der Pharao in Ägypten?

Nachdem der erste Engel geblasen hat, fallen Hagel und Feuer, mit Blut ver- 7
mischt, auf das Land. Damit ist auf die siebente der ägyptischen Plagen angespielt
(2.Mose 9,23-26), aber dieser schauerliche Regen geht auf die ganze Erde nieder
als ein Vorzeichen des Endes (vgl. Joel 3,3 f.; Sibyll. Or. 5,377) und verwüstet ein
Drittel des Landes und der Bäume. Die Brände zerstören den Ertrag der Erde, den
die Menschen unbedingt zum Leben brauchen. In der zweiten Vision fällt vom 8
Himmel eine feurige Masse, also ein glühender Stern (vgl. Henoch-Apk. 18,13), ins
Meer hinunter, so daß ein Drittel des Meeres sich in Blut verwandelt (vgl. die erste
ägyptische Plage, 2.Mose 7,20 f.). Infolgedessen muß ein Drittel aller Lebewesen 9
im Wasser zugrunde gehen, und ein Drittel aller Schiffe wird vernichtet. Dabei ist
nicht an den Ausbruch des Vesuvs (79 n. Chr.) zu denken, wie einige Ausleger vermuten;
denn die hier geschaute Katastrophe betrifft die ganze Erdoberfläche, nicht
nur die Umgebung eines einzelnen Vulkans. Die dritte Vision schließt sich nicht an 10
die ägyptischen Plagen an. Wiederum stürzt das Verhängnis vom Himmel auf die
Erde hinunter. Der Stern, der hinunterfällt, wird als der Wermut benannt. Dieser 11
Name soll auf die Wirkung, die er nach sich zieht, hinweisen. Wie Jer. 9,14 f.;
23,15; Klagelieder 3,19 gilt der Wermut auch hier als gifthaltige Flüssigkeit. Daher
müssen an dem bitteren Wasser (vgl. 2.Mose 15,23 f.) viele Menschen zugrunde
gehen. In der schreckerfüllten letzten Zeit verweigert die Natur den Menschen auch
den Trank (vgl. 4.Esr. 5,9). Eigenartig mutet die vierte Vision an: Die Gestirne 12
werden um ein Drittel ihrer Leuchtkraft vermindert. Weil sie wie Feuerfackeln
rascher niederbrennen, wird der Tag ebenfalls um den dritten Teil seines Lichtes
beraubt, in gleicher Weise auch die Nacht. Diese Verkürzung entzieht den Menschen
den dritten Teil des Lichtes, ohne das es kein Leben gibt. Durch die vier rasch
aufeinanderfolgenden Schläge ist der ganze Kosmos aus seiner Ordnung geworfen
worden. Wehe den Menschen!

Der dreimalige Weheruf des Adlers 8,13

[13] Und ich schaute, und ich hörte einen Adler, der hoch oben am Himmel flog, mit lauter Stimme rufen: Wehe, wehe, wehe den Bewohnern der Erde wegen der übrigen Posaunenstöße der drei Engel, die noch blasen sollen!

Ein Adler ruft hoch oben vom Himmel her ein dreifaches Wehe, so daß man ihn 13
im ganzen Kosmos vernimmt. Als himmlischer Bote (vgl. Himmelfahrt des Mose
10,8) sagt er an, daß Schlimmeres als alles, was bisher geschehen ist, über die

Bewohner der Erde kommen soll, über die ungläubige Menschheit (vgl. zu 3, 10), die von Gottes Gericht ereilt werden wird. Wenn die letzten drei Engel blasen, dann wird das Verderben auf sie niederfallen. Nach dem dreifachen Weheruf (vgl. zu 1, 3) sollte man vermuten, daß nun je ein Wehe mit einer der drei angekündigten Posaunenvisionen verbunden würde. Das geschieht jedoch nicht. Denn zwar wird 9, 12 nach der fünften Posaunenvision festgestellt, das erste Wehe sei vorübergegangen. Vom zweiten Wehe wird aber erst 11, 14 gesprochen, das dritte wird überhaupt nicht mehr erwähnt (doch s. 12, 12). Der Verfasser der Offb. hat also die drei Weherufe nicht genau auf die anschließenden Visionen verteilt. Durch die unheildrohende Ankündigung des Adlers soll an unserer Stelle ein kleiner Einschnitt in der Abfolge bezeichnet und gesagt werden, daß noch furchtbareres Elend die Menschheit treffen wird.

Die fünfte Posaune 9, 1-12

1 Und der fünfte Engel blies. Da sah ich einen Stern, vom Himmel auf die Erde gefallen. Und es wurde ihm der Schlüssel zum Brunnen des Abgrunds gegeben. 2 Und er öffnete den Brunnen des Abgrunds. ‚Da stieg Rauch auf' aus dem Brunnen ‚wie Rauch eines' großen ‚Ofens', und ‚die Sonne' und die Luft ‚wurde verfinstert' von dem Rauch des Brunnens. 3 Und aus dem Rauch kamen ‚Heuschrecken' hervor ‚auf die Erde', und es wurde ihnen Macht gegeben, wie sie die Skorpione auf der Erde haben. 4 Und es wurde ihnen gesagt, daß sie ‚dem Gras der Erde' und ‚allem Grünen' und ‚allen Bäumen' keinen Schaden zufügen sollten, sondern nur den Menschen, die nicht ‚das Siegel' Gottes ‚auf den Stirnen' haben. 5 Und es wurde ihnen aufgegeben, daß sie sie nicht töteten, sondern daß sie gepeinigt würden fünf Monate lang. Und ihre Art zu peinigen ist wie die eines Skorpions, wenn er einen Menschen sticht. 6 Und in jenen Tagen ‚werden' die Menschen ‚den Tod suchen und' ihn ‚doch nicht' finden. Sie werden sich sehnen zu sterben, aber der Tod flieht vor ihnen. 7 Und ‚die Gestalten' der Heuschrecken waren ‚Rossen gleich', die ‚zum Kriege' gerüstet sind, und auf ihren Häuptern war es wie golden schimmernde Kränze, und ihre Gesichter waren wie Menschengesichter. 8 Und sie hatten Haare wie Frauenhaare, und ‚ihre Zähne' waren ‚wie die von Löwen'. 9 Und sie hatten Brustschilde wie Eisenpanzer, und das Rauschen ihrer Flügel war wie das ‚Rasseln von Wagen' vieler Rosse, ‚die in den Kampf rennen'. 10 Und sie haben Schwänze gleich Skorpionen und Stacheln, und in ihren Schwänzen ist ihre Kraft, die Menschen zu quälen fünf Monate lang. 11 Sie haben über sich als König den Engel des Abgrunds, dessen Name auf hebräisch Abaddon heißt, und auf griechisch hat er den Namen Apollyon.

12 Das erste Wehe ist vorüber; siehe, es kommen noch zwei Wehe danach.

Vers 2: 1. Mose 19, 28; 2. Mose 19, 18; Joel 2, 10 Vers 3: 2. Mose 10, 12. 15 Vers 4: Ez. 9, 4 Vers 6: Hiob 3, 21; Jer. 8, 3 Vers 7: Joel 2, 4 f. Vers 8: Joel 1, 6 Vers 9: Joel 2, 5

1 Mit der fünften Posaune tritt vor das Auge des Sehers das Bild einer grauenhaften Heuschreckenplage, das an die achte ägyptische Plage erinnert (2. Mose 10, 1 ff.); deren Züge sind aber ins Dämonische gesteigert (vgl. Joel 1 u. 2). Ein Stern stürzt vom Himmel auf die Erde hinunter. Der Stern ist nach verbreiteter Anschauung als ein Engel vorgestellt (vgl. zu 1, 4 und Henoch-Apk. 86, 1 ff.; 88, 1), der göttliche Weisung auszuführen hat. Ihm ist ein Schlüssel gegeben, um den Brunnen des Abgrunds zu öffnen. Das ist die Stätte, wo die bösen Geister im Gefängnis gehalten werden (vgl. Henoch-Apk. 10, 4 ff.; 18, 11 ff.; 19, 1; 21, 1 ff.; 4. Esr. 7, 36; Gebet

Manasses 3,13; Lk. 8,31 u. ö.). Der Zugang zur Unterwelt wird geöffnet; Rauch 2
steigt empor von dem in der Tiefe lodernden Feuer, so daß es auf der Erde dunkel
wird. Die Mächte der Tiefe kommen herauf, um als Werkzeuge des göttlichen
Gerichtes eingesetzt zu werden, ehe an ihnen am Ende das Urteil vollstreckt wird
(20, 1-3). Aus den Rauchschwaden lösen sich Heuschrecken, die sich über die ganze 3–5
Erde verbreiten. Sie fressen nicht die Vegetation ab – ihr ist bereits schwerster
Schaden zugefügt worden (8,7), – sondern sie stürzen sich auf die Menschen, die
nicht das Siegel Gottes an der Stirn tragen (7, 1-8). Alle Ungläubigen werden ihrer
Peinigung ausgeliefert. Die Heuschrecken stechen wie Skorpione, deren Stiche den
Menschen zwar nicht in Lebensgefahr bringen, ihm aber überaus schmerzvolle
Qual bereiten. Fünf Monate lang müssen die Menschen diese Plage erleiden. Diese
Zeit entspricht der Lebensdauer einer Heuschrecke, die vom Frühjahr bis zum Ende
des Sommers reicht. In einem prophetischen Spruch wird gezeigt, wie entsetzlich 6
diese Heuschreckenplage auf die Menschen wirken muß. Sie werden sich nach dem
Tode sehnen, um einen Ausweg aus ihrer Pein zu finden. Aber der Tod wird vor
ihnen fliehen, so daß sie nicht sterben können, so gern sie ihrem Leben ein Ende
bereiten würden. Die furchterregende Erscheinung der Heuschrecken wird teilweise 7–10
in Anlehnung an die Schilderung des Buches Joel beschrieben. Ihre Gestalt gleicht
kriegsgerüsteten gekrönten Rossen, Gesichter haben sie wie Menschen, Mähnen wie
lange Frauenhaare, Zähne wie die eines Löwen. Um die Brust tragen sie Panzer,
ihre Flügel rauschen wie rasselnde Schlachtwagen; in ihren Schwänzen aber liegt
ihre Kraft, um ihre Stacheln in die Menschen hineinzudrücken und ihnen durch ihre
Stiche Qual zu bereiten. In einem arabischen Sprichwort wird der Kopf der Heuschrecke mit dem eines Pferdes verglichen, ihre Brust mit der eines Löwen, ihre
Füße mit denen eines Kamels, ihr Leib mit dem einer Schlange, ihr Schwanz mit
dem eines Skorpions, ihre Fühlhörner mit den Haaren einer Jungfrau. Diese Schilderungen geben die Angst wieder, die die Menschen beim Herannahen der Heuschrecken packt. Die aus dem Brunnen des Abgrunds aufgestiegenen Scharen 11
rücken als gewaltige Heeresmacht heran, von einem dämonischen Wesen geführt,
das der Engel des Abgrunds ist. Sein Name wird in hebräischer und griechischer
Sprache angeführt. Abaddon bedeutet der Ort des Verderbens (Hiob 26,6; Ps.
88,12), der auch personifiziert vorgestellt werden kann (Hiob 28,22; Offb. 6,8).
Griechisch lautet sein Name Apollyon = „der Verderber". Dieses Wort klingt an
Apollon an. Apoll wurde als Pestgott und Würgeengel schon von Aeschylos
„Verderber" genannt. Später hat der Kaiser Augustus dem Apollon als dem Beschützer des Herrschers besondere Verehrung entgegengebracht. Aber es bleibt ungewiß, ob der Anklang an den Namen Apollon vom Seher Johannes beabsichtigt
war. Er will den Anführer der dämonischen Heuschreckenschwärme als eine furchtbare Verderbergestalt zeichnen, ohne irgendwelche zeitgeschichtlichen Beziehungen
herzustellen. Er spielt weder auf einen bestimmten Herrscher noch auf bestimmte
kriegerische Ereignisse an, wie etwa den Feldzug, den die Römer von 66–70 n. Chr.
gegen die Juden geführt haben. Denn der Seher schaut eine Katastrophe, von der 12
die ganze Erde heimgesucht wird, so daß die Menschen in ihrer Angst und Pein
allen Lebensmut fahren lassen. Damit ist ein Wehe vorübergezogen, zwei aber
stehen noch aus. Der Höhepunkt der Schrecken ist also immer noch nicht erreicht.

Die sechste Posaune 9,13-21

[13] Und der sechste Engel blies. Da hörte ich eine Stimme von den vier Hörnern des goldenen Altars her, der vor Gott steht; [14] die sprach zu dem sechsten Engel, der die Posaune hatte: Laß die vier Engel los, die gebunden sind an ‚dem großen Fluß Euphrat'. [15] Da wurden die vier Engel losgelassen, die auf die Stunde und den Tag und den Monat und das Jahr bereitstanden, um ein Drittel der Menschen zu töten. [16] Und die Zahl der Reiterheere betrug zweihundert Millionen; ich hörte ihre Zahl. [17] Und so sah ich ‚im Gesicht' die Rosse und ihre Reiter: Sie hatten feuerrote und rauchblaue und schwefelgelbe Panzer. Und die Häupter der Rosse waren wie Löwenhäupter, und aus ihren Mäulern kommt Feuer und Rauch und Schwefel. [18] Von diesen drei Plagen wurde ein Drittel der Menschen getötet, von dem Feuer und dem Rauch und dem Schwefel, der aus ihren Mäulern herauskam. [19] Denn die Kraft der Rosse liegt in ihrem Maul und in ihren Schwänzen. Ihre Schwänze nämlich gleichen Schlangen und haben Köpfe, und mit ihnen richten sie Unheil an. [20] Und die übrigen Menschen, die nicht durch diese Plagen getötet wurden, bekehrten sich auch jetzt nicht von ‚den Werken ihrer Hände', daß sie nicht mehr ‚die Dämonen' und die ‚goldenen und silbernen und ehernen und steinernen und hölzernen Götzenbilder' anbeteten, ‚die weder sehen noch hören noch gehen' können, [21] und sie bekehrten sich weder von ihrem Morden, noch von ihren ‚Zaubereien', noch von ihrer ‚Hurerei', noch von ihren Diebereien.

Vers 14: 1. Mose 15, 18; 5. Mose 1, 7; Jos. 1, 4 Vers 17: Dan. 8, 2; 9, 21 Vers 20: Jes. 17, 8; 2, 8. 20; Micha 5, 12; 5. Mose 32, 17; Ps. 106, 37; Dan. 5, 4. 23; Ps. 115, 4 ff. Vers 21: 2. Kön. 9, 22; 2. Mose 20, 13 ff.

13 Mit der sechsten Posaune enthüllt sich ein furchtbares Bild, zu dem die voran-
gegangenen Szenen sich nur wie ein Vorspiel verhalten. Während in der fünften
Posaunenvision eine zwar schreckliche, aber nicht lebensgefährliche Plage ge-
schildert worden war, gibt es nun kein Entrinnen mehr vor dem Verderben. Der
Tod greift mit unerbittlicher Hand nach den ungläubigen Menschen (vgl. V. 18) und
rafft ein Drittel dahin (vgl. 6, 8; 8, 7). Nachdem der Engel geblasen hat, wird ihm
von einer Stimme von den vier Hörnern (vgl. 2. Mose 27, 2; 30, 2 f. u. ö.) des himm-
14 lischen Brandopferaltars her ein neuer Befehl gegeben. Die Stimme ertönt eben von
der Stätte her, von der die Gebete der Heiligen zu Gott aufgestiegen waren (8, 3 f.).
Was nun folgt, erscheint daher als vom Himmel gegebene Antwort auf den Ruf
der Gläubigen, daß die Erlösung anbrechen möchte. Der Posaunenengel soll die
vier Engel, die am großen Fluß Euphrat gebunden sind, loslassen. Vier mächtige
Engelwesen, die sich an den vier Ecken der Erde befinden und über die Winde ge-
bieten, waren 7, 1 bereits genannt worden. Hier ist eine verwandte, aber anders
gestaltete Überlieferung aufgenommen worden; denn alle vier Engel sind zusammen
an ein- und demselben Ort gebunden. Die Engel, die am Euphrat auf den Befehl
zum Losbrechen warten, sind Unheilsgeister, die über dämonische Streitkräfte
gebieten. Werden ihre Bande gelöst, so stürmt ihr Heer heran. Dieselbe Vorstellung
von Engeln, die gewaltige Streitkräfte aufzubieten vermögen, findet sich bereits in
der jüdischen Apokalyptik, wenn es Henoch-Apk. 56, 5 f. heißt: „In jenen Tagen
werden die Engel sich versammeln und sich nach Osten hin zu den Parthern und
Medern wenden, um ihre Könige aufzureizen, daß ein Geist der Unruhe über sie
kommt, und sie von ihren Thronen aufjagen, daß sie wie Löwen aus ihren Lagern
herausziehen . . . und das Land seiner Auserwählten (d. h. Palästina) niedertreten."
15 Strafengel, „die bereit sind zu kommen" (Henoch-Apk. 66, 1), werden nun los-

geschickt, um den Tod zu verbreiten. Erst nachdem Gott den Auftrag erteilt hat,
dürfen die verderbenbringenden Mächte walten. Wenn diese vom Euphrat her los-
brechen, so ist darin ein Hinweis auf die das ganze Römische Reich durchzitternde
Furcht vor den aus dem Osten anstürmenden Partherheeren mit enthalten (vgl. zu
6,1f.). Ein unübersehbares Heer von dämonischen Kriegern wird geschildert, das 16
über die ganze Menschheit herfällt. Die Engel gebieten über eine gewaltige Streit-
macht, deren Herannahen auf den letzten Völkeransturm vor dem Ende voraus-
weist (20,7ff.). Roß und Reiter sind geradezu zu einer Einheit verschmolzen, beide 17–19
von denselben Farben bestimmt, die sie als dämonische Wesen kennzeichnen; denn
Schwefel steigt aus der Hölle auf (14,10; 19,20; 21,8). Feuer und Rauch speien
finstere Ungeheuer (Hiob 41,11ff.). Wie unheimlich diese Scharen sind, soll man
daran erkennen, daß ihre Schwänze Schlangen gleichen und Köpfe tragen, durch die
sie Verderben anrichten. Als Aufruf zur Umkehr sollte diese grauenhafte Plage von 20
den Menschen, die überleben, verstanden werden. Aber sie verschließen sich in ihrer
Unbußfertigkeit, sie bleiben bei ihrer Gottlosigkeit. Wie unsinnig der Götzendienst
ist, wird gezeigt, indem im Anschluß an überlieferte Schilderungen die verschie-
denen Stoffe aufgezählt werden, aus denen die Götterbilder gefertigt werden (vgl.
Jes. 44,6ff.; Henoch-Apk. 99,7; Sibiyll. Or. 5,77ff.). Die Götzenbilder sind also
lediglich von Menschenhand geformter Stoff, dem keine göttliche Kraft eignet. Wer
ihnen huldigt, verschließt sich daher dem wahren Gott. Mit dem heidnischen Aber-
glauben ist geradezu zwangsläufig ein lasterhafter Lebenswandel der gottlosen
Menschen verknüpft (vgl. Röm. 1,23ff.). Ihr böses Treiben wird hier mit den 21
Sünden des fünften, sechsten und siebenten Gebotes beschrieben. In dieser Reihe
werden auch die Zaubereien genannt, die stets zu den heidnischen Lastern hinzu-
gehören. Bei dem allen verharren die ungläubigen Menschen, ohne sich durch die
schrecklichen Erfahrungen, durch die sie hindurchgehen mußten, zur Umkehr
mahnen zu lassen (vgl. 16,9.11.21). Unglaube und Ungehorsam beherrschen
weiterhin das Feld.

Zwischenstück: Die Bewährung des Volkes Gottes 10,1-11,14

Wie nach dem sechsten Siegel die Folge der Bilder unterbrochen und vor Öffnung des letzten Siegels ein Zwischenstück eingeschaltet wurde, das von der Versiegelung und Bewahrung der Gläubigen handelte (Kap. 7), so wird auch nach der sechsten Posaune innegehalten und eine besondere Botschaft für die Gemeinde verkündet (10,1-11,14). Es wird nicht mehr lange währen, bis das Ende kommt (10,6f.), aber die Zeugen werden in der letzten Zeit noch durch bitteres Leiden, ja durch den Tod hindurchgehen müssen (11,3-13). Nur durch Trübsal führt der Weg zur Herrlichkeit.

Einleitung: Der Engel und das geöffnete Buch 10,1-11

1 Und ich sah einen anderen gewaltigen Engel vom Himmel herabsteigen, mit einer Wolke bekleidet, und der Regenbogen stand über seinem Haupt, und sein Angesicht war wie die Sonne, und seine Füße wie Feuersäulen. 2 Und er hatte in seiner Hand ein geöffnetes Büchlein. Und er stellte seinen rechten Fuß auf das Meer und seinen linken auf das Land 3 und rief mit lauter Stimme, wie ein Löwe brüllt. Und als er rief, erhoben die sieben

Donner ihre Stimmen. [4] Und als die sieben Donner geredet hatten, wollte ich schreiben. Da hörte ich eine Stimme vom Himmel sprechen: ‚Versiegle', was die sieben Donner geredet haben, und schreibe es nicht auf! [5] Und der Engel, den ich auf dem Meer und auf dem Land stehen sah, ‚erhob seine Rechte zum Himmel [6] und schwur bei dem, der in' alle ‚Ewigkeiten lebt', ‚der den Himmel geschaffen hat und, was darin ist, und die Erde und, was darin ist, und das Meer und, was darin ist': Es wird keine Zeit mehr sein, [7] sondern in den Tagen der Stimme des siebenten Engels, wenn er die Posaune blasen wird, dann ist ‚das Geheimnis Gottes' vollendet, wie er es ‚seinen Knechten, den Propheten', als frohe Botschaft kundgetan hat. [8] Und die Stimme, welche ich vom Himmel gehört hatte, (hörte ich) wiederum mit mir reden und sagen: Geh, nimm das geöffnete Buch, das in der Hand des Engels ist, der auf dem Meer und auf dem Lande steht! [9] Und ich ging zu dem Engel und sagte zu ihm, er solle mir das ‚Büchlein' geben. ‚Und er spricht zu mir': Nimm ‚und verzehre' es, und es wird ‚deinen Magen' bitter machen, aber in ‚deinem Munde' wird es süß sein wie Honig. [10] Und ich nahm ‚das Büchlein' aus der Hand des Engels ‚und verzehrte es, und es war in meinem Munde wie süßer Honig'. Und als ich es verzehrt hatte, wurde mein Magen bitter. [11] Und sie sagen mir: ‚Du mußt' wiederum ‚weissagen über Völker und Nationen und Sprachen und' viele ‚Könige'.

Vers 4: Dan. 12, 4. 9; 8, 26 Vers 5: Dan. 12, 7; 5. Mose 32, 40; 1. Mose 14, 22 Vers 6: Neh. 9, 6; 2. Mose 20, 11; Ps. 146, 6 Vers 7: 5. Mose 29, 28; Am. 3, 7; Jer. 7, 25; 25, 4; Dan. 9, 6. 10; Sach. 1, 6 Vers 9 f.: Ez. 3, 1 ff. Vers 11: Jer. 1, 10; Dan. 3, 4; 7, 14

1 Ohne daß es erwähnt wurde, ist vorausgesetzt, daß der Seher seinen Standort
gewechselt hat, sich nicht mehr im Himmel befindet (4, 1), sondern nun auf der
Erde weilt; denn er sieht einen gewaltigen Engel vom Himmel herabsteigen. Dabei
mag an einen der sieben Erzengel – etwa Gabriel, den starken Gottesboten – ge-
dacht sein. Der Regenbogen über seinem Haupt (vgl. 1.Mose 9, 13 f.; Ez. 1, 28;
Offb. 4, 3) und sein strahlend leuchtendes Gesicht (vgl. 1, 16) verleihen ihm himm-
lische Majestät. Seine Beine ragen wie feurige Säulen empor. Den einen Fuß setzt er
2 auf das Meer, den anderen auf das Land. In seiner Hand trägt er ein geöffnetes
Büchlein (vgl. Ez. 2, 9). Dieses ist von dem 5, 1 genannten Buch deutlich unter-
schieden; denn es liegt in der Hand eines Engels, nicht Gottes; es ist geöffnet, nicht
versiegelt; nicht das Lamm nimmt es entgegen, sondern der Seher darf es emp-
fangen (V. 9 f.). Das Büchlein muß daher von wesentlich geringerem Umfang und
minder bedeutend sein als das Buch mit den sieben Siegeln. Was in dem Büchlein,
3 das der Engel bringt, geschrieben steht, wird 11, 1-13 dargestellt. Als der Engel
seine mächtige, der eines Löwen gleichende Stimme (vgl. Hos. 11, 10; Am. 1, 2; 3, 8;
Joel 4, 16) erhebt, antwortet ihm das Echo von sieben rollenden Donnern (vgl.
Ps. 29). Wieder wird die heilige Siebenzahl genannt, nun auf die Donner als eine
4 offenbar bekannte Größe angewandt. Doch als der Seher sich anschicken möchte
aufzuschreiben, was die sieben Donner geredet haben, wird ihm vom Himmel
Weisung zuteil, es unter dem Siegel der Verschwiegenheit zu bewahren. Das eben
angeschlagene Motiv der sieben Donner, das die Überlieferung bereithielt (vgl. die
sieben Siegel, Posaunen, Schalen), wird für die weitere Gestaltung des Buches nicht
genutzt. Was von den Donnern vernommen wurde, soll für Menschenohren un-
5–6 zugänglich bleiben (vgl. 2.Kor. 12, 4). Statt dessen wird eine andere Botschaft vom
Engel verkündet, die er mit einem feierlichen Schwur bei Gott, dem Schöpfer und
Erhalter der Welt (vgl. 4, 11), einleitet. Gottes Hoheit wird mit alttestamentlichen
Wendungen umschrieben. Darauf folgt der Inhalt des Rufes, es werde keine Frist

mehr verstreichen bis zum baldigen Ende. Der Zeitpunkt von Gericht und Erlösung
(vgl. 6, 11) ist also ganz nahe gerückt. Wie die alttestamentlichen Propheten häufig 7
in der Zeitform der Vergangenheit ankündigen, was ihnen offenbart wurde, so wird
auch hier von Gottes Geheimnis (vgl. Röm. 11,25; 1.Kor. 15,51) als einem schon
geschehenen gesprochen; denn es besteht kein Zweifel daran, daß er seinen Plan
durchsetzen wird. Seine Knechte, die Propheten, können daher die noch in der
Zukunft liegenden Ereignisse feststehende, unverrückbare Tatsachen nennen; denn
Gott hat ihnen die frohe Kunde mitgeteilt, daß die finsteren Mächte gestürzt werden
und die Gemeinde bewahrt bleiben soll. Dieser zukünftige Triumph Gottes ist so
gewiß, daß er jetzt schon als gute Botschaft die Gegenwart erfüllt und die Kirche
durch die prophetische Predigt getröstet und aufgerichtet wird. Abermals wird der 8–10
Seher nun von der himmlischen Stimme angesprochen (vgl. V. 4) und erhält von
ihr, d. h. offenbar von Christus, den Befehl, aus der Hand des Engels das geöffnete
Büchlein zu empfangen und es zu verzehren. Dabei wird das Bild von Ez. 3, 1 ff.
aufgenommen und weitergeführt. Das Büchlein schmeckt zwar im Munde süß wie
Honig (vgl. Ez. 3, 3), im Magen aber ist es bitter. Schwere Prüfungen, von denen
der Inhalt des Büchleins handelt, stehen der Gemeinde noch bevor (11, 1-13). Daher
ist die Botschaft des Büchleins süß und bitter zugleich: süß, weil das Volk Gottes
bewahrt bleibt, bitter, weil der Weg zur Herrlichkeit nur durch die Bewährung im
Leiden führt. Zum Abschluß wird aus Engelsmund der dem Seher erteilte pro- 11
phetische Auftrag wiederholt. Dieser blickt zurück auf die bereits dargestellten
prophetischen Bilder (Kap. 6-9) und weist über die Mitteilung dessen, was in dem
Büchlein enthalten ist (11, 1-13), noch hinaus; denn Weissagung über Völker,
Nationen, Sprachen und viele Könige wird in den noch folgenden Visionen entfaltet
werden (vgl. bes. Kap. 13; 17; 18).

Die Messung des Tempels und die zwei Zeugen 11, 1-14

[1] Und es wurde mir ‚ein Rohr' gegeben, einem (Meß-)Stab gleich, mit den Worten: Stehe auf und miß den Tempel Gottes und den Altar und die, welche darin anbeten. [2] Und den äußeren Vorhof des Tempels laß aus und miß ihn nicht, denn er ist ‚den Heiden' preisgegeben, und ‚sie werden' die heilige Stadt ‚zertreten' zweiundvierzig Monate lang.

[3] Und ich will meinen zwei Zeugen (Auftrag) geben, daß sie zwölfhundertundsechzig Tage lang weissagen sollen, bekleidet mit Säcken. [4] Diese sind ‚die zwei Ölbäume' und die zwei ‚Leuchter', die ‚vor dem Herrn der Erde stehen'. [5] Wenn ihnen jemand Schaden zufügen will, dann ‚fährt Feuer aus' ihrem ‚Munde' und ‚verzehrt' ihre ‚Feinde'. Und wenn jemand ihnen Schaden zufügen will, der muß auf diese Weise getötet werden. [6] Diese haben Macht, den Himmel zuzuschließen, daß ‚kein Regen fällt' während der Tage ihrer Weissagung, und sie haben Macht über ‚die Wasser', sie ‚in Blut zu verwandeln' und die Erde ‚mit jeglicher Plage zu schlagen', sooft sie wollen.

[7] Und wenn sie ihr Zeugnis beendet haben, ‚wird' das ‚Tier', das ‚aus dem Abgrund aufsteigt', ‚mit' ihnen ‚Krieg führen und sie besiegen' und sie töten. [8] Und ihr Leichnam wird auf der Straße der großen Stadt liegen, die geistlich heißt ‚Sodom' und Ägypten, wo auch ihr Herr gekreuzigt wurde. [9] Und es sehen Leute aus den Völkern und Stämmen und Sprachen und Nationen ihren Leichnam dreieinhalb Tage lang, und sie lassen nicht zu, daß ihre Leichen in ein Grab gelegt werden. [10] Und die Bewohner der Erde freuen sich über sie und ‚jubeln' und werden einander Geschenke schicken, weil diese zwei Propheten die Bewohner der Erde gepeinigt haben. [11] Und nach dreieinhalb Tagen ‚kam Lebensgeist'

von Gott ‚in sie', ‚und sie stellten sich (wieder) auf ihre Füße', und große ‚Furcht befiel' die, welche sie sahen. [12] Und sie hörten eine gewaltige Stimme vom Himmel zu ihnen sprechen: Steigt hier herauf! Und sie stiegen ‚in den Himmel' in einer Wolke, und es sahen sie ihre Feinde. [13] Und in jenem Augenblick ereignete sich ‚ein großes Erdbeben', und der zehnte Teil der Stadt ‚stürzte ein'; und es wurden durch das Erdbeben siebentausend Personen getötet, und die übrigen gerieten in Furcht und gaben ‚dem Gott des Himmels' die Ehre.

[14] Das zweite Wehe ist vorüber; siehe, das dritte kommt rasch!

Vers 1: Ez. 40, 3; Sach. 2, 5 f   Vers 2: Sach. 12, 3 LXX; Jes. 63, 18; Ps. 79, 1; Dan. 8, 10 ff.   Vers 4: Sach. 4, 2 f. 11 ff.   Vers 5: 2. Kön. 1, 10; 2. Sam. 22, 9; Jer. 5, 14   Vers 6: 1. Kön. 17, 1; 2. Mose 7, 17. 19 f.; 11, 10; 1. Sam. 4, 8 LXX   Vers 7 Dan. 7, 3. 7. 21   Vers 8: Jes. 1, 9 f.   Vers 10: Ps. 105, 38   Vers 11: Ez. 37, 5. 10; 2. Mose 15, 14 ff.   Vers 12: 2. Kön. 2, 11   Vers 13: Ez. 38, 19 f.; Dan. 2,20

1.2 Mit der Aufforderung zu einer zeichenhaften Handlung setzt die neue Szene ein. Der Seher empfängt ein Rohr, um damit den Tempel, den Altar und die im Heiligtum Anbetenden auszumessen. Diese Weisung erinnert an Ez. 40, 3 ff., wo das Messen dazu dient festzulegen, nach welchem Plan der Tempel wieder aufgebaut werden soll. Hier aber soll nicht ein neuer Grundriß entworfen, sondern eine Trennung innerhalb der bestehenden Anlage des Heiligtums vorgenommen werden. Der äußere Vorhof des Tempels soll ausgelassen werden; denn ihn werden die Heiden zertreten. Der Tempel, der Altar und die Schar der Beter dagegen sollen bewahrt bleiben und nicht Opfer der heidnischen Eroberung werden. Es kann kein Zweifel darüber bestehen, daß dabei zunächst an den Tempel in Jerusalem gedacht werden muß. Welche Situation aber ist vorausgesetzt, wenn erwartet wird, daß zwar der heilige Bezirk verschont werden, die übrige Stadt aber verlorengehen soll? Offensichtlich entstammt die hier übernommene Überlieferung der Zeit, in der Jerusalem von den Römern belagert wurde (70 n. Chr.) und die zelotische Gruppe, die den Kampf der Juden leitete, im Tempel das Zentrum des Widerstandes eingerichtet hatte. Sie hoffte auf Grund prophetischer Stimmen, daß, wenn auch die Feinde in die Stadt eindringen würden, der Zugang zum Tempel ihnen von Gott verwehrt werden und an heiliger Stätte die Wende zur Rettung eintreten würde. Die schon Dan. 7, 25; 12, 7 genannte Frist von 42 Monaten = 3½ Jahren – d. i. die halbe Siebenzahl – gibt den Zeitraum der schwersten Bedrängnis an, wie man ihn während der Schreckensherrschaft des syrischen Königs Antiochus Epiphanes durchgestanden hatte (167–164 v. Chr.) und wie er auch vor dem Ende mit Gottes Hilfe überwunden werden sollte (vgl. 3½ Jahre [12, 14] = 42 Monate [11, 2; 13, 5] = 1260 Tage [11, 3; 12, 6]). Dann werden die Zeiten der Heiden erfüllt, d. h. abgelaufen sein (vgl. Lk. 21, 24). Nun ist aber entgegen dieser jüdischen Hoffnung auch der Tempel in Schutt und Asche gesunken. Der Verfasser der Offb. weiß darum und weiß darüber hinaus, daß es im himmlischen Jerusalem keinen Tempel mehr geben wird (21, 22). Er wird daher dem kleinen, von ihm übernommenen Traditionsstück einen neuen, übertragenen Sinn beigelegt und den Tempel auf die Gemeinde gedeutet haben (vgl. 1.Kor. 3, 16; 2.Kor. 6, 16; Eph. 2, 19 ff.; 1.Petr. 2, 5). Sie wird bewahrt bleiben, auch wenn alles andere von den Heiden zertreten wird. Dann will diese kleine Szene im jetzigen Zusammenhang des Buches erneut zum Ausdruck bringen: Das Volk Gottes steht inmitten aller furchtbaren Schrecken unter Gottes Schutz (vgl. 7, 1-8). Freilich müssen die Zeugen durch Leiden hindurchgehen; davon handelt der zweite Teil dieses Abschnittes (V. 3-13).

Zwei Zeugen treten mit prophetischem Auftrag auf. Ihre Kleidung deutet darauf 3
hin, daß sie Bußprediger sind; denn Säcke legt man zum Zeichen der Trauer an (vgl. 1.Mose 37, 34; Jona 3, 5; Mt. 11, 21). Jerusalem ist die Stätte ihrer Wirksamkeit (vgl. V. 8), daher sind Juden die Empfänger ihrer Botschaft, die sie 1260 Tage,
also 3½ Jahre lang (vgl. zu V. 2), ausrichten. Sie werden nach Sach. 4, 3. 11-14 die 4
zwei Ölbäume, die zwei Leuchter, die vor dem Herrrn stehen, genannt. In jener alttestamentlichen Prophetie wird von zwei Gesalbten Gottes, dem Priester und dem Herrscher Israels, gesprochen, die miteinander in Gottes Auftrag sein Volk lenken werden. Diese Hoffnung ist in der jüdischen Gemeinde von Qumran weiter lebendig geblieben, die für die Endzeit nicht einen, sondern zwei Gesalbte (= Messiasse) aus Aaron und Israel (= Priester und König) erwartete (vgl. 1QS IX, 10 f.). Wenn daher an unserer Stelle die prophetischen Worte aus Sach. 4 auf die beiden Zeugen angewandt werden, so wird damit gleich zu Beginn angedeutet, daß sie Erwählte Gottes sind und ihre Predigt endzeitlichen Charakter hat, ohne daß hier
ihrer Wirksamkeit messianischer Charakter zuerkannt würde. Wer sind diese Buß- 5
prediger? Gegen Angriffe verteidigen sie sich, indem sie Feuer aus ihrem Munde fahren lassen und damit die Feinde töten. So hatte einst Elia die Gegner abgewehrt
(2.Kön. 1, 10; Sir. 48, 3). Wie Elia durch sein Gebet den Himmel verschließen konnte, 6
so daß mehrere Jahre kein Regen fiel, so ist auch den beiden Zeugen die Macht gegeben, den Himmel zu verschließen (vgl. 1.Kön. 17, 1; Sir. 48, 3; Lk. 4, 25; Jak. 5, 17). An Mose aber erinnert die ihnen verliehene Gewalt, Wasser in Blut zu verwandeln (2.Mose 7, 17. 19 f.). Sie können auf das Land Plagen fallen lassen, sooft sie wollen.

Die zwei Zeugen sind also Mose und Elia, die in der Endzeit als prophetische Bußprediger wiederkehren werden (vgl. auch zu V. 12). Da diese Darstellung im Widerspruch zu den Evangelien steht, nach denen in Johannes dem Täufer Elia schon gekommen ist (vgl. Mk. 9, 11-13 Par. u. ö.), müssen hier jüdische Gedanken übernommen worden sein. Im Schrifttum der jüdischen Apokalyptik finden sich unterschiedlich geprägte Schilderungen der Endzeit, in denen Elia (vgl. Mal. 3, 23 f.; Sir. 48, 10), Mose (vgl. 5.Mose 18, 15) oder Henoch bzw. Elia und Henoch (vgl. Elias-Apokalypse) als Vorläufer des Messias genannt werden. Wie aus Mk. 9, 4 Par. hervorgeht, gab es im damaligen Judentum auch eine Überlieferung, daß Mose und Elia gemeinsam als Vorboten des Messias erscheinen sollten. Nach der jüdischen Elias-Apokalypse kämpfen Elia und Henoch gegen den Antichristus, sie fallen im Kampf, und ihre Leichen bleiben 3½ Tage lang auf dem Markt liegen. Am vierten Tage aber werden sie auferstehen, den Sohn der Gesetzlosigkeit verfolgen und töten. Eine verwandte Tradition liegt auch Offb. 11 zugrunde, ohne daß ein literarisches Abhängigkeitsverhältnis angenommen werden darf. Hier sind es nicht Elia und Henoch, sondern Elia und Mose, die in der letzten Zeit auftreten werden. Sie werden Buße predigen (V. 3-6) und getötet werden (V. 7); ihre Leichen wird man schänden (V. 8-10), dann aber werden sie auferstehen (V. 11) und in den Himmel fahren (V. 12). Endet die Darstellung der Elias-Apokalypse mit der Wiederkehr des Elia und Henoch und ihrem Triumph über den Antichristus, so fehlt in Offb. 11 ein entsprechender Schluß. Der Sieg über die widergöttliche Macht wird nach Offb. Joh. von Christus allein gewonnen (vgl. 19, 17 ff.). Seine Zeugen aber müssen leiden und sterben, wie es von jeher das Geschick der Propheten war, in Jerusalem ihr Ende zu finden (vgl. Lk. 13, 33 f.).

7 Nach Beendigung ihres Zeugnisses wird das Tier aus dem Abgrund gegen sie
aufstehen. Es wird sie bekriegen und niederwerfen, wie mit Worten aus dem Daniel-
buch gesagt wird. Dan. 7, 21 war von dem feindlichen syrischen König Antiochus
Epiphanes (175-164 v. Chr.) und seinem Krieg gegen die Heiligen die Rede. In der
Apokalyptik ist das streitbare Tier aus dem Abgrund zu einem stehenden Bild für
den Widersacher der Endzeit geworden. Wenn hier ohne jede Einführung und
Erklärung vom Tier gesprochen wird, so muß eine gegenüber Kap. 12-13 eigen-
ständige Überlieferung aufgenommen sein. Das Tier besiegt die Zeugen und tötet
8 sie. Ihren Leichen tut man die Schande an, sie unbeerdigt zu lassen (vgl. Jer. 8, 2;
Tob. 1, 20; 2. Makk. 5, 10). So liegen sie auf der Gasse der großen Stadt herum, der
„geistlich", d. h. in prophetischer Rede, die Namen der gottlosen und lasterhaften
Stadt Sodom und des verstockten Ägypten beigelegt werden (vgl. Jes. 1, 9 f.; Weish.
Sal. 19, 13 ff.). In dieser Stadt ist auch der Herr gekreuzigt worden. Es ist also
Jerusalem, Schauplatz des Leidens Christi und des Sterbens der Zeugen. Die heilige
9 Stadt ist zum Sitz der Gottlosigkeit, der Laster und der Verstockung geworden. Die
große Zahl von Menschen aus allen Völkern, die in dieser Stadt weilen, sehen drei-
einhalb Tage lang ihre Leichen umherliegen (vgl. die 3½ Jahre ihrer Wirksamkeit,
10 V. 3). Man ist froh, von den unbequemen Bußpredigern befreit zu sein, und schickt
einander Geschenke, um dieser Freude Ausdruck zu verleihen (vgl. Esth. 9, 18 f.;
11 Neh. 8, 10. 12). Doch der schadenfrohe Jubel findet ein jähes Ende. Nach dreieinhalb
Tagen (vgl. V. 9) werden die Leichen der beiden Zeugen zum Leben erweckt, so daß
12 alle, die das sehen, von Furcht gepackt werden. Die aus dem Tode Erstandenen
werden in den Himmel hinaufgerufen. Von der Himmelfahrt des Elia berichtet das
Alte Testament (2. Kön. 2, 11; Sir. 48, 9), von der des Mose die jüdische Überliefe-
13 rung (vgl. die Schrift „Himmelfahrt des Mose"). Durch ein Erdbeben wird der
zehnte Teil der Stadt zerstört, die Bewohner der zusammenbrechenden Häuser
werden unter den Trümmern begraben und getötet. Wenn die Zahl der Toten mit
7000 angegeben wird, so steht diese Zahl zu der damaligen Gesamtbevölkerung
Jerusalems ungefähr im richtigen Verhältnis. Hatten sich die Heiden trotz der
furchtbaren Ereignisse nicht von ihrem bösen Treiben abgewendet (9, 21), so sind
die übriggebliebenen Bewohner Jerusalems von den Vorgängen, die sich in ihrer
Stadt zugetragen haben, so beeindruckt, daß sie sich zu Gott bekehren und ihm
14 allein die Ehre geben. Damit ist das zweite Wehe vorüber (vgl. zu 8, 13). Das dritte
Wehe wird für nahe Zukunft angekündigt, von seinem Eintreten wird jedoch später
nicht mehr berichtet.

1–14 In den folgenden Kapiteln ist mit der großen Stadt stets Rom gemeint (14, 8; 16, 19; 17, 5. 18; 18, 2. 10 f.). Wenn auch in V. 8 diese Beziehung vorliegen sollte, dann könnten vielleicht mit den zwei Zeugen die Apostel Petrus und Paulus gemeint sein, die in Rom das Martyrium erlitten. Aber gegen diese Erklärung einiger Ausleger spricht zunächst der eindeutige Hinweis, der in V. 8 auf die Kreuzigung Christi gegeben wird. Ferner wäre die in V. 13 genannte Zahl für Rom viel zu niedrig. Und schließlich weist der ganze Zusammenhang deutlich auf Jerusalem. Wenn dabei vorausgesetzt ist, daß in der noch unzerstörten Stadt die Bußpredigt ausgerichtet werden kann, so muß eine ursprünglich jüdische Erwartung aus älterer Zeit zugrunde liegen, die sich auf die endzeitliche Wiederkehr des Mose und Elia und die schließliche Bekehrung des Volkes bezog. Dieses Traditionsstück (V. 3-13) ist vermutlich in jüdischen Kreisen in schwerer Notzeit mit der vorangestellten Hoffnung auf Bewahrung des Tempels (V. 1-2) verbunden worden. Der Verfasser der Offb. aber hat den ganzen jüdischer Apokalyptik entstammenden Zusammenhang übernommen und christlich überarbeitet: Vor den Toren Jerusalems ist das Kreuz Christi aufgerichtet worden (V. 8). Die beiden Zeugen sind Zeugen Christi (V. 3), die in Leiden und Sterben hineingehen (V. 7, vgl. 2, 13). Gott aber wird seine Zeugen nicht im Tode lassen, sondern sie aufwecken und zu sich holen (V. 11 f.). In Not und Bedrängnis erfahren alle, die am Zeugnis festhalten, die rettende und bewahrende Treue Gottes.

Die siebente Posaune 11, 15-19

15 Und der siebente Engel blies. Da ertönten mächtige Stimmen im Himmel, die sprachen:

Nun gehört die ‚Königsherrschaft' über die Welt
unserem ‚Herrn und seinem Christus',
und ‚er wird herrschen in alle Ewigkeiten'!

16 Und die vierundzwanzig Ältesten, die vor Gott auf ihren Thronen sitzen, fielen auf ihr Angesicht und beteten Gott an 17 und sprachen:

Wir danken dir, Herr, Gott, Allherrscher,
‚der da ist' und der da war,
daß du deine gewaltige Macht ergriffen
und ‚die Königsherrschaft angetreten hast'.
18 Und ‚die Völker wurden zornig'.
Da kam dein ‚Zorn',
und es kam die Zeit, die Toten zu richten
und den Lohn zu geben ‚deinen Knechten,
den Propheten' und den Heiligen
und ‚denen, die' deinen Namen ‚fürchten',
‚den Kleinen und den Großen',
und zu verderben, die die Erde verderben.

19 Und es wurde der Tempel Gottes im Himmel geöffnet. Und ‚die Lade' seines ‚Bundes' ‚in' seinem ‚Tempel' wurde sichtbar. Und es geschahen ‚Blitze und Getöse' und ‚Donner' und Erdbeben und ‚gewaltiger Hagel'.

Vers 15: Ps. 22, 29; 2, 2; 10, 16; Obadja 21; Dan. 2, 44; 7, 14. 27; 2. Mose 15, 18 Vers 17: 2. Mose 3, 14; Ps. 99, 1 Vers 18: Ps. 2, 1. 5. 12; 46, 7; Am. 3, 7; Sach. 1, 6; Dan. 9, 6. 10; Ps. 115, 13 Vers 19: 1. Kön. 8, 1. 6; 2. Mose 19, 16; 9, 24

In den Tagen, da der siebente Engel blasen wird, sollte das Geheimnis Gottes 15
vollendet werden (10, 7). Dieser Ankündigung entsprechend werden in dem Bild, das sich mit der siebenten Posaune enthüllt, himmlische Lobgesänge angestimmt, die den endgültigen Sieg Gottes preisen. Damit wird vorausgeschickt: Daß der Herr und sein Gesalbter (vgl. Ps. 2, 2) die Herrschaft antreten, ist so gewiß, daß jetzt schon in der Zeitform der Vergangenheit davon gesprochen werden kann (vgl.
7, 9-17; 10, 7). Die vierundzwanzig Ältesten (vgl. zu 4, 4) stimmen anbetend ein und 16.17
rühmen Gott, daß er die Herrschaft übernommen hat. Die Verheißung, daß Gott

kommen werde (vgl. 1, 8), hat er eingelöst und regiert nun in nicht endender Gegenwart. Daher wird er der, der da ist und der da war, genannt. Von seinem Kommen (vgl. zu 1, 4) wird nicht mehr gesprochen, da nun die Zukunft in Gottes
18 ewiger Herrschaft verwirklicht ist. Der letzte feindliche Ansturm der heidnischen Scharen ist abgeschlagen worden (vgl. 20, 7-10). Jetzt ist der Zeitpunkt des Gerichtes gekommen (vgl. 20, 11-15), bei dem allen das Urteil gesprochen wird, Gott seinen Getreuen Lohn gibt, die Verderber der Erde aber der verdienten Strafe über-
19 antwortet werden. Nachdem die Lieder gesungen worden sind, wird das Allerheiligste des himmlischen Tempels aufgetan, und die Bundeslade wird sichtbar. Damit ist wahrscheinlich auf die jüdische Überlieferung angespielt, nach der die Bundeslade vor der Zerstörung des Tempels an unbekanntem Ort verborgen wurde und in den Tagen des Messias wieder im Tempel sein sollte (2.Makk. 2, 44 ff.; Baruch-Apk. 6, 5 ff.). Wenn jetzt ihr himmlisches Urbild geschaut wird, so weist dieses auf die endzeitliche Gnadengegenwart Gottes hin. Gott ist bei seinem Volk. Die gewaltigen Naturkatastrophen aber, die nun losbrechen, sind Vorboten der noch ausstehenden Schrecken.

Der Drache und das Lamm — Bedrohung und Bewahrung des Gottesvolkes 12, 1—14, 20

In den Kapiteln 12-14, die das Kernstück des ganzen Buches bilden, wird zunächst in mythischen Bildern gezeigt, warum die Auseinandersetzung mit den Mächten der Finsternis in solcher Schärfe geführt und durchgestanden werden muß (Kap. 12). Dann erfahren die mythischen Bilder ihre aktuelle Zuspitzung. Die Gemeinde erleidet den Angriff des Drachen und des Tieres. Gegenüber dem römischen Staat jener Tage, der die Forderung erhebt, dem Herrscher göttliche Ehre zu erweisen, muß das Bekenntnis zu Christus als dem Herrn bis in Leiden und Tod hinein festgehalten werden (Kap. 13). Doch auch in der schwersten Bedrängnis kann die Gemeinde zuversichtlich und getrost bleiben; denn der Sieg gehört Gott und dem Christus (Kap. 14).

Die Frau, der Drache und das Kind 12, 1-6

1 Und ein großes Zeichen erschien am Himmel, eine Frau, bekleidet mit der Sonne, und der Mond unter ihren Füßen, und auf ihrem Haupt ein Kranz von zwölf Sternen, 2 und sie ist schwanger und ‚schreit in den Wehen und' in der Pein ‚des Gebärens'. 3 Und ein anderes Zeichen erschien im Himmel, und siehe, ein großer, feuerroter Drache mit sieben Köpfen und ‚zehn Hörnern' und auf seinen Köpfen sieben Diademe. 4 Und sein Schwanz fegt den dritten Teil ‚der Sterne des Himmels' hinweg ‚und warf' sie ‚auf die Erde'. Und der Drache steht vor der Frau, die gebären soll, um, wenn sie geboren hat, ihr Kind zu verschlingen. 5 Und ‚sie gebar' einen Sohn, ‚ein Männliches', der alle ‚Völker mit eisernem Stabe weiden wird'. Und ihr Kind wurde zu Gott und zu seinem Thron entrückt. 6 Und die Frau floh in die Wüste, wo sie eine von Gott bereitete Stätte hat, damit man sie dort zwölfhundertsechzig Tage lang ernähre.

Vers 2: Jes. 66, 7; Mich. 4, 10 Vers 3: Dan. 7, 7 Vers 4: Dan. 8, 10 Vers 5: Jes. 66, 7; Jer. 20, 15; Ps. 2, 9

Der Seher, der sich auf der Erde befindet, schaut zum Himmel hinauf und erblickt 1
dort ein großes Zeichen. Als ein Zeichen am Himmel wird in der apokalyptischen Darstellung eine ganz ungewöhnliche Erscheinung eingeführt, die kosmische Ausmaße hat und das endzeitliche Geschehen bestimmt (vgl. Mt. 24, 30; Offb. 12, 3; 15, 1). Das Bild der Himmelskönigin wird sichtbar, die mit der Sonne bekleidet ist, auf der Mondsichel steht und auf dem Haupt einen Kranz von zwölf Sternen trägt. Dieses Bild stammt aus der astralreligiösen Welt (vgl. das Sternbild der Jungfrau). So ist Isis, die als göttliche Mutter in Ägypten, aber auch an vielen anderen Stellen der alten Welt verehrt wurde, als kosmische Erscheinung vorgestellt worden, die alles umgreift, Licht und Dunkel, Tag und Nacht, Feuer und Wasser, Leben und Tod, Anfang und Ende (Plutarch, Isis und Osiris 77). In der jüdischen Apokalyptik gewann das Bild der Himmelskönigin eine veränderte Bedeutung. Denn im Judentum wurde den Gestirnen keinerlei göttliche Würde mehr zuerkannt (vgl. auch Test. Naphtali 5, 3 f.). Sonne, Mond und zwölf Sterne sind daher für den Seher Johannes nur der Schmuck der Frau. Dabei deutet die Zwölfzahl darauf hin, daß sie das Gottesvolk der zwölf Stämme repräsentiert. Völker und Städte wurden im alten Orient vielfach in Frauengestalt versinnbildlicht. Wenn im Alten Testament von der Tochter Zion die Rede ist, so ist dabei bald an die Stadt Jerusalem, bald
an ihre Einwohnerschaft gedacht (Jes. 1, 8; Jer. 4, 31; 4. Esr. 9, 38 ff. u. ö.). Die Frau 2
die der Seher am Himmel erblickt, ist schwanger; sie soll den Messias gebären (vgl. V. 5). Da dieser kein anderer als Jesus von Nazareth ist, könnte es naheliegen, in der Himmelskönigin Maria, die Mutter Jesu, zu erkennen, sie als die mit der Sonne bekleidete Frau zu verehren. In diesem Sinne hat man in der mittelalterlichen Kirche das Bild verstanden und daher Maria als Himmelskönigin dargestellt. Doch mit diesem Verständnis könnte V. 17 nicht in Einklang gebracht werden; denn die Frau ist nicht nur die Mutter des Messias, sondern zugleich auch die der Gläubigen. Daher verkörpert sie das wahre Israel, das Gottesvolk des Alten und des Neuen Bundes, aus dem der Christus gekommen ist und zu dem alle gehören, die die Gebote Gottes halten und das Zeugnis Jesu bewahren (V. 17). Die Geburt des Kindes steht nahe bevor, die Frau wird – wie mit alttestamentlichen Wendungen gesagt wird – von schmerzvollen Wehen gepeinigt. Jes. 66, 7 ff. ist das Kommen der messianischen Zeit mit einer leichten Geburt verglichen. Häufiger aber wird im Alten Testament eine plötzlich hereinbrechende Bedrängnis mit dem Bilde schmerzreicher Wehen beschrieben (Mi. 4, 9 f.; Jes. 21, 3; 26, 17).

In der Sammlung von Lobliedern, die man unter den Handschriften vom Toten Meer gefunden hat, steht eines, das in einigen Wendungen der Schilderung recht nahekommt, die hier von der Frau gegeben wird, die in schmerzvollen Wehen liegt und das Messiaskind gebären soll. Der Beter blickt auf Bedrängnisse zurück, aus denen Gott ihn befreit hat, und dankt Gott, daß er ihn von den Männern der Gewalttat errettet hat. Denn – so ruft der Beter zu Gott – „sie machten meine Seele wie ein Schiff auf hoher [See] und gleich einer befestigten Stadt im Angesicht [des Feindes]. Ich war in Bedrängnis wie eine Frau, die ihren Erstgeborenen gebiert; denn schnell kommen ihre Wehen, und schlimmer Schmerz kommt über ihren Muttermund, Beben hervorzurufen im Schoß der Schwangeren" (1 QH III, 6-8). Zu den Bildern, in denen das Leiden des Beters mit einem in Seenot geratenen Schiff und einer belagerten Stadt verglichen ist, wird eine ausführliche Schilderung der Leiden und Todesgefahr hinzugenommen, die über eine gebärende Frau kommen. So heißt es: „Unter todbringenden Krampfwellen gebiert sie ein Männliches, und unter höllischen Wehen bricht hervor aus dem Schoß der Schwangeren ein Wunder von einem Ratgeber mit seiner Heldenkraft, und ein Mann entrinnt aus den Krampfwellen" (1 QH III, 9 f.). In diesen Zeilen erinnert die Bezeichnung des Kindes als „ein Wunder von einem Ratgeber mit seiner Heldenkraft" an die messianische Verheißung von Jes. 9, 5 f., in der das Kind, das geboren wird, Wunderrat, starker Gott, Ewigvater und Friedefürst genannt wird. Sollte daher in dem Lied aus Qumran von der Geburt des Messiaskindes die Rede sein? Für diese Annahme könnte die Berührung mit Jes. 9, 5 f. sprechen. Doch ist zu beachten, daß kein wörtliches Zitat, sondern nur ein gewisser Anklang vorliegt, weil das männliche Kind, das zur Welt kommt, mit alttestamentlichen Worten bezeichnet wird. Vor allem aber darf nicht übersehen werden, in welchen Zusammenhang die Schilderung der Not hineingestellt ist, die die schwangere Frau trifft. So, wie sie in der Stunde der Geburt in Bedrängnis gerät, ist auch der Beter in Leiden und Verfolgung hineingekommen. Wenn die Gemeinde daher dieses Lied betend singt, so versteht sie ihre eigene notvolle Lage im Lichte der Beschreibung, die in dem Lied von der Erfahrung des Beters gegeben wird. Wie ein Kind nicht ohne Schmerzen geboren wird, die seine Mutter erträgt, so müssen Gefahr und Angst durchlitten werden, damit die Gemeinde Gottes bewahrende Rettung erfährt. Somit liegt trotz gewisser Berührungen, die zwischen 1 QH III und Offb. 12 bestehen, kein unmittelbarer Zusammenhang vor, und das Loblied aus Qumran stellt nicht das Vorbild dar, das der christliche Seher übernommen hätte – fehlt doch u. a. auch in dem Text aus Qumran die Gestalt des Drachen und das Zitat aus Ps. 2, 9. Hier wie dort sind vielmehr alttestamentliche Wendungen aufgenommen worden, um die Bedrängnis der Frau zu schildern. Über die beiden Texten gemeinsame alttestamentliche Sprache gehen die gegenseitigen Beziehungen nicht hinaus.

3 Am Himmel erscheint abermals ein Zeichen, ein Drache tritt als erbitterter Feind
des Weibes auf den Plan (vgl. Baruch-Apk. 29, 3 f.). In dem Drachen ist für die alte
Welt die chaotische Macht schlechthin verkörpert (vgl. Jes. 51, 9; Ps. 74, 12 ff. u. ö.),
die als Widersacher gegen Gott streiten will. Seine furchterregende Erscheinung wird
mit traditionellen Zügen geschildert. Die feuerrote Farbe, mit der auch in Ägypten
und Babylon die finsteren Ungeheuer gemalt wurden, weist auf seine mörderischen
Absichten hin. Chaotische Ungetüme haben mehrere Köpfe (vgl. Ps. 74, 14). Der
Drache trägt auf seinen sieben Köpfen zehn Hörner (vgl. Dan. 7, 7). Diese beiden,
aus verschiedenen Überlieferungen stammenden Züge sind nicht aufeinander
abgestimmt; denn wie die zehn Hörner auf die sieben Köpfe verteilt werden sollten,
wird nicht angedeutet. Auf jedem Kopf befindet sich ein Diadem. Damit wird
wahrscheinlich bereits auf den Zusammenhang zwischen dem Drachen und dem
4 Tier hingewiesen, das im Schmuck von Diademen erscheinen wird (13, 1). Mit dem
Schwanz fegt der Drache den dritten Teil der Sterne vom Himmel auf die Erde
hinunter. Dieser an Dan. 8, 10 erinnernde Satz zeigt die unermeßliche Kraft des
Ungeheuers. Es greift mit satanischer Gewalt in die himmlische Ordnung ein und
bringt sie durcheinander. Drohend stellt es sich vor der Frau auf, um gleich nach der

Geburt das Kind zu verschlingen. Wer will es daran hindern? Der Sieg scheint ihm in Kürze zufallen zu müssen.

Die Frau gebiert einen Sohn, ein Männliches, wie es in hebraisierender Rede- 5
weise heißt (vgl. Jer. 20, 15). Er soll als der Messias die Völker mit eisernem Stabe
weiden, d. h. er wird die Heiden richten (vgl. Ps. 2, 9; Offb. 2, 27; 19, 15). Des Kindes
wegen steht der Drache fürchterlich drohend vor der Frau. Doch er kann dem
Sohn nichts antun; denn er wird seinem Zugriff durch die Entrückung zu Gott
sofort entzogen. Die Frau aber ist der Feindschaft des Drachen weiterhin ausge- 6
setzt. Sie kann jedoch in die Wüste fliehen, wo sie eine von Gott bereitete Stätte hat und 1260 Tage (= 3½ Jahre; vgl. 11, 2 f.; 12, 14; 13, 5) ernährt wird. In der Wüste hatte einst das Volk Israel die Treue und Fürsorge seines Gottes erfahren. So wird auch in der Endzeit die Gemeinde in der Wüste eine Stätte der Zuflucht und von Gott bereiteter Geborgenheit finden (vgl. 1 QS VIII, 13 f.; IX, 19 f.; Mk. 1, 3 Par.). Irgendwelche zeitgeschichtlichen Anspielungen liegen hier nicht vor – man hat etwa an die Flucht der Urgemeinde erinnern wollen, die diese vor der Belagerung Jerusalems nach Pella im Ostjordanland angetreten hat –, sondern in dem mythischen Bild werden Not und Bewahrung des ganzen Gottesvolkes veranschaulicht.

Die Geburt des Kindes. Die Gestalt der Himmelskönigin ist aus uralten Vorstellungen übernommen worden. Ebenso kennt man seit alters die unheimliche Gewalt des Drachen. Er ist der Frau feind, weil sie den Messias gebären soll. Der Seher schaut dieses Geschehen als ein in naher Zukunft bevorstehendes Ereignis, Jesu Geburt aber gehört der Vergangenheit an. Das Kind wird unmittelbar nach der Geburt zum Himmel entrückt, nichts aber wird von der irdischen Wirksamkeit Jesu, seinem Sterben und Auferstehen gesagt. Wie sind diese eigenartigen Züge des Bildes zu verstehen? Sie können nur dann zutreffend erklärt werden, wenn die religionsgeschichtlichen Zusammenhänge beachtet werden, in die diese Geschichte eingeordnet werden muß. Denn hier liegt offensichtlich ein Mythus zugrunde, der in vielen Völkern und Ländern erzählt wurde und von einer Frau, der Geburt eines Kindes und einem Drachen handelt. In Griechenland kennt man einen Mythus von dem Drachen Python, der der Leto nachstellt. Sie war von Zeus schwanger und sollte den Apoll gebären. Der Drache weiß, daß ihm von dem Kinde tödliche Gefahr drohen wird. Poseidon aber rettet die Leto aus ihrer Bedrängnis und bringt sie auf die Insel Ortygia, wo sie den Apoll gebiert. Dieser ist bereits nach vier Tagen so stark, daß er ausziehen und den Drachen erschlagen kann. In Ägypten gibt es einen ähnlichen Mythus. Hathor-Isis wird von dem roten Drachen Typhon-Seth verfolgt. Auf der schwimmenden Insel Chemnis findet sie mit dem kleinen Kinde Zuflucht und kann es in verborgener Einsamkeit aufziehen. Später macht sich Horos auf und besiegt den Drachen. In einem weit verbreiteten Mythus ist also von einem göttlichen Kind die Rede, das von chaotischen Mächten bedroht wird, zum Kampf gegen sie auszieht und über sie triumphiert. Man hoffte auf die Geburt dieses Retterkindes, das in Kraft und Herrlichkeit erscheinen und ein wunderbares Friedensreich heraufführen sollte.

Die mythische Überlieferung von der Geburt des Kindes hat wahrscheinlich eine jüdische Umprägung erfahren, ehe der Seher den Stoff aufnahm. Nach der jüdischen

Erwartung wird das Kind, auf dessen Geburt man hofft, der Gesalbte Gottes sein, der als Retter und König seines Volkes erscheinen wird. Die Frau aber ist das wahre Israel, das Volk der zwölf Stämme, aus dem der Messias hervorgeht, der mit den Worten aus Ps. 2, 9 als Herrscher und Richter über die Heiden beschrieben wird. In einigen jüdischen Kreisen erzählte man sich, das Messiaskind sei schon an verborgenem Orte geboren, aber alsbald durch Winde zum Himmel entrückt worden. So wird auch hier gesagt, daß das Messiaskind auf wunderbare Weise dem Zugriff des Drachen entzogen wird.

Wenn nun der Seher Johannes an diese auf das Retterkind gerichtete Erwartung, die auch in Kleinasien lebendig war, anknüpft, so redet er eine Sprache, die man versteht. Aber er weiß von der Erfüllung der Hoffnung zu sagen und hat daher in wichtigen Punkten den überkommenen Stoff umgestaltet. Das Messiaskind ist kein anderer als Jesus Christus. Die Frau aber bleibt auf Erden und ist der Feindschaft des Drachen weiterhin ausgesetzt (V. 6). Von dem Kinde wird nur mit ganz knappen Worten berichtet. Der Messias ist jetzt bei Gott und wird als der Richter der Völker am Ende der Tage erscheinen (V. 5). Damit ist in äußerster Kürze auf das christliche Bekenntnis zu Jesus als dem Messias hingewiesen, der zum Endgericht wiederkommen wird. Da Christus aber jetzt zur Rechten Gottes thront und nur das Gottesvolk noch auf Erden wandelt, mußte der Schluß des Mythus, der von der Besiegung des Drachen durch das Kind handelte, fortfallen. Dadurch aber ist im Zusammenhang der Offb. das Geschick der Frau in den Mittelpunkt des Bildes gerückt; denn von der Bedrängnis des Volkes Gottes in der letzten Zeit soll gesprochen werden. Geburt und Entrückung des Kindes sind insofern von Bedeutung, als damit der Grund genannt ist, weshalb der Drache die Frau verfolgt. Daher wird nicht mehr zuerst von der Flucht der Frau und dann von der Geburt an einsamer Stätte berichtet, sondern zuerst wird das Kind geboren und entrückt, dann wird die Frau vom Drachen verfolgt und kann in die Wüste entfliehen. So ist eine alte mythische Überlieferung durch den christlichen Verfasser seiner Verkündigung dienstbar gemacht worden. Mit dem Kommen Jesu Christi hat der letzte Kampf begonnen. Die chaotische Drachengewalt hat sich gegen das Gottesvolk erhoben, das sich durch die Flucht in die Wüste noch eben retten kann (vgl. auch V. 13-17). Dort aber bleibt es unter Gottes Schutz bewahrt. Da der mythische Stoff auf diese Weise verändert und verkürzt wurde, konnte nun ein zweiter, aus anderer Überlieferung stammender Mythus angefügt werden, um mit dessen Worten den Sturz des Drachen zu schidern (V. 7-12).

Der Kampf Michaels mit dem Drachen 12, 7-12

7 Und es brach Krieg aus im Himmel – ‚Michael' und seine Engel (erhoben sich), um mit
dem Drachen ‚zu kämpfen'. Und der Drache nahm den Kampf auf und seine Engel. 8 Und
er konnte sich nicht behaupten, und ‚es gab keinen Platz' mehr für sie im Himmel. 9 Und
hinabgeworfen wurde der große Drache, die alte ‚Schlange', die ‚Teufel' und ‚der Satan'
heißt, der den ganzen Erdkreis verführt. Er wurde auf die Erde hinabgeworfen, und seine
Engel wurden mit ihm hinabgeworfen.
10 Und ich hörte eine gewaltige Stimme im Himmel rufen:

Jetzt ist angebrochen das Heil und die Macht
und die Königsherrschaft unseres Gottes

und die Gewalt seines Christus!
Denn hinabgeworfen wurde der Verkläger unserer Brüder,
der sie verklagte vor unserem Gott bei Tag und Nacht.
11 Und sie haben ihn überwunden durch das Blut des Lammes
und durch das Wort ihres Zeugnisses,
und sie haben ihr Leben nicht geliebt bis zum Tode.
12 Darum ‚frohlocket, ihr Himmel', und die darin wohnen.
Wehe der Erde und dem Meer!
Denn der Teufel ist zu euch hinabgestiegen
und hat großen Zorn,
weiß er doch, daß er (nur noch) kurze Frist hat.

Vers 7: Dan. 10, 13. 21; 12, 1 Vers 8: Dan. 2, 35 Vers 9: 1. Mose 3, 1; Sach. 3, 1; Hiob 1, 6 ff.; 2, 1 ff. Vers 12: Jes. 44, 23; 49, 13

Ein mächtiger Streiter rückt nun zum Kampf gegen den Drachen heran. Der 7
Seher schaut von der Erde zum Himmel hinauf und sieht, wie dort ein gewaltiger
Krieg losbricht. Gott läßt seine Diener an dem Drachen das Strafurteil vollziehen.
Michael tritt auf, ohne daß erklärt werden müßte, wer er ist. Seine Gestalt ist aus
der apokalyptischen Tradition bekannt. Er ist der Beschützer Israels, des Volkes
Gottes (vgl. Dan. 10, 13. 21; 12, 1; Henoch-Apk. 20, 5; Jud. 9). Gott sendet – wie es
in der Kriegsrolle von Qumran heißt – dem streitenden Israel durch Michael Hilfe,
damit der Fürst des Reiches der Bosheit niedergeworfen, die Herrschaft Michaels
aber unter den göttlichen Wesen erhöht werde und die Herrschaft Israels über alles
Fleisch gehe (vgl. 1 QM XVII, 5-7). Die kämpfenden Truppen schreiben den Namen
Michaels auf die Schilde der Türme (vgl. 1 QM IX, 15 f.). Michael zieht mit seinen
Engelscharen aus, um dem Drachen den Krieg anzusagen. Dieser stellt sich ihm mit 8
seiner Streitmacht entgegen. Aber er kann das Feld nicht behaupten. Er unterliegt
und findet nirgendwo im Himmel mehr einen Platz. Wahrscheinlich steht hinter
diesem Satz die mehrfach bezeugte Vorstellung (vgl. Himmelfahrt des Jesaja 7, 9 ff.;
slav. Henoch 7, 1), daß der Satan seinen Sitz im untersten Himmel gehabt habe.
Diesen hat er nun verloren. Er wird endgültig aus dem Himmel hinausgewiesen und 9
auf die Erde hinuntergeworfen. Damit ist die Niederlage des Drachen entschieden, er wird niemals in die obere Welt zurückkehren können (vgl. Lk. 10, 18). Kurz und knapp wird ohne nähere Beschreibung der Vorgänge dieses Ergebnis des Kampfes festgestellt. Mit dem Kommen des Messias ist die Herrschaft des Satans gebrochen (vgl. Mt. 12, 28 f. Par.; Joh. 12, 31; 16, 11; 1. Joh. 3, 8 u. ö.). Jetzt, wo er hinuntergestürzt ist, ist er entlarvt als der Böse, der er von Anfang an war. Mit mehreren aufeinanderfolgenden Prädikaten wird sein wahres Wesen bezeichnet. Der Drache, der das Weib verfolgte und das Kind verschlingen wollte (V. 3-6), ist identisch mit dem Satan. Er war es, der als die böse Schlange die Menschen zur Sünde verführte (vgl. 1. Mose 3, 1 ff.; Weish. Sal. 2, 24; 2. Kor. 11, 3). Er trägt den hebräisch-aramäischen Namen Satan, der im Griechischen durch diabolos = Teufel wiedergegeben wird. Er sucht den ganzen Erdkreis, alle Menschen, zu verführen (vgl. Mk. 13, 21 f. Par.) und vom Gehorsam gegenüber Gott abzubringen. Mit dieser Häufung der satanischen Namen wird die volle Bosheit des Drachen aufgedeckt. Um so größer ist nun aber der Jubel darüber, daß der Erzfeind bezwungen ist.

10 Auf das mythische Drama folgt ein himmlischer Lobpreis, in dem die Bedeutung des eben erstrittenen Sieges für die christliche Gemeinde hervorgehoben wird. Der Seher vernimmt einen Hymnus, der die Wende besingt, die jetzt eingetreten ist. Nun ist Gottes und des Messias Herrschaft angebrochen (vgl. 7,10; 11,15). Ihnen gebührt alles Regiment, ihnen Heil und Macht – und nicht den Gewaltigen auf Erden, die als Werkzeuge des Drachen ihr Amt führen (Kap. 13). Der Satan ist hinuntergestürzt. Er wird der Verkläger genannt (vgl. Hiob 1,6 ff.; 2,1 ff.; Sach. 3,1 ff.; 1.Chr. 21,1; Henoch-Apk. 40,7), der in der Versammlung des himmlischen Hofstaates die Brüder vor Gott bei Tag und Nacht anzuklagen versuchte. Seine Anklage ist abgewiesen (vgl. Röm. 8,33). Die Schar der Vollendeten, die Gott im Himmel lobt, weiß sich mit den in Kampf und Anfechtung stehenden Christen
11 brüderlich verbunden. Weil die im Himmel triumphierende Kirche schon den Sturz des Satans gesehen hat, schaut sie auch bereits den Sieg der auf Erden streitenden Kirche. Der Sühnetod des Lammes (vgl. 1,5; 7,14) und das Wort, für das sie Zeugnis ablegten, verliehen den Siegern überwindende Kraft, so daß sie die Angriffe des Satans siegreich bestehen konnten. Sie waren bereit, ihr Leben in den Tod zu geben. Wer aber sein Leben um Christi willen verliert, der soll es finden (vgl. Mk. 8,35 f. Par.), er soll es zum ewigen Leben bewahren (vgl. Joh. 12,25). Darum wird auch die Treue der Zeugen als Gegenstand des Lobpreises genannt; denn wenn sie im Kampf gegen den Satan standhaft bleiben, werden sie in Gottes Reich
12 eingehen und an der himmlischen Herrlichkeit teilhaben. Die Himmel und alle Himmelsbewohner, d. h. die Engel, werden aufgefordert, in den Siegesjubel mit einzustimmen (vgl. Ps. 96,11). Noch aber ist die Vollendung nicht da. Noch muß auf Erden der letzte Streit ausgefochten werden. Mit einem Weheruf – vielleicht in Anspielung auf ein fehlendes drittes Wehe (vgl. 8,13; 9,12; 11,14) – schließt daher das Siegeslied. Der Teufel ist zu Erde und Meer hinabgestiegen: Dieser Ausdruck entspricht semitischer Redeweise, nach der „hinabgeworfen werden" auch durch „hinabsteigen" wiedergegeben werden kann; denn der Satan mußte wider Willen auf die Erde hinuntergehen. Eine kleine Frist ist ihm dort noch gelassen. Er weiß, daß ihm nur kurze Zeit bleibt, und tobt darum in wütendem Grimm. Doch so schrecklich er sich auch gebärden mag, sein Geschick ist schon entschieden.

Die Flucht der Frau vor dem Drachen 12,13-17

13 Und als der Drache sah, daß er auf die Erde hinabgeworfen war, verfolgte er die Frau, die den Knaben geboren hatte. 14 Und es wurden der Frau die zwei Flügel des großen Adlers gegeben, damit sie in die Wüste an seine Stätte flöge, wo sie ‚eine Zeit und (zwei) Zeiten und eine halbe Zeit' ernährt wird, fern von der Schlange. 15 Und die Schlange spie aus ihrem Munde Wasser wie einen Strom hinter der Frau her, um sie in dem Strom zu ertränken. 16 Aber die Erde kam der Frau zu Hilfe, und es öffnete die Erde ihren Mund und verschlang den Strom, den der Drache aus seinem Maul gespieen hatte. 17 Und der Drache ergrimmte gegen die Frau und ging hin, um mit den übrigen ihres Samens Krieg zu führen, die die Gebote Gottes halten und das Zeugnis Jesu bewahren.

Vers 14: Dan. 7,25; 12,7

13 Der Anschlag des Drachen gegen das Kind war fehlgeschlagen (V. 5); sein Zorn richtet sich nun gegen die Frau (V. 6). Sein Grimm ist um so wütender, weil er

weiß, daß ihm nur noch kurze Frist gelassen ist (V. 12). Daher verfolgt er die
Frau, die den Messias geboren hat. Damit wird an den ersten Abschnitt des Kapi-
tels, in dem von dem Geschick der Frau die Rede war, wieder angeknüpft. Durch
wunderbare Hilfe Gottes wird die Frau vor dem drohenden Ungeheuer gerettet. 14
Ihr werden die zwei Flügel des Adlers gegeben, damit sie in die Wüste, an den
Ort der Bewahrung, fliegen kann. Im Alten Testament wird zwar öfter die bild-
liche Ausdrucksweise von den Flügeln des Adlers gebraucht, um dadurch die von
Gott verliehene neue Kraft zu veranschaulichen (2.Mose 19, 4; 5.Mose 32, 11; Jes.
40, 31). Aber an unserer Stelle wird nicht allgemein von Adlerflügeln gesprochen,
sondern von den zwei Flügeln eines bestimmten Adlers, der als Bote Gottes seine
Befehle ausführt (vgl. Himmelfahrt des Mose 10, 8) und die Frau in die Wüste
trägt. Dort wird sie während der letzten Notzeit (3 1/2 Jahre: vgl. Dan. 7, 25; 12, 7;
Offb. 11, 2 f.; 12, 6; 13, 5) von Gott versorgt werden (vgl. 1.Kön. 17, 2 ff.; 19, 4 ff.).
Sie ist an einsamem Ort sicher geborgen und jedem Zugriff der Schlange entzogen.
Die Schlange unternimmt noch einen letzten Versuch, um die Frau zu vernichten. 15
In den Mythen der alten Welt werden finstere Drachen öfter als wasserspeiende
Meeresungeheuer vorgestellt, die als Riesentiere über unheimliche Kraft und Gewalt
verfügen (vgl. Ps. 74, 13; Ez. 29, 3 f.; 32, 2 f. u. ö.). So speit auch der Drache eine
Wasserflut hinter der Frau her, um sie zu ertränken. Aber die Erde – sie wird 16
hier geradezu als eine handelnde Person vorgestellt (vgl. „Mutter Erde") – hilft
der arg bedrängten Frau. Sie öffnet ihren Mund und verschlingt in einem großen
Spalt den Strom, den der Drache ausgespieen hatte (vgl. 4.Mose 16, 28 ff.). Wie
einst das Volk Israel aus Ägypten geführt und in der Wüste durch Gottes schützende
Hand vor allen Feinden bewahrt wurde, so ist auch die Frau in der Wüste ge-
borgen. Das aber bedeutet, daß Gott seine Gemeinde, die ganze Kirche, in der
furchtbaren Not erhalten und erretten wird (vgl. Mt. 16, 18). Um so mehr aber gerät 17
deshalb der Drache in wilden Zorn. Kann er schon der Frau nicht habhaft werden,
so wendet er nun seinen Grimm gegen die übrigen ihres Samens. Damit sind die
Glieder des Gottesvolkes gemeint, die wie der Messias Kinder der Frau sind. Sie
sind als die Gläubigen gekennzeichnet, indem von ihnen gesagt wird, daß sie die
Gebote Gottes halten und das Zeugnis Jesu bewahren (vgl. 1, 9; 6, 9; 19, 10; 20, 4).
Eben deshalb aber müssen sie nun den Ansturm des Drachen erdulden. Dieser Kampf
betrifft die Kirche in der ganzen Welt, sie muß in die ihr für die letzte Zeit auferlegte
Verfolgung hineingehen (Kap. 13). Aber sie weiß, daß der Satan schon gestürzt, die
Wut des Drachen nur Zeichen seiner Ohnmacht ist.

Das erste Tier 12, 18-13, 10

[18] Und er trat an den Strand des Meeres. [1] Und ich sah ‚aus dem Meer ein Tier aufsteigen', das hatte ‚zehn Hörner' und sieben Häupter, und auf seinen Hörnern zehn Diademe, und auf seinen Häuptern gotteslästerliche Namen. [2] Und das ‚Tier', das ich sah, war ‚gleich einem Panther', und seine Füße ‚wie die eines Bären', und sein Maul wie das Maul ‚eines Löwen'. Und es gab ihm der Drache seine Macht und seinen Thron und große Gewalt. [3] Und (ich sah) eines seiner Häupter wie zu Tode getroffen, und seine Todeswunde wurde wieder geheilt. Und es staunte die ganze Erde hinter dem Tiere her, [4] und sie beteten den Drachen an, weil er die Macht dem Tiere gegeben hatte, und sie beteten das

**Tier an mit den Worten: Wer ist dem Tiere gleich, und wer kann mit ihm den Kampf auf-
nehmen? 5 Und es wurde ihm ‚ein Maul' gegeben, ‚das sprach große Worte' und lästerliche
Reden, und es wurde ihm Macht gegeben, ‚es' zweiundvierzig Monate lang ‚so zu treiben'.
6 Und es öffnete sein Maul zu Lästerungen gegen Gott, um seinen Namen und seine
Wohnung (und) die, die im Himmel wohnen, zu lästern. 7 Und es wurde ihm gegeben,
‚Krieg zu führen mit den Heiligen und sie zu besiegen'. Und es wurde ihm Macht gegeben
über jeden Stamm und jedes Volk und jede Sprache und jede Nation. 8 Und alle Bewohner
der Erde werden ihn anbeten – (jeder), ‚dessen' Name nicht ‚im Lebensbuch' des ‚ge-
schlachteten Lammes' seit Grundlegung der Welt ‚geschrieben steht'.**

**9 Wenn einer ein Ohr hat, der höre. 10 ‚Wenn einer in Gefangenschaft' (ziehen soll), der
zieht ‚in Gefangenschaft'. ‚Wenn einer durch das Schwert' getötet werden soll, der muß
‚durch das Schwert' getötet werden. Hier ist Standhaftigkeit und Glaubenstreue der
Heiligen (vonnöten).**

Vers 1: Dan. 7,3 Vers 2: Dan. 7,4–6 Vers 5: Dan. 7,8.11.25 Vers 7: Dan. 7,21 Vers 8: Dan. 12,1; Ps. 69,29; Jes. 53,7 Vers 10: Jer. 15,2; 43,11

12,18 Der Drache tritt an den Strand des Meeres. (Der Text der älteren Ausgaben der
Lutherbibel „Ich trat ..." beruht auf jüngeren, schlechteren Handschriften, die
durch Hinzufügung eines einzigen Buchstabens dem Satz einen anderen Sinn geben.
Dann wäre von einem Wechsel des Standortes die Rede, den der Seher vornähme.
Der ursprünglichen Textfassung aber kommt es gerade darauf an, den Zusammen-
hang zwischen Kap. 12 und 13, zwischen dem satanischen Drachen und dem Tier,
aufzuzeigen.) Spricht der Orientale vom Meer, ohne es näher zu kennzeichnen, so
meint er stets das Mittelländische Meer im Westen des Landes. Jenseits des Meeres
13,1 aber gelangt man nach Rom (vgl. 4.Esr. 11,1; 12,11). Kaum hat sich der Drache an
das Ufer gestellt, da enthüllt sich ein neues Bild. Aus dem Meer, an dessen fernem
Ufer die die Welt beherrschende Stadt auf den sieben Hügeln gebaut ist, steigt ein
Tier auf (vgl. Jes.27,1; Hiob 40,15-32). Welcher Zusammenhang zwischen ihm und
dem Drachen besteht, wird erst in den folgenden Versen erklärt. Deutlich ist aber
sofort, daß hier ein gottfeindliches, schreckliches Tier auftritt, dessen Erscheinung
mit Zügen aus Dan. 7 beschrieben wird. Zuerst werden seine Hörner sichtbar, deren
Zahl nach Dan. 7,7 mit zehn angegeben wird, dann seine sieben Häupter. Drachen-
ungetüme wurden in der alten Welt öfter als Wesen mit sieben Köpfen vorgestellt
(vgl. 12,3). Auf den Hörnern trägt das Tier Diademe zum Zeichen seiner könig-
lichen Macht, die es als Gegenspieler Christi ausüben will (vgl. 19,12). Läster-
namen, die Gottes Ehre antasten, stehen auf seinen Häuptern geschrieben. Damit
sind offenbar Namen gemeint, die im römischen Kaiserkult dem Herrscher zu-
erkannt wurden: Der Erhabene, der Göttliche, der Sohn Gottes, Herr und Gott, der
Heiland u. a. Wenn ein Mensch mit solchen Titeln geschmückt wird, so wird Gott
2 gelästert. Das Tier wird nun genauer beschrieben, wobei freilich die einzelnen Züge
nicht zu einem anschaulichen Bild zusammengefügt werden können (vgl. zu 1,16 f.).
Durch das mehrfach wiederkehrende Wörtchen „wie" wird darauf aufmerksam
gemacht, daß die Vergleiche nicht ganz ausreichen, um die Erscheinung zutreffend
zu malen (vgl. zu 1,10). Während Dan. 7,4-7 nacheinander vier große Tiere –
Löwe, Bär, Panther und ein überaus schreckliches Ungeheuer – aus dem Meere
heraufkommen und die vier aufeinanderfolgenden Weltreiche verkörpern, sind hier
diese bei Daniel genannten Tiere zu einem einzigen, grauenerregenden Wesen zu-

sammengefaßt. Das Tier ist anzusehen „wie“ ein Panther (vgl. Dan. 7, 6), es hat
Füße „wie“ die eines Bären (vgl. Dan. 7, 5) und ein Maul „wie“ das eines Löwen
(vgl. Dan. 7, 4). Dieses Tier repräsentiert also die Weltmacht schlechthin, das die
ganze Oikumene umspannende Imperium Romanum, an dessen Spitze der Caesar
steht, dem göttliche Verehrung entgegengebracht werden muß. Wie aber konnte
es zu dieser Zusammenballung der Macht kommen? Der Drache gab dem Tier
seine Macht und seinen Thron und große Gewalt, antwortet der Seher. Der Wider-
christ tritt in der Vollmacht auf, die er vom Satan empfangen hat (vgl. 2.Thess 2, 9).
Die Inthronisation des Tieres, die der Drache vornimmt, erscheint geradezu als Gegen-
bild zur Verleihung der Herrscherwürde an das Lamm (5, 12). Dabei will freilich
beachtet sein, daß mit diesem Bild keineswegs jeder Staat als satanisch hingestellt
werden soll. Denn der Seher spricht in eine konkrete Situation hinein und wendet
sich gegen den Anspruch eines Staates, der von seinen Bürgern nicht nur Gehorsam
gegenüber den Gesetzen und Weisungen der Behörden verlangt (vgl. Röm. 13, 1-7),
sondern darüber hinaus göttliche Ehre für den Herrscher beansprucht. Indem der
römische Staat diese Forderung unabdingbar erhebt, wird er zur „Gegenkirche“,
wird die gute Ordnung zerbrochen und in satanische Bedrohung verkehrt. Hier
stehen der Drache und das Tier, dort Gott und das Lamm. Wer wird obsiegen? Die 3
von dem Tiere gewirkten Wunder scheinen seine göttliche Macht und Hoheit un-
widerlegbar zu beweisen. Eines der sieben Häupter des Tieres war zu Tode ge-
troffen, aber seine Wunde wurde wieder geheilt, so daß alle Welt in ehrfürchtiges
Staunen gerät. Wieder wird das Tier als Gegenspieler des Lammes beschrieben. Tod
und Auferstehung Jesu Christi werden von ihm nachgeäfft (vgl. V. 14). Das über-
lieferte Bild von dem siebenköpfigen Ungetüm erfährt hier eine bestimmte Deutung.
Daß man unter den sieben Häuptern Herrscher des Imperiums verstehen soll, wird
unmißverständlich angezeigt (vgl. 17, 9 f.). Von welchem Herrscher aber könnte be-
hauptet werden, daß er tödlich verwundet wurde und wieder zum Leben erweckt
wird? Einen gewaltsamen Tod erlitt Julius Caesar, aber auf ihn würde der Zug von
der Heilung der Todeswunde nicht zutreffen – es sei denn, man wollte in Augustus
den wiedererstandenen Caesar sehen. Bald nach dem Tode des Nero aber erzählte
man eine eigenartige Geschichte, die später noch wunderbarer ausgestaltet wurde
(vgl. Sueton, Nero 57). Zunächst meinte man zu wissen, Nero sei gar nicht wirklich
ums Leben gekommen, er sei nur in weite Ferne geflohen und werde an der Spitze
der Partherheere zurückkehren. Diese Sage vom Nero redux wandelte sich einige
Zeit später in die Erwartung des Nero redivivus. Nun hieß es, Nero sei gestorben,
aber man rechnete auf seine baldige Rückkehr aus dem Totenreich, damit er wieder
die Herrschaft antrete. Der Seher hat diese im Volk umlaufende Erzählung benützt,
um mit den Zügen des erwarteten Nero redivivus die apokalyptische Erscheinung
des Gegenchristus zu zeichnen, der starb und aus dem Tode zum Leben erweckt
wird. Wer kann angesichts solch großartiger Demonstration widerstehen? Alle Welt
huldigt dem Drachen. Nicht Gott und dem Lamm, sondern dem Drachen und dem 4
Tier wird die Anbetung dargebracht, für die man sich sogar einer feierlichen bibli-
schen Wendung bedient. Nicht mehr heißt es: Wer ist dir gleich, Herr? (2.Mose
15, 11), sondern nun sagt man: Wer ist dem Tiere gleich? Ihm müssen sich alle
beugen, niemand kann ihm widerstehen. Das Tier aber offenbart nun seinen 5

wahren Charakter, indem es schlimme Lästerungen gegen Gott redet (vgl. oben zu
V. 1). 42 Monate lang (= $3^{1}/_{2}$ Jahre; vgl. 11, 2 f.; 12, 6. 14), also die letzte Notzeit
hindurch, kann es sein Wesen treiben. Doch so furchtbar dies alles ist, es geschieht
nicht ohne Gottes Willen. Dem Tiere wurde „gegeben", was es tut. Das aber be-
deutet, daß Gott zuläßt, was geschieht. Dann aber ist Gott dem Drachen und dem
Tiere ungleich überlegen; denn er hat ihnen eine Frist und eine Grenze gesetzt, über
6 die hinaus sie nicht mehr werden wüten können. Diese Zeit aber nutzen sie aus.
Das Tier hält Schmähreden nicht nur gegen den Namen Gottes, sondern auch
gegen seine Wohnung (vgl. Dan. 8, 10). Damit ist nicht der Tempel gemeint, son-
dern der Himmel, so daß unter den im Himmel Wohnenden die Engelscharen zu
7 verstehen sind, die Gott zum Dienst bereitstehen. Den bösen Worten folgt die böse
Tat. Das Tier fängt Krieg an mit den Heiligen und besiegt sie (vgl. Dan. 7, 21), ihm
wird Macht über die ganze Menschheit „gegeben". Wiederum tritt das Tier als
Gegenspieler des Lammes auf, das seine Gemeinde aus jedem Stamm, jeder Sprache,
8 jedem Volk und jeder Nation erkauft hat (vgl. 5, 9; 7, 9). Die Erfolge, die das Tier
errungen hat, beeindrucken alle Bewohner der Erde – d. h. die ungläubigen Men-
schen (vgl. zu 3, 10) – so sehr, daß sie alle dem Tier anbetend huldigen. Nur die
von Gott Erwählten, die schon von Anbeginn der Welt im Lebensbuch (vgl. zu 3, 5)
des geschlachteten Lammes verzeichnet sind (vgl. 21, 27; 17, 8), erkennen die
satanische Verführung und stimmen nicht in den allgemeinen Lobpreis des Tieres
ein.

9.10 Diese Stunde schwerster Bedrohung, die der Seher in seinem Bilde ankündigt und beschreibt, steht nahe bevor. Darum ruft er in den letzten Sätzen die Gemeinde auf zu hören, bereit zu sein und sich in das Leiden zu schicken. Der Aufruf ist in kurzen Befehlen ausgesprochen. Deren Formulierung haben manche spätere Abschreiber als gar zu knapp empfunden und daher nach Mt. 26, 52 die Sätze ergänzt: „Führt einer ins Gefängnis, so wird er ins Gefängnis gehen. Tötet einer mit dem Schwert, so muß er durch das Schwert getötet werden". Aber durch diese ergänzenden Sätze wird der Sinn des Aufrufs vollkommen verändert. Wie hätten auch die kleinen christlichen Gruppen in Kleinasien den Gedanken fassen können, der römischen Weltmacht mit Waffengewalt Widerstand leisten zu wollen? Das Buch der Offb. läßt nirgendwo erkennen, daß derartige Überlegungen die Christen beschäftigt haben könnten. Vielmehr wird in diesen Schlußsätzen in Anlehnung an Jer. 15, 2 zur Bereitschaft aufgefordert, demütig und ergeben in Leiden und Verfolgung hineinzugehen, wenn Gott sie schickt. Legt er Gefangenschaft auf, so soll diese gehorsam hingenommen werden. Und wenn Gott will, daß seine Zeugen mit dem Schwert getötet werden, so sollen sie auch den Tod erdulden. In dieser schwersten Prüfung gilt es, Standhaftigkeit und Glaubenstreue zu zeigen; denn nur im Gehorsam gegen Gottes Willen kann die Gemeinde, können die Heiligen bis zum Ende durchhalten, um dann schließlich Sieg und Triumph des Lammes zu schauen.

Das zweite Tier 13, 11-18

[11] Und ich sah ein anderes Tier vom Lande heraufsteigen, und es hatte zwei Hörner wie ein Lamm, und es redete wie ein Drache. [12] Und es übt alle Macht des ersten Tieres vor ihm aus. Und es bewirkt, daß die Erde und ihre Bewohner das erste Tier anbeten, dessen Todes-

wunde wieder geheilt wurde. [13] Und es tut gewaltige Zeichen, so daß es auch Feuer vom Himmel auf die Erde herabfallen läßt vor den Augen der Menschen. [14] Und es verführt die Bewohner der Erde auf Grund der Zeichen, die ihm gegeben wurden, sie vor dem Tiere zu tun, indem es die Bewohner der Erde beredet, sie sollten ein Bild für das Tier machen, das die Schwertwunde hat und wieder lebendig wurde. [15] Und es wurde ihm gegeben, (Lebens-) Geist dem Bilde des Tieres einzugeben, so daß das Bild des Tieres sogar zu sprechen begann und bewirkte, daß alle, ‚die das Bild' des Tieres ‚nicht anbeten wollten', getötet wurden. [16] Und es bringt alle, die Kleinen und die Großen und die Reichen und die Armen und die Freien und die Sklaven, dazu, daß sie sich ein Malzeichen auf ihre rechte Hand oder ihre Stirn machen, [17] und daß keiner kaufen oder verkaufen kann außer demjenigen, der das Malzeichen trägt, den Namen des Tieres oder die Zahl seines Namens. [18] Hier gilt es Weisheit. Wer Verstand hat, der berechne die Zahl des Tieres. Denn es ist die Zahl eines Menschen. Und seine Zahl ist sechshundertsechsundsechzig.

Vers 15: Dan. 3, 5 f.

Ein zweites Tier steigt herauf. Doch während das erste aus dem Meer auf- 11
tauchte (V. 1), kommt dieses vom Lande her. Damit ist nach Kleinasien gewiesen. Das zweite Tier hat zwei Hörner (vgl. Dan. 8,3) wie ein Lamm, aber es spricht wie ein Drache, womit vielleicht auf das listige Reden des Satans (1.Mose 3) angespielt werden soll. Jesus hat die Jünger vor den falschen Propheten gewarnt, die in Schafskleidern daherkommen, aber inwendig reißende Wölfe sind (Mt. 7,15). In der unheimlichen Doppelgestalt des Lammes und des Drachen tritt das zweite Tier auf.
Gefährlich und drohend ist die Gewalt, mit der es im Dienste des ersten Tieres 12
wirkt. Es wirbt mit allen Mitteln für die religiöse Verehrung des Drachen und kann als falscher Prophet große Zeichen und Wunder tun, um seinen Worten Nachdruck zu verleihen (vgl. Mk. 13,22 Par.). Hinter dieser Tiergestalt, die im weiteren Zusammenhang mehrfach mit dem falschen Propheten identifiziert wird (16,13; 19,20; 20,10), verbirgt sich also ein Mensch. Man könnte dabei an eine bestimmte Einzelpersönlichkeit in Kleinasien denken, die uns nicht mehr bekannt ist. Zutreffender ist es aber wohl, das zweite Tier mit der ganzen im Dienste des Kaiserkultes stehenden Priesterschaft Kleinasiens in Verbindung zu bringen. Auf jeden Fall verkörpert es den (oder die) Propagandisten des Kaiserkultes, das falsche Prophetentum der Endzeit, das alle Menschen und möglichst auch die Gläubigen
zu verführen sucht. Das zweite Tier übt seine Macht vor dem Angesicht des ersten 13
Tieres, d. h. in seinem Auftrage, aus (vgl. 2.Thess. 2,9 f.), indem es die Erde und ihre Bewohner – das sind alle Ungläubigen (vgl. zu 3,10) – zur Anbetung des ersten Tieres bringt, dessen Todeswunde wieder geheilt worden war.

Der römische Kaiserkult. Im Orient hatte man seit alters dem Herrscher, in dem die Gottheit sich auf Erden offenbart, göttliche Ehren erwiesen. Seit den Tagen Alexanders d. Gr. hatte diese orientalische Verehrung des Königs auch in die hellenistische Welt Eingang gefunden. Als Augustus die Alleinherrschaft über das ganze Imperium in seiner Hand zusammengefaßt hatte, waren ihm und der Göttin Roma zuerst in Kleinasien Tempel errichtet und Opfer dargebracht worden. Augustus selbst hatte das zwar geduldet, aber nicht von sich aus einen ihm geweihten Kultus gefordert und von keinem Römer eine Beteiligung daran verlangt. Im Laufe des ersten Jahrhunderts n. Chr. breitete sich dann der Kaiserkult rasch aus und wurde von Rom aus gefördert, um als Einheitsband die vielen Völker des weiten Reiches fester zusammenzuschließen. In Rom selbst war man zunächst zurückhaltend geblieben. Erst nach dem Tode wurde dem unter die Unsterblichen versetzten Caesar göttliche Hoheit zuerkannt. Domitian (81–96 n. Chr.) aber hörte es gern, wenn das Volk ihn und seine Gemahlin am Tage des großen Festschmauses mit dem Zuruf begrüßte: „Heil unserem Herrn und unserer Herrin.“ Wenn er amtliche Rundschreiben ausgehen ließ, bediente er sich der Eingangsformel: „Unser Herr und Gott befiehlt, daß folgendes geschieht“ (Sueton, Domitian 13). So beanspruchte er bereits zu seinen Lebzeiten göttliche Verehrung durch seine Untertanen. Wer sich dieser Forderung widersetzte, wurde von seinem Zorn getroffen. Seinen Vetter, den Konsul Flavius Clemens, ließ er hinrichten und verbannte dessen Gattin Domitilla wegen Gottlosigkeit. Ihre Schuld hatte offensichtlich darin bestanden, daß sie sich geweigert hatten, den Kaiser als Gott anzuerkennen. Überall im Reich ließ Domitian Kaiserbilder aufstellen. In Kleinasien baute man einen großen neuen Tempel in Ephesus, in dem vor einer überlebensgroßen Statue Domitians dem Kaiser gehuldigt werden sollte. Diese jüngste Entwicklung ist in der Offb. vorausgesetzt, wenn das zweite Tier wirkungsvolle Propaganda im Dienste des ersten Tieres treibt.

13 Das zweite Tier läßt Feuer vom Himmel fallen, wie es einst Elia getan hatte
(1.Kön 18, 38; 2.Kön. 1, 10 ff.). Die prophetischen Zeichen dienen dem Lügen-
14 propheten als Legitimation seiner verführerischen Predigt. Die ungläubigen Men-
schen erliegen dem zwingenden Eindruck, den seine Zeichen und Wunder überall
hervorrufen. Das zweite Tier gibt Anweisung, Kultbilder für das erste Tier zu er-
richten, das von der tödlichen Wunde wieder zum Leben aufstand. Hier erscheint
das erste Tier als ein Mensch, eine Schrecken einflößende Herrschergestalt, in der
die satanische Macht Fleisch geworden ist. Ihm werden Bilder geweiht, in denen
15 er überall gegenwärtig ist. Ja, der falsche Prophet versteht es sogar, dem Bilde
Lebensgeist einzuhauchen, so daß es anfängt, selbst zu reden und von allen An-
betung zu fordern. Wer sie aber verweigert, muß mit dem Tode büßen. Damit
wiederholt sich, was einst König Nebukadnezar allen Untertanen seines Reiches
befohlen hatte. Durch Herolde hatte er überall ausrufen lassen, seinem Kultbild
müsse Verehrung erwiesen werden. Wer aber nicht niederfalle und anbete, der solle
sofort in den brennenden Feuerofen geworfen werden (Dan. 3, 5 f.). Dieser Anspruch
wird noch eindrucksvoller vom redenden Bild selbst erhoben. Sprechende und sogar
sich bewegende Götterbilder waren dem antiken Wunderglauben nicht unbekannt;
und von großen Zaubermännern erzählte man, sie hätten es verstanden, die Bilder
zum Reden zu veranlassen. In dem Bild tritt die Gottheit selbst vor die Gläubigen
16 hin. Wer wollte ihm die Huldigung versagen? Der Prophet des Kaiserkultes läßt
allen Menschen, die die geforderte Pflicht erfüllen, ein Malzeichen auf der rechten
Hand und der Stirn anbringen. Damit sind sie als Eigentum des ersten Tieres ge-
kennzeichnet (vgl. zu 7, 3), dem sie zu bedingungslosem Gehorsam verpflichtet sind.
Wie die beiden Tiere als Gegenspieler Gottes und des Lammes auftreten, so stellt
die Kennzeichnung der großen, ihnen hörigen Schar ein Gegenbild zur Versiegelung
der 144 000 dar (7, 1-8). Das griechische Wort, das dabei für das Malzeichen ver-
wendet wird (charagma), ist gleichzeitig der amtlich gebräuchliche Ausdruck für
Siegel und Stempel der Caesaren. Damit ist deutlich angezeigt, daß es um die Ver-

ehrung des Herrschers geht, die die Menschen durch die Teilnahme am Kaiserkult beweisen müssen. Wer es aber wagen sollte, sich dem zu entziehen und sich das 17
Malzeichen nicht aufprägen zu lassen, der wird wirtschaftlich zugrunde gerichtet. Niemand darf mehr mit jemandem Handel treiben, der nicht den Namen oder die Zahl des Tieres trägt. In rätselhafter Verhüllung wird am Ende angedeutet, wer das 18
Tier ist. Ein Mensch ist es, ein für die nächste Zukunft erwarteter Herrscher, der mit einer bis dahin nicht gekannten Strenge und Rücksichtslosigkeit die bedingungslose Durchführung des Kaiserkultes verlangen wird. Der eingeweihte Leser wird den verborgenen Hinweis verstehen, er wird wissen, wer und was gemeint ist (vgl. 17, 9). Denn mit Weisheit und Verstand kann die Auflösung gefunden werden. Unter der Zahl 666 liegt sie verborgen, diese aber ist die Zahl eines Menschen.

Die Zahl 666. Die rätselhafte Andeutung setzt das bei Juden und Griechen beliebte Spiel voraus, in der sogenannten Gematria jeden Buchstaben eines Wortes durch den ihm entsprechenden Zahlwert auszudrücken, die Summe zu ziehen und auf diese Weise dann nur in der verhüllten Form der Zahl zu sprechen. Juden und Griechen kannten keine besonderen Zahlzeichen, sondern nur Buchstaben, die jeder einem bestimmten Wert entsprachen: a = 1, b = 2, i = 10, k = 20 usw. Daher konnte man jedes Wort in eine Zahl übersetzen, die leicht zu errechnen war (vgl. z. B. Sibyll. Or. 5, 12 ff.). Schwierig, ja vielfach unmöglich aber war es, aus der Zahl nun wieder auf das darin versteckte Wort zurückzuschließen, da jede Zahl sich in eine Reihe verschiedener Wörter auflösen ließ. Nur ein in das Geheimnis Eingeweihter konnte verstehen, was gemeint ist, vor den anderen blieb es verborgen. Wie beliebt dieses Spiel in der hellenistisch-römischen Welt war, kann man etwa aus einem in Pompeji an eine Wand geschriebenen Satz ersehen: „Ich liebe die, deren Zahl 545 ist." Das Mädchen, dem diese Liebeserklärung galt, und vielleicht einige Freunde verstanden, an welche Adresse diese Aufschrift gerichtet war. Vor allen anderen aber wurde das Geheimnis bewahrt.

Es erhebt sich nun die Frage, welcher Name sich hinter der Zahl 666 verbirgt. Diese Frage hat man schon in der Mitte des 2. Jahrhunderts n. Chr. nicht mehr zu beantworten gewußt; denn Irenäus, der sich um das Verständnis unseres Verses eingehend bemüht hat, suchte vergeblich die Auflösung. Er überliefert als erster eine Textvariante, nach der die Zahl 616 gelesen werden soll (Gegen die Ketzer V, 30, 1). Diese Zahl könnte auf Gajus Kaisar und d. h. auf Caligula gedeutet werden. Er hatte zu Ende seiner Regierungszeit (37–41 n. Chr.) im Tempel von Jerusalem sein Standbild zur Verehrung aufstellen lassen wollen und war deswegen auf leidenschaftlichen Widerstand der Juden gestoßen. Aber jene Episode liegt zur Zeit der Abfassung der Offb. längst in der Vergangenheit, so daß eine Anspielung auf Caligula ganz unwahrscheinlich ist. 616 könnte aber auch als Kaisar theos (= Kaisar Gott) erklärt werden, ohne daß eine Beziehung zu einem bestimmten Herrscher gegeben wäre. Man wird jedoch von diesen beiden Deutungen der Zahl 616 absehen müssen, weil die besten Handschriften 666 bieten. Die Änderung in 616 ist wahrscheinlich schon so bald vorgenommen worden, weil man den Sinn der Zahl 666 nicht mehr verstand.

An Versuchen, das Geheimnis der Zahl 666 zu erraten, hat es nicht gemangelt. Als Ergebnis der vielen Vorschläge und Hypothesen ist zunächst festzustellen, daß man mit Hilfe des griechischen Alphabetes keinen Namen eines Herrschers hat ausfindig machen können, der einen passenden Sinn abgeben würde. Wendet man aber hebräische Buchstaben an, um die Summe 666 zu gewinnen, so läßt sich die Zahl als Neron Qesar auflösen. Gleichzeitig ergibt das griechische Wort therion = Tier die Zahl 666. Es war in der alten Welt keineswegs ganz ungewöhnlich, griechische Wörter auch mit hebräischen Buchstaben zu schreiben. 9, 11 hat der Verfasser der Offb. einen rätselhaften hebräischen Namen durch ein griechisches Wort erläutert, und 16, 16 wird ein Schauplatz endzeitlichen Geschehens mit dem hebräischen Namen Harmagedon bezeichnet. Da auch an unserer Stelle ein apokalyptisches Geheimnis angedeutet werden soll, ist es sehr wahrscheinlich, daß auf Grund des hebräischen Alphabetes die Zahl 666 berechnet wurde. Jedenfalls fügt sich deren Auflösung Neron Qesar auf das beste in den Zusammenhang des ganzen Kapitels ein. Der für die nächste Zukunft erwartete Schreckenskaiser wird die Züge des Nero redivivus tragen. Aber sein Name wird unter einer nur den Eingeweihten verständlichen Andeutung verhüllt.

Das Lamm und die Hundertvierundvierzigtausend 14, 1-5

[1] Und ich schaute, und siehe, das Lamm stand auf dem Berge Zion, und mit ihm Hundertvierundvierzigtausend, die seinen Namen und den Namen seines Vaters ‚auf' ihren ‚Stirnen' geschrieben trugen. [2] Und ich hörte eine Stimme vom Himmel ‚wie das Rauschen vieler Wasser' und wie das Rollen eines lauten Donners, und die Stimme, die ich hörte, klang wie die von Zitherspielern, die auf ihren Zithern spielen. [3] Und ‚sie singen ein neues Lied' vor dem Thron und vor den vier Wesen und den Ältesten. Und niemand konnte das Lied lernen außer den Hundertvierundvierzigtausend, die von der Erde losgekauft waren. [4] Das sind die, die sich mit Frauen nicht befleckt haben, denn sie sind jungfräulich. Das sind die, die dem Lamme folgen, wohin es auch geht. Diese sind losgekauft aus den Menschen als Erstlingsgabe für Gott und das Lamm, [5] und ‚in' ihrem ‚Munde wurde keine Lüge erfunden'; sie sind ohne Fehl.

Vers 1: Ez. 9, 4 Vers 2: Ez. 1, 24; 43, 2 Vers 3: Jes. 42, 10; Ps. 33, 3; 40, 4; 96, 1; 98, 1; 144, 9; 149, 1 Vers 5: Ps. 32, 2; Jes. 53, 9; Zeph. 3, 13

1 Die Darstellung, die in Kap. 13 von der bevorstehenden schweren Gefährdung
der Gemeinde gegeben wurde, muß wiederum die Frage wecken, ob das Volk
Gottes wird bestehen können (vgl. 6, 17; 7, 1-8). Oder ist es gegenüber dem furcht-
baren Ansturm der satanischen Kräfte rettungslos dem Untergang geweiht? Die
Antwort empfängt der Seher in einem neuen Bilde. Er schaut das Lamm auf dem
Berge Zion, umringt von der großen Schar der Seinen. Der Berg Zion ist nach
überlieferter Erwartung des Judentums der Ort, an dem der Messias erscheinen
wird zur Errettung Jerusalems und zum Gericht über die Feinde (Joel 3, 5; 4.Esr.
13, 35). An unserer Stelle wird der Name Zion genannt, um die Stätte der end-
zeitlichen Bewahrung zu bezeichnen, ohne daß näher beschrieben würde, ob sie im
Himmel oder auf Erden gelegen ist. Um das Lamm sind die 144 000 versammelt, die
das Zeichen seines Eigentums tragen. Sie sind dadurch von den Anhängern des
2 Tieres geschieden, die dessen Malzeichen empfangen haben (13, 16 f.). Das
Rauschen vieler Wasser (vgl. 1, 15; 19, 6) und das Rollen des Donners (vgl. 4, 5;
3 8, 5; 11, 19 u. ö.) weisen hin auf die Hoheit des Lammes. Vom himmlischen Gottes-
dienst (vgl. 5, 9) klingt der Lobgesang zu den 144 000 herüber. Aber über den Inhalt

des neuen Liedes wird kein Wort mitgeteilt. Erst am Ende des Buches werden die
Siegeshymnen, die von der unendlich großen Zahl gesungen werden, im Wortlaut
niedergeschrieben (vgl. 19, 1-10). Daher ist die hier gegebene Schilderung eine Vor-
wegnahme der zukünftigen Vollendung: Der Triumph des Lammes wird schon
jetzt geschaut, und das Lied der Sieger wird schon jetzt vernommen. Dieser Lob-
preis kann nur von den 144 000 erlernt werden, allen anderen bleibt er verborgen
(vgl. auch 2, 17; 19, 12). In der nun folgenden Charakterisierung der Erlösten gehen 4
einige Züge über das hinaus, was 7, 1-8 über die 144 000 gesagt worden war. Den-
noch kann kein Zweifel darüber bestehen, daß hier wie dort dasselbe eine Gottes-
volk gemeint ist, das als die Versiegelten Gottes und Christi in allen Schrecken der
Endzeit behütet bleibt und schließlich errettet werden soll. Zunächst heißt es von
ihnen, daß sie sich nicht mit Frauen befleckt haben, sondern jungfräulich geblieben
sind. Dieser Satz könnte wörtlich gemeint sein und dann besagen, daß sie sich nicht
nur von aller Unzucht freigehalten, sondern auch angesichts der letzten Drangsale
auf die Ehe verzichtet haben (vgl. 1.Kor. 7, 1. 8. 26 ff.). Dann könnte hier ein Ge-
danke jüdisch-apokalyptischer Tradition zugrunde liegen, nach dem tatsächlich –
wie in der Gemeinde von Qumran – nur eine Schar in Ehelosigkeit lebender
Männer das Israel der Endzeit darstellen kann. In den Zusammenhang der Offb.
aber würde sich eine solche einschränkende Bedingung nicht einfügen. Denn nach-
dem in Kap. 13 die große, unübersehbare Schar der Anhänger des Tieres aufgetreten
war, erwartet man nun das Gegenstück, das nur von der ganzen Gemeinde gebildet
werden kann, die aus allen Völkern und Nationen erkauft ist (13, 7; 14, 6). Da also
nicht an eine kleine Gruppe von Asketen, sondern an das ganze Volk Gottes zu
denken ist, liegt an unserer Stelle eine bildliche Redeweise vor, die vom Alten
Testament her bekannt ist; denn wie bei den Propheten (Hos. 2, 14-21; Jer. 2, 2-6
u. ö.) bedeuten auch in der Offb. Unzucht und Hurerei in übertragenem Sinne Un-
gehorsam und Abfall von Gott (14, 8; 17, 2. 4; 18, 3. 9; 19, 2). Umgekehrt ist die
Gemeinde die Braut Christi, die ihm als eine reine Jungfrau vertraut ist (2.Kor.
11, 2). Daher kann an unserer Stelle unter den 144 000, die jungfräulich geblieben
sind, nur die ganze Kirche verstanden werden, die in der großen Anfechtung treu
geblieben und nicht der Hurerei des Götzendienstes verfallen ist. Sie haben das Tier
nicht angebetet, sondern sie folgen dem Lamm, wohin es auch zieht. Während sich
in den Evangelien die Worte von der Nachfolge Jesu zunächst auf das Verhältnis
der Jünger zum irdischen Jesus beziehen (vgl. Mk. 8, 34 Par.; Mt. 10, 38 f. u. ö.), ist
hier der Gehorsam gemeint, in dem die Gemeinde dem erhöhten Herrn folgt. Dieser
Weg aber führt auch in das Kreuz hinein, durch Leiden und Sterben zur Herrlichkeit.
Die 144 000 sind aus den Menschen als Erstlingsgabe für Gott und das Lamm los-
gekauft. Wie von der Ernte die ersten Früchte Gott geheiligt wurden, weil ihm die
ganze Ernte gehört (vgl. 3.Mose 23, 9 ff.; 4.Mose 28, 26 ff. u. ö.), so ist das Gottes-
volk sein und Christi Eigentum, das aus der Menschheit ausgesondert und als Erst-
lingsgabe dargebracht ist, weil alle Menschen Gott gehören. Von der Welt der Lüge 5
– zu vergleichen ist der Gegensatz Wahrheit/Lüge in den Schriften von Qumran:
Aus der Welt der Lüge sind die Söhne der Wahrheit, die das wahre Israel bilden,
ausgesondert – unterscheiden sie sich schließlich darin, daß sie wahrhaftig reden,
wie sich auch im Munde des Gottesknechtes kein Trug fand (Jes. 53, 9). Opfertiere,

die Gott dargebracht werden sollten, mußten ohne Fehl sein (2.Mose 12, 5; 3.Mose 23, 12 f.; 1.Petr. 1, 19). So sind auch die 144 000 Gott und dem Lamm als fehllose Gabe, als das Volk seines Eigentums, geheiligt.

Ankündigung und Vorbereitung des Gerichtes 14, 6-20

6 Und ich sah einen anderen Engel hoch oben am Himmel fliegen, der hatte eine ewige Frohbotschaft den Bewohnern der Erde zu verkünden, und (zwar) allen Völkern und Stämmen und Sprachen und Nationen. 7 Der rief mit lauter Stimme: Fürchtet Gott und gebt ihm Ehre, denn gekommen ist die Stunde seines Gerichtes, und betet an den, ‚der den Himmel und die Erde und das Meer' und die Wasserquellen ‚gemacht hat'.

8 Und ein anderer, zweiter Engel folgte und rief: ‚Gefallen, gefallen ist die große (Stadt) Babylon', die ‚von dem' Zornes-‚Wein ihrer' Unzucht ‚alle Völker trunken gemacht hat'.

9 Und ein anderer, dritter Engel folgte ihnen und rief mit lauter Stimme: Wenn einer das Tier und sein Bild anbetet und das Malzeichen auf seiner Stirn oder auf seiner Hand empfängt, 10 der ‚soll' auch ‚von dem' Zornes-‚Wein' Gottes ‚trinken', der ‚unvermischt gereicht wird in dem Becher seines Zorns', und er soll gepeinigt werden ‚mit Feuer und Schwefel' vor den heiligen Engeln und vor dem Lamm. 11 ‚Und der Rauch' von ihrer Peinigung ‚steigt in alle Ewigkeiten auf', und sie haben keine Ruhe ‚bei Tag und Nacht', die das Tier und sein Bild anbeten, und wenn einer das Malzeichen seines Namens empfängt. 12 Hier gilt es Standhaftigkeit der Heiligen, die die Gebote Gottes und die Glaubenstreue zu Jesus halten.

13 Und ich hörte eine Stimme vom Himmel sprechen: Schreibe! Selig sind die Toten, die in dem Herrn sterben von nun an. Ja, der Geist spricht, sie sollen ruhen von ihren Mühen; denn ihre Werke folgen ihnen nach.

14 Und ‚ich schaute, und siehe', eine weiße Wolke, und ‚auf' der ‚Wolke' (sah ich) einen ‚gleich einem Menschensohn' sitzen, der hatte auf seinem Haupte einen goldenen Kranz und in seiner Hand eine scharfe Sichel. 15 Und ein anderer Engel trat aus dem Tempel, der rief mit lauter Stimme dem, der auf der Wolke saß, zu: ‚Sende' deine ‚Sichel aus' und ernte, ‚denn gekommen ist die Stunde zum Ernten', da die Ernte auf Erden überreif geworden ist. 16 Und der, der auf der Wolke saß, warf seine Sichel auf die Erde, und die Erde wurde abgeerntet.

17 Und ein anderer Engel trat aus dem Tempel im Himmel, und auch er hatte eine scharfe Sichel.

18 Und ein anderer Engel kam vom Altar her, der hatte Macht über das Feuer. Und er rief mit lauter Stimme dem, der die scharfe Sichel hatte, die Worte zu: ‚Sende' deine scharfe ‚Sichel aus' und ernte die Trauben vom Weinstock der Erde ab, denn seine Beeren sind reif geworden. 19 Und der Engel warf seine Sichel auf die Erde und erntete den Weinstock der Erde ab und warf (die Trauben) in die große Zorneskelter Gottes. 20 Und ‚die Kelter wurde' draußen vor der Stadt ‚getreten', und das Blut quoll aus der Kelter heraus bis an die Zügel der Pferde, eintausendsechshundert Stadien weit.

Vers 7: 2. Mose 20, 11; Ps. 146, 6 Vers 8: Jes. 21, 9; Dan. 4, 27; Jer. 51, 7 f. Vers 10: Jes. 51, 17; Ps. 75, 9; Jer. 25, 15; 1. Mose 19, 24; Jes. 34, 9; Ez. 38, 22 Vers 11: Jes. 34, 10 Vers 14: Dan. 7, 13 Vers 15 u. 18: Joel 4, 13 Vers 20: Joel 4, 13; Jes. 63, 3

Daß das Volk Gottes bis ans Ende bewahrt bleiben wird, ist gezeigt worden. Welches aber wird das Geschick der ganzen Menschheit sein? Zunächst wird in drei Rufen aus Engelsmund das zukünftige Gericht angekündigt (V. 6-13). Dann erscheint der Menschensohn auf einer Wolke und löst den Vollzug des Gerichtes aus (V. 14), das nacheinander drei Engel vollstrecken (V. 15-20). In dieser Szene, die im Zusammenhang des ganzen Buches vorbereitenden Charakter hat, wird mit knappen Strichen angedeutet, welches Urteil über die Welt ergehen wird.

Mehrere Engel treten nacheinander auf; durch das Wort „ein anderer“ wird die 6
Aufzählung weitergeführt. Der erste fliegt hoch im Zenith und ruft ein ewiges
Evangelium aus, das alle Menschen (vgl. 5,9; 7,9; 13,7) angeht. Sie sollen es als die
gültige und unveränderliche Botschaft Gottes vor dem nahenden Weltende hören,
um sich auf das kommende Geschehen zu rüsten. Auch Mk. 13,10 Par. ist von der
Verkündigung des Wortes Gottes in der letzten Zeit die Rede; aber dort ist dieses
apokalyptische Motiv von der christlichen Enderwartung her stärker umgeprägt
worden: Ehe das Ende eintritt, muß das Evangelium – das heißt nun: Kreuz und
Auferstehung Jesu Christi – in aller Welt gepredigt werden. An unserer Stelle wird
nicht „das“, sondern „ein“ Evangelium ausgerufen, und der Inhalt der guten Bot- 7
schaft ist ein Ruf zur Buße, angesichts der bevorstehenden Stunde des Gerichtes
Gott als dem Schöpfer die Ehre zu geben. Damit ist keine spezifisch christliche Ver-
kündigung ausgesprochen, sondern die Hinwendung zu dem einen Gott gefordert,
wie sie in der jüdisch-hellenistischen und urchristlichen Missionspredigt verlangt
wurde (1.Thess. 1,9f.; Apg. 14,15ff.; 17,24f.). Der zweite Engel ruft mit feierlichen 8
Prophetenworten (Jes. 21,9; Jer. 51,7f.; Dan. 4,27) aus, daß das Gericht an der
großen Stadt Babylon vollzogen worden ist. In der prophetischen Ankündigung
wird das Urteil als bereits vollstreckt bekanntgemacht (vgl. zu 10,6f.). Babylon ist
im Alten Testament öfter als Stadt der Gottlosigkeit genannt. Wie in der jüdischen
Apokalyptik Babylon verschiedentlich als Deckname für Rom verwendet wurde
(vgl. Baruch-Apk. 67,7; Sibyll. Or. 5,143.159; 1.Petr. 5,13), so ist auch in der Offb.
stets Rom gemeint, wenn von Babylon die Rede ist (s. 17,9). Diese große Stadt
wird wegen ihrer Gottlosigkeit verurteilt. Auf ihre Schuld weist der Nachsatz hin,
wobei als besonders erschwerend hervorgehoben wird, daß sie alle Völker mit
ihrem Götzendienst trunken gemacht hat (vgl. Jer. 51,7). Der dritte Engel sagt das 9
Urteil an, das alle treffen wird, die das Tier und sein Bild angebetet haben, d. h. alle,
die dem Kaiserkult anhingen. Sie müssen aus dem Zornesbecher Gottes trinken 10
(vgl. Jer. 25,15ff.) und werden mit Feuer und Schwefel gepeinigt werden. Einst
wurden die gottlosen Städte Sodom und Gomorrha von Feuer und Schwefel ver-
nichtet, entsprechend wird die höllische Bestrafung durchgeführt werden (vgl. Jes.
34,9; Offb. 19,20; 20,10). Die Pein, die über die Anhänger des Tieres verhängt 11
wird, trifft sie als unaufhebbares Urteil, dessen furchtbare Vollstreckung nicht mehr
endet. Ein Aufruf, der an die Gemeinde gerichtet ist, schließt die Reihe der An- 12
kündigungen ab (vgl. 13,10). Es gilt, auszuharren und Standhaftigkeit zu zeigen im
Festhalten an den Geboten und der Glaubenstreue zu Jesus (vgl. 1,3; 12,17 u. ö.).
Als Bestätigung zu dieser Mahnung ruft eine Stimme vom Himmel eine Selig- 13
preisung (vgl. zu 1,3) derer aus, die von nun an in dem Herrn sterben. Alle, die von
jetzt an um ihres christlichen Bekenntnisses willen den Tod erleiden, werden selig
genannt. Sie brauchen die noch ausstehende allerletzte Notzeit nicht mehr zu er-
leben, sondern sind bei dem Herrn geborgen. Der prophetische Geist (vgl. zu 2,7)
nimmt die Seligpreisung auf und fügt ihr eine Verheißung hinzu. Den sterbenden
Christen wird Ruhe von ihren Mühen zugesagt, sie werden eingehen in die himm-
lische Heimat des Gottesvolkes (vgl. Hebr. 4,3.9). Sie können des zukünftigen Heils
gewiß sein; denn ihre Werke folgen ihnen nach. Nach jüdischer Auffassung werden
die Taten der Menschen vor Gottes Gericht als Zeugen auftreten, so daß ihnen

danach das Urteil gesprochen wird (4.Esr. 7, 35). Die jüdische Forderung der Werke ist im Judenchristentum aufgenommen und mit der Verpflichtung des Glaubens verbunden worden, so daß nun die Einheit von Glaube und Tat betont wurde (vgl. Jak. 2, 14-26). Daß Glaube und Werk zusammengehören, ist auch hier gesagt. Wer bis in den Tod hinein treu geblieben ist, dem soll der Eingang in die himmlische Freude aufgetan werden.

14 Auf die dreifache Ankündigung des Gerichtes folgt nun die Erscheinung des
Menschensohnes (vgl. Dan. 7, 13; Mk. 13, 26 Par.; 14, 62 Par. u. ö.). Er ist als König
mit einem goldenen Kranz auf dem Haupte geschmückt und trägt zum Zeichen
seines Richteramtes eine scharfe Sichel in der Hand. Diese Beschreibung läßt keinen
Zweifel darüber bestehen, daß hier vorausweisend die Ankunft Christi zum Gericht
angedeutet wird, deren Erscheinung freilich erst später geschildert werden soll
(19, 11-21). Da an dieser Stelle das Kommen des Menschensohnes in den Zusam-
menhang der Ankündigung und Vorbereitung des Gerichtes hineingestellt worden
ist, steht er in der Mitte zwischen den drei ihm vorangehenden und den drei ihm
15 folgenden Engeln als Haupt dieser Gruppe der Sieben. Ein weiterer Engel kommt
vom himmlischen Tempel, d. h. von Gott her, und überbringt dem Menschensohn
einen Befehl. Mit den Worten von Joel 4, 13 wird zum Beginn der Ernte auf-
gefordert, wobei die Ernte als bildliche Bezeichnung des Gerichtes zu verstehen ist
16 (vgl. Mk. 4, 29; Gal. 6, 7 f.). Der Menschensohn wirft die Sichel auf die Erde hin-
unter, und schon ist die Ernte eingebracht. Knapp wird der Vollzug gemeldet, über
den Vorgang selbst wird jedoch kein Wort hinzugefügt. So viel aber ist deutlich,
daß mit der Erscheinung des Menschensohnes das Gericht anhebt, das die Engel
17–19 auszuführen haben. Ein anderer Engel, der eine Sichel trägt, tritt auf. Aber erst nach
dem Befehl des letzten Engels, der Macht über das Feuer hat (vgl. 8, 3-5), beginnt
er sein Werk. Nach der Weizenernte kommt die Traubenlese, auch sie nach Joel
4, 13 ein Bild für das Gericht (vgl. Jes. 63, 2 f.). Die Trauben werden in die große
Kelter des Zornes Gottes geworfen. Diese Ankündigung des Gerichtes findet her-
nach ihre Entsprechung in der Vollstreckung des Urteils an den Feinden Christi,
20 dem Tier und dem falschen Propheten (19, 15. 20). Draußen vor der Stadt wird
die Kelter getreten. Nach der Erwartung der jüdischen Apokalyptik sollte im Tal
Josaphat (Joel 4, 2. 12; Henoch-Apk. 53, 1), in der unmittelbaren Nähe Jerusalems,
das Gericht über die Völker gehalten werden, während Israel am heiligen Ort wohl
bewahrt bleibt (Sach. 14, 2 ff.; Sibyll. Or. 3, 663 ff.; 4.Esr. 13, 35; Baruch-Apk. 40, 1).
An diese Vorstellung wird hier angeknüpft. Draußen vor der Stadt wird an den
Ungläubigen das Gericht vollzogen. Dieses aber hat so ungeheure Ausmaße, daß
das aus der Kelter hervorströmende Blut bis an die Zügel der Pferde geht (vgl.
Henoch-Apk. 100, 3). Damit wird hingewiesen auf die Rosse der den Messias be-
gleitenden Scharen (19, 14. 19), die über die Streitmacht des Tieres triumphieren
(19, 19 f.). 1600 Stadien weit – 1 Stadion entspricht 192 m – erstreckt sich das
Schlachtfeld. Diese Zahl soll als Vielfaches der Weltzahl Vier (vgl. vier Enden der
Erde usw.) die ungeheure Ausdehnung des Gerichtes wiedergeben. Alle Welt muß
vor dem Thron Gottes und dem Lamm erscheinen, die Gemeinde aber ist auf dem
Zion geborgen. Das Ende ist nahe!

Das Geschichtsverständnis der Offb. Joh. Die Erwartung des nahenden Endes durchzittert alle Worte der prophetischen Botschaft, die der Seher Johannes an die Gemeinden weitergibt. Hieß es im Vorwort des Buches, die Zeit sei nahe (1,3), so wird dieser Ruf am Ende wieder aufgenommen. Der erhöhte Herr sagt zu, bald zu kommen, und die Gemeinde antwortet mit der Bitte: Amen, komm Herr Jesus! (22,20). Die Frist ist kurz, es wird keine Zeit mehr sein (10,6f.). Die bunte Vielfalt der aufeinander folgenden Bilder ist von dieser brennenden Hoffnung erfüllt und zu einer Einheit zusammengeschlossen. Der Geist und die Braut sprechen: Komm! Und wer es hört, der spreche: Komm! (22,17).

Die Geschichte eilt geraden Weges dem Ende entgegen, in dem ihr von Gott ihr Ziel gesetzt ist. Wie Gott Himmel und Erde geschaffen und ihre Ordnung erhalten hat, so hat er auch das Maß der Zeiten und die Fristen bestimmt. Die Geschichte wird – alttestamentlich-jüdischem Verständnis entsprechend – als eine Einheit betrachtet, die in Gottes Plan begründet und festgelegt ist. Allein vom Ende her wird der Sinn der Weltgeschichte verstanden; denn diese reift nicht etwa in einer fortschreitenden Entwicklung ihrer Erfüllung entgegen, so daß zuletzt die Vollendung erreicht wäre. Sondern das Ende wird das Gericht über die Welt und alle Menschen sein, der Untergang dieser Welt und der Anbruch der neuen Welt Gottes. Gottes Geschichtsplan aber, der menschlichem Auge verborgen ist, liegt in den Händen des Lammes. Wenn das Lamm die Siegel der Urkunde löst, werden die Ereignisse der letzten Zeit über die Welt hereinbrechen. In atemloser Spannung wird dieser Augenblick erwartet. Während aber die jüdischen Apokalyptiker in banger Sorge nach dem zukünftigen Eingreifen Gottes Ausschau halten, weiß der Christ Johannes, daß der kommende König aller Könige kein anderer sein wird als der, der als das Lamm geschlachtet wurde. Daher hat die Erwartung des Endes eine gesteigerte Dringlichkeit und eine unerschütterliche Gewißheit erhalten.

Diese apokalyptische Schau der Geschichte ist in bezeichnender Weise von dem Verständnis der Geschichte unterschieden, das die Griechen ausgebildet haben. Auch sie meinen, daß die Geschichte nicht dem willkürlichen Spiel zufälliger Entwicklung, sondern einer bestimmten Ordnung unterliegt. Diese Ordnung aber verstehen sie entsprechend den Gesetzen der Natur. Wie in der Natur alles kommt und geht, so löst auch in der Geschichte ein Ereignis das andere ab. Nicht auf geradem, auf das Ende gerichteten Wege, sondern in kreisender Bewegung verläuft die Geschichte. Da sie sich in Zyklen dreht, werden einmal gewesene Ereignisse später wiederkehren. Deshalb wird das Studium der Geschichte betrieben, um aus dem Gewesenen zu lernen für das dereinst Wiederkehrende, das dem Rhythmus von Werden und Vergehen unterworfen ist.

Der Seher Johannes entfaltet die endzeitliche Erwartung, die sein Buch erfüllt, in der Sprache und den Vorstellungen der Apokalyptik, die er aus dem Judentum übernahm. Das apokalyptische Geschichtsbild hat er mit der Botschaft von Kreuz, Auferstehung und Wiederkunft Christi verbunden, um die letzte, noch ausstehende Etappe der Weltgeschichte umrißhaft darzustellen und den Gemeinden damit den Sinn der Bedrängnis aufzuzeigen, in die sie hineingehen müssen. Die apokalyptische Verkündigung aber muß notwendig die endzeitliche Botschaft in eine Folge aneinandergereihter letzter Dinge auflösen. Zunächst müssen eine Vielzahl sich steigernder Katastrophen über die Erde niedergehen. Wenn diese auf ihren Höhepunkt gelangt sind, wird die gottlose Weltmacht Babylon gerichtet werden. Dann erst wird Christus erscheinen, die Streitmacht des Satans vernichten und mit den zur ersten Auferstehung erweckten Zeugen tausend Jahre herrschen. Wenn dann der Satan noch einmal in einem letzten Ansturm heranrückt, wird auch an ihm das Urteil vollstreckt werden. Danach stehen die Toten auf, die alte Welt vergeht, alle Menschen müssen vor den Richtstuhl Gottes treten. Und dann wird die neue Welt anheben, in der die Gerechten in nicht endender Freude weilen werden.

Der Apostel Paulus dagegen faßt die endzeitliche Botschaft nicht in ein apokalyptisches Drama mit vielen Akten, sondern er verkündigt, daß mit Christus das Ende des Gesetzes gekommen ist (Röm. 10, 4). Als das Maß der Zeit erfüllt war, hat Gott seinen Sohn gesandt (Gal. 4, 4). Christus hat uns schon aus dem gegenwärtigen bösen Äon erlöst (Gal. 1, 4). Wer in Christus ist, der ist eine neue Schöpfung, das Alte ist vergangen, Neues geworden (2. Kor. 5, 17). Zwar liegen der Tag des Herrn und die Auferstehung der Toten noch in der Zukunft, so daß die Glaubenden noch zwischen den Zeiten stehen. Aber sie sind mit Christus der Welt gekreuzigt (Gal. 6, 14 f.) und haben bereits die endzeitliche Gabe des Geistes (Röm. 8, 14 f.; Gal. 4, 6) als das Angeld auf die kommende Vollendung (2. Kor. 1, 22; 5, 5; Röm. 8, 23) empfangen.

Nach dem vierten Evangelisten ist mit dem Kommen Jesu bereits die Totenauferstehung und das Endgericht Ereignis geworden. Wer an Jesus glaubt, der wird nicht gerichtet (Joh. 3, 18), er hat schon das ewige Leben und kommt nicht in das Gericht, er ist schon vom Tode zum Leben hinübergeschritten (Joh. 5, 24); denn Jesus ist die Auferstehung und das Leben, und wer an ihn glaubt, der wird leben, ob er gleich stürbe (Joh. 11, 25 f.). Damit ist die endzeitliche Botschaft unmittelbar an das Jetzt gebunden, in dem das gepredigte Wort laut wird. Hier und jetzt empfängt der Glaubende das volle Heil, das die zukünftige Herrlichkeit verbürgt (Joh. 12, 25; 14, 2 f.; 17, 24 f.).

Der Seher Johannes aber richtet seinen Blick auf die Zukunft. Im Zeichen der kommenden Herrschaft Gottes und des Christus wird die gegenwärtige Situation der Gemeinde verstanden (vgl. bes. Kap. 13). Zwar ist Christus jetzt schon der erhöhte Herr, der sein Volk leitet und regiert, der zur Bewährung der Nachfolge im Zeugnisgeben und im Leiden aufruft. Zwar dringen die Gebete der bedrängten Gemeinde zu Gottes Thron empor und werden gehört; die Verwirklichung der Erhöhung aber steht noch aus; und das volle Heil wird erst anheben, wenn diese Welt vergangen ist und sich das neue Jerusalem vom Himmel herabsenken wird. Die Gegenwart ist von der lebendigen Hoffnung bestimmt, die der Zukunft gewiß ist, weil Christus schon gekommen ist und am Ende der Tage kommen wird.

Die sieben Schalen 15, 1—16, 21

Himmlisches Vorspiel 15, 1-8

1 Und ich sah ein anderes Zeichen am Himmel, groß und wunderbar: sieben Engel, welche ‚sieben Plagen' hatten, die letzten, denn in ihnen ist Gottes Zorn vollendet.

2 Und ich sah (etwas) wie ein gläsernes Meer, mit Feuer vermischt, und (ich sah) die, welche als Sieger dem Tier und seinem Bild und der Zahl seines Namens entgangen waren, auf dem gläsernen Meer stehen mit Zithern Gottes. 3 Und ‚sie singen das Lied Moses, des Knechtes Gottes', und das Lied des Lammes mit den Worten:

‚Groß' und ‚wunderbar sind deine Werke,
Herr', Gott, Allherrscher!
‚Gerecht und wahrhaftig sind' deine ‚Wege,
König der Völker!
4 Wer sollte dich nicht fürchten, Herr',
und ‚deinen Namen preisen'?
Denn du allein bist ‚heilig',
ja, ‚alle Völker werden kommen
und niederfallen vor dir',
weil deine gerechten Taten offenbar geworden sind.

5 Und danach schaute ich, und der Tempel ‚des Zeltes des Zeugnisses' im Himmel wurde geöffnet, 6 und es kamen aus dem Tempel die sieben Engel heraus, die die ‚sieben Plagen' hatten, ‚bekleidet mit' reiner glänzender ‚Leinwand' und umgürtet um die Brust mit goldenen Gürteln. 7 Und eines der vier Wesen gab den sieben Engeln sieben goldene Schalen voll des Zornes Gottes, der da lebt in alle Ewigkeiten. 8 ‚Und der Tempel füllte sich mit Rauch' von ‚der Herrlichkeit' Gottes und von seiner Macht, ‚und niemand konnte in' den Tempel ‚hineingehen', bis die ‚sieben Plagen' der sieben Engel vollendet waren.

Vers 1: 3. Mose 26, 21 Vers 3 f.: 2. Mose 14, 31; 15, 1; Jos. 14, 7; Ps. 111, 2; 139, 14; 2. Mose 15, 11; 34, 10; 5. Mose 32, 4 LXX; Am. 4, 13 LXX; Ps. 145, 17; Jer. 10, 6 f.; 1. Sam. 2, 2; Ps. 86, 9; Mal. 1, 11 Vers 5: 2. Mose 40, 34 Vers 6: 3. Mose 26, 21; Ez. 9, 2 Vers 8: 2. Mose 40, 34 f.; 1. Kön. 8, 10 f.; Jes. 6, 4; Ez. 10, 4; 44, 4; 3. Mose 26, 21

Vor dem Ende muß noch eine letzte Folge von Ereignissen abrollen, die den 1
anderen Siebenerreihen entsprechend aufgebaut ist: Sie beginnt mit einem himmlischen Vorspiel (vgl. 4, 1-5, 14; 8, 2-6), dem sich dann die sieben Plagen anschließen. Auf diese wird in dem ersten Satz hingewiesen, der einer Überschrift gleicht. Ein Himmelszeichen wird sichtbar (vgl. zu 12, 1.3), sieben Engel mit sieben Plagen. Mit der Ausgießung der sieben Schalen, deren Inhalt die ganze Welt trifft, ist Gottes Zorn vollendet. Nach den Schalenvisionen wird das Gericht an Babylon gehalten und dann mit dem Kommen Christi das Ende der alten Welt und der Anbruch der
neuen Welt eintreten. In dem Vorspiel folgen zwei kurze Szenen aufeinander. Zu- 2
nächst sieht der Seher abermals die Schar der himmlischen Chöre, die Gottes Sieg preisen (vgl. 7, 9 ff.; 12, 10 ff.; 14, 1 ff.). Sie stehen vor Gottes Thron auf dem gläsernen Meer (vgl. zu 4, 6), d. h. auf dem Himmelsgewölbe. Das gläserne Meer ist mit Feuer vermischt; denn aus dem Himmel zucken Blitze (vgl. slav. Henoch 29, 2:
„[Blitzes-]Feuer im Wasser und Wasser im Feuer"), das Gericht steht bevor. Die 3.4
Erlösten tragen Zithern (vgl. 5, 8; 14, 2) und stimmen einen Hymnus an, der aus mehreren alttestamentlichen Worten zusammengefügt ist. Wie einst nach dem Durchzug Israels durch das Rote Meer Mose das Lob Gottes sang, so rühmen die Sieger, die durch das Lamm die Freiheit gewonnen haben, Gottes Taten, die in seinem richterlichen Handeln offenbar geworden sind. Der Inhalt des Liedes nimmt also bereits auf den endgültigen Sieg Gottes Bezug, von dem in der Darstellung der Offb. erst später die Rede sein wird.

5 In einem zweiten Bild wird die Ausrüstung der sieben Engel dargestellt. Der
himmlische Tempel tut sich auf (vgl. 11, 19), das himmlische Urbild der Stiftshütte
6 (vgl. 2. Mose 25, 9. 40; Hebr. 8, 5) wird sichtbar. Von der heiligen Stätte gehen die
sieben Engel aus. Sie tragen das weiße Gewand der Priester, sind mit dem goldenen
7 Gürtel der Könige umgürtet (vgl. zu 1, 13) und empfangen von einem der vier
Wesen die Schalen, die voll des Zornes Gottes sind. In Gottes Auftrag haben sie ihr
8 furchtbares Werk als priesterlichen Dienst zu verrichten. Rauch steigt auf zum
Zeichen der im himmlischen Tempel anwesenden Herrlichkeit und Macht Gottes.
Solange die Schalen, die Gericht und Verderben enthalten, noch nicht ausgeschüttet
sind, kann niemand die heilige Stätte betreten. Denn Gottes richtende Majestät
würde jeden vernichten, der es wagen sollte, sich ihr zu nähern.

Die Ausgießung der sieben Schalen 16, 1-21

1 Und ich hörte eine laute ‚Stimme aus dem Tempel' den sieben Engeln zurufen: Geht hin und ‚gießt' die sieben Schalen ‚des Zornes' Gottes ‚über die Erde aus'.

2 Und der erste ging hin und goß seine Schale aus über die Erde. ‚Da befielen' schlimme und ‚böse Geschwüre die Menschen', die das Malzeichen des Tieres trugen und sein Bild anbeteten. 3 Und der zweite goß seine Schale über das Meer aus. ‚Da wurde es Blut' wie von einem Toten, und alle lebendigen Wesen, ‚die im' Meere sind, ‚starben'. 4 Und der dritte goß seine Schale aus über ‚die Flüsse' und die Wasserquellen. ‚Da wurde es Blut'. 5 Und ich hörte den Engel der Wasser sprechen: ‚Gerecht bist du, der da ist', und der da war, du ‚Heiliger', daß du dieses Gericht gehalten hast. 6 Denn ‚sie haben Blut' von Heiligen und Propheten ‚vergossen'. Nun hast du ‚ihnen Blut zu trinken' gegeben. Sie haben es verdient. 7 Und ich hörte den Altar sprechen: Ja, ‚Herr', Gott, Allherscher, ‚wahrhaftig' und ‚gerecht sind deine Gerichte'. 8 Und der vierte goß seine Schale über die Sonne. Da wurde ihr gegeben, die Menschen mit Feuerglut zu versengen. 9 Und die Menschen wurden von großer Glut versengt, und sie lästerten den Namen Gottes, der die Macht über diese Plagen hat, und sie bekehrten sich nicht, ihm die Ehre zu geben. 10 Und der fünfte goß seine Schale aus über den Thron des Tieres. Da ‚wurde' sein Reich ‚verfinstert', und sie zerbissen sich ihre Zungen vor Schmerz, 11 aber sie lästerten ‚den Gott des Himmels' wegen ihrer Schmerzen und ihrer Geschwüre, und sie bekehrten sich nicht von ihren Werken. 12 Und der sechste goß seine Schale aus über ‚den großen Fluß Euphrat'. Da ‚trocknete' sein ‚Wasser aus', damit der Weg bereitet würde für die Könige ‚vom Aufgang der Sonne'. 13 Und ich sah aus dem Maul des Drachen und aus dem Maul des Tieres und aus dem Maul des falschen Propheten drei unreine Geister (hervorkommen) wie ‚Frösche'. 14 Dämonengeister sind es, die Zeichen tun, die ausziehen zu den Königen des ganzen Erdkreises, um sie zum Kampf des großen Tages Gottes, des Allherrschers, zu sammeln. – 15 Siehe, ich komme wie ein Dieb. Selig, wer wacht und seine Kleider festhält, damit er nicht nackt wandeln muß und man seine Schande sieht. – 16 Und sie führten sie zusammen an die Stätte, die auf hebräisch Harmagedon heißt. 17 Und der siebente goß seine Schale aus über die Luft. Da ging eine laute ‚Stimme aus vom Tempel', vom Throne her, die rief: Es ist geschehen! 18 Und es geschahen ‚Blitze und Getöse' und ‚Donner', und es geschah ein großes Erdbeben, ‚wie es nicht geschehen ist, seit' Menschen ‚auf der Erde waren', – so groß war dieses Erdbeben, so gewaltig. 19 Und die große Stadt zerfiel in drei Teile, und die Städte der Heiden stürzten ein. Und ‚der großen (Stadt) Babylon' wurde gedacht vor Gott, ihr ‚den Becher mit dem Wein seines grimmigen' Zornes zu geben. 20 Und alle Inseln schwanden dahin, und Berge waren nicht mehr zu finden. 21 Und ‚gewaltiger Hagel', zentnerschwer,

geht vom Himmel auf die Menschen nieder. Aber die Menschen lästerten Gott wegen der Plage des Hagels, denn seine Plage ist ‚gar zu groß'.

Vers 1: Jes. 66, 6; Ps. 69, 25; Jer. 10, 25; Zeph. 3, 8 Vers 2: 2. Mose 9, 9 f.; 5. Mose 28, 35 Vers 3: 2. Mose 7, 17 f. Vers 4: 2. Mose 7, 19 ff.; Ps. 78, 44 Vers 5: Ps. 119, 137; 145, 17; 2. Mose 3, 14; 5. Mose 32, 4 LXX Vers 6: Ps. 79, 3; Jes. 49, 26 Vers 7: Am. 4, 13 LXX; Ps. 19, 10; 119, 137 Vers 10: 2. Mose 10, 21 f.; Jes. 8, 21 f. Vers 11: Dan. 2, 20; 4, 34 Vers 12: 1. Mose 15, 18; 5. Mose 1, 7; Jos. 1, 4; Jes. 11, 15 f.; 44, 27; Jer. 50, 38; Jes. 41, 2. 25 Vers 13: 2. Mose 7, 27 ff.; 1. Kön. 22, 21 ff. Vers 17: Jes. 66, 6 Vers 18: 2. Mose 19, 16; Dan. 12, 1 Vers 19: Dan. 4, 27; Jes. 51, 17; Jer. 25, 15 Vers 21: 2. Mose 9, 18 ff.

Die sieben Schalenvisionen, die Schlag auf Schlag einander folgen, entsprechen ihrem Inhalt und Aufbau nach weitgehend den Posaunenvisionen und sind wie diese meist nach dem Vorbild der ägyptischen Plagen (2.Mose 7-10) gestaltet worden. Es stehen einander gegenüber:

1. Posaune: Hagel und Feuer werden *auf die Erde* geworfen; ein Drittel der Vegetation verbrennt, 8, 7.	1. Schale: Sie wird *auf die Erde* gegossen, 16, 2,
2. Posaune: Ein Drittel *des Meeres* wird zu *Blut;* ein Drittel seiner Lebewesen stirbt, 8, 8 f.	2. Schale: Das *Meer* wird zu *Blut;* alle seine Lebewesen sterben, 16, 3.
3. Posaune: Ein Drittel der *Flüsse und Quellen* wird zu Wermut, 8, 10 f.	3. Schale: *Flüsse und Quellen* werden zu Blut, 16, 4.
4. Posaune: Die *Sonne* und die Gestirne werden zu einem Drittel verfinstert, 8, 12.	4. Schale: *Die Sonne* versengt die Menschen mit Feuer, 16, 8 f.
5. Posaune: Der Brunnen des Abgrunds wird aufgetan. Heuschrecken *verfinstern* die Sonne und verursachen den Menschen *Qualen,* 9, 1-12.	5. Schale: Das Reich des Tieres wird *verfinstert, Qualen* befallen die Menschen, 16, 10 f.
6. Posaune: Die vier Engel am *großen Fluß Euphrat* werden losgebunden, 9, 14 f.	6. Schale: Sie wird auf den *großen Fluß Euphrat* ausgegossen, 16, 12.
7. Posaune: *Blitze, Getöse, Donner, Erdbeben, Hagel,* 11, 19.	7. Schale: *Blitze, Getöse, Donner, Erdbeben, Hagel,* 16, 17-21.

Der ganze Kosmos wird getroffen. Nicht nur ein Drittel der Erde, des Meeres, der Gestirne und der Menschheit wird vernichtet, sondern nun gibt es keine Ausnahme mehr, alles wird vom Verderben ereilt. Trotz der weitgehenden Entsprechung, die zwischen den Schalen- und Posaunenvisionen besteht, wiederholt sich bei Ausgießung der Schalen nicht noch einmal das Geschehen der Posaunen, sondern die Katastrophen sind in ihrer Furchtbarkeit erheblich gesteigert worden und eilen nun unmittelbar dem Ende zu. Das Gericht, das an dem Tier und seiner großen Anhängerschaft (Kap. 13) vollstreckt werden soll, hebt nun an (V. 2, 10 f.).

Die ersten drei Plagen, die auf himmlischen Befehl von den Engeln ausgegossen 1–4
werden, übertreffen die ägyptischen Plagen und die ersten drei Posaunen durch die
umfassende Vernichtung, die sie bringen. Dabei wird besonders hervorgehoben, daß
alle Anhänger des Tieres – also alle Menschen, die sich dem Herrscherkult an-
geschlossen haben – von bösartigen Geschwüren befallen werden (V. 2). Nachdem 5–6
die dritte Schale geleert worden ist, erhebt der Engel, der über die Wasser gebietet
(vgl. Henoch-Apk. 66, 2), seine Stimme. Daß die Naturgewalten von Engeln ge-
bändigt und gelenkt werden, ist eine in der Apokalyptik häufig begegnende Vor-

stellung (vgl. zu 7, 1; 14, 18). Der Engel der Wasser bestätigt, daß Gottes Gericht
7 gerecht ist. Gott straft alle, die das Blut der Christen vergossen haben. Vom himm-
lischen Altar, an dessen Fuß die Seelen der Blutzeugen liegen (vgl. 6, 9-11), wird zu-
8 stimmend geantwortet: Gottes Gerichte sind gerecht. Die vierte Schale wird über
die Sonne ausgegossen. In den ersten vier Visionen begegnet also dieselbe Reihen-
9 folge wie in den Posaunenvisionen: Erde, Meer, Flüsse, Gestirne. Doch auch unter
dem Eindruck dieser Ereignisse verweigern die Menschen die Umkehr, die voll-
zogen wird, indem man Gott die Ehre gibt (vgl. Jos. 7, 19; Joh. 9, 24). Vielmehr
fahren sie fort in ihren Lästerungen gegen Gott, wie hier und im folgenden in
10.11 refrainartigen Sätzen festgestellt wird (vgl. V. 11, 21). Die fünfte Schale wird über
den Thron des Tieres ausgeschüttet, d. h. über den Sitz des Caesars (vgl. 13, 1 ff.),
dessen Reich verfinstert wird wie einst das des Pharao. Warum sich jedoch die
Menschen vor Schmerz auf die Zunge beißen, bleibt bei der knappen Ausdrucks-
weise dieses Verses unklar. Man wird wahrscheinlich nach der fünften Posaunen-
vision (9, 1-12) zu ergänzen haben, daß Heuschrecken und Skorpione über Land
12 und Leute herfallen und die Qualen verursachen. Durch die sechste Plage werden
die Wasser des Euphrat ausgetrocknet (vgl. Jes. 11, 15; Jer. 51, 36; Sach. 10, 11), so
daß die Könige des Ostens freie Bahn haben. Wieder wird hier an die Gefahr er-
innert, die dem ganzen Imperium von den Parthern her droht (vgl. 6, 1 f.; 9, 13-21).
In der Gestalt der Könige des Ostens wird die Gefolgschaft des Tieres beschrieben,
13.14 die zum letzten Ansturm heranziehen wird (17, 12 ff.; 19, 19). Aus der Trias Drache,
Tier und falscher Prophet treten drei Dämonenwesen hervor, die das Gegenbild zu
den drei Engeln darstellen, die dem Kommen des Menschensohnes vorangehen
(14, 6 ff.). Sie sehen wie Frösche aus (vgl. 2. Mose 8, 1 ff.). Im Parsismus galten
Frösche als dienende Wesen des Gottes der Finsternis. So werden auch hier die
16 bösen Geister als Frösche vorgestellt. Die unheimlichen Streitkräfte der Finsternis
werden zum Kampf an den Ort Harmagedon zusammengeführt. Dieser Name
würde in wörtlicher Übersetzung „Berg von Megiddo“ bedeuten und könnte an
den einst bei Megiddo erstrittenen Sieg Israels über die Kanaaniter erinnern
(Richter 4, 4 ff.; 5, 19; ferner 2. Kön. 23, 29; 2. Chr. 35, 20 ff.). Da Megiddo aber in der
Ebene und nicht auf einem Berge liegt, ist der hier genannte Ort nicht in der Um-
gebung Megiddos zu suchen. Der Name ist vermutlich aus apokalyptischer Tradi-
tion übernommen, aber nicht mehr verstanden worden. Hier soll er auf die un-
heimliche, nicht näher bezeichnete Stätte hinweisen, an der die apokalyptische Ent-
15 scheidungsschlacht stattfinden wird. Mitten in diese Schilderung hinein dringt ein
Ruf Christi. Er kommt bald (vgl. 3, 3), darum werden die Seinen in einem Bildwort
zum Wachen und zur Bereitschaft aufgerufen (vgl. Mk. 13, 33 ff. Par.; 1. Thess. 5, 2 ff.
17–21 u. a.). Die letzte Schale wird über die Luft ausgegossen. Dadurch entstehen Ge-
witter und Erdbeben von nie dagewesenem Ausmaß. Die Erschütterung des Kosmos
geht dem Ende unmittelbar voran (vgl. 6, 12-17). Die große Stadt, die in drei Teile
zerfällt, ist nicht Jerusalem (vgl. 11, 13), sondern – wie gleich gesagt wird – Babylon,
d. h. Rom (vgl. zu 14, 8). Ihr soll nun ihres gottlosen Treibens wegen das Urteil
gesprochen werden. So leitet diese letzte Folge von sieben endzeitlichen Plagen un-
mittelbar zum Gericht an Babylon über (Kap. 17-18).

Der Fall Babylons 17, 1—19, 10

Die Hure Babylon und das Tier 17, 1-18

[1] Und es kam einer von den sieben Engeln, die die sieben Schalen hielten, und redete mit mir und sprach: Komm, ich will dir das Gericht über die große Hure zeigen, die ‚an vielen Wassern' sitzt, [2] ‚mit der die Könige der Erde Hurerei getrieben haben', und die Bewohner ‚der Erde sind von dem Wein ihrer' Hurerei ‚trunken geworden'. [3] Und er trug mich in der Verzückung fort in die Wüste. Und ich sah eine Frau sitzen auf einem scharlachroten ‚Tier', das ganz und gar mit Lästernamen bedeckt war und sieben Häupter und ‚zehn Hörner' hatte. [4] Und die Frau war in Purpur und Scharlach gekleidet und war reich geschmückt mit Gold und Edelsteinen und Perlen und hatte ‚einen goldenen Becher' in ihrer Hand, angefüllt mit Greuel und Schmutz ihrer Hurerei. [5] Und auf ihrer Stirn war ein Name geschrieben, ein Geheimnis: ‚Die große (Stadt) Babylon', die Mutter der Huren und der Greuel der Erde. [6] Und ich sah die Frau trunken vom Blut der Heiligen und vom Blut der Zeugen Jesu. Und als ich es sah, staunte ich in starrem Entsetzen.

[7] Und der Engel sprach zu mir: Warum staunst du? Ich will dir das Geheimnis der Frau und des Tieres, das sie trägt und sieben Häupter und ‚zehn Hörner' hat, erklären. [8] ‚Das Tier', welches du sahst, war und ist nicht und wird wieder ‚aus dem Abgrund heraufsteigen', und es geht ins Verderben. Und die Bewohner der Erde, ‚deren' Name nicht ‚geschrieben steht im Buch des Lebens' von Anfang der Welt an, werden staunen, wenn sie das Tier sehen, daß es war und nicht ist und wiederkommen wird. [9] Hier gilt es Verstand, der Weisheit hat. Die sieben Häupter sind sieben Berge, auf welchen die Frau sitzt. Und es sind sieben Könige. [10] Die fünf sind gefallen, der eine ist, der andere ist noch nicht gekommen. Und wenn er kommt, dann soll er nur kurze Zeit bleiben. [11] Und das Tier, welches war und nicht ist, ist selbst auch der achte, und es ist einer von den sieben, und es geht ins Verderben.

[12] ‚Und die zehn Hörner', die du sahst, ‚sind zehn Könige', die die Herrschaft noch nicht empfangen haben. Aber sie erhalten Macht wie Könige für eine Stunde zusammen mit dem Tier. [13] Diese sind e i n e s Sinnes, und ihre Macht und Gewalt geben sie dem Tier. [14] Diese werden mit dem Lamm Krieg führen, aber das Lamm wird sie besiegen, weil es ‚Herr der Herren ist' und ‚König der Könige'; und sein Gefolge sind Berufene und Auserwählte und Getreue.

[15] Und er spricht zu mir: ‚Die Wasser', die du sahst, wo die Hure sitzt, sind Völker und Scharen und Nationen und Sprachen.[16] Und die ‚zehn Hörner', die du sahst, und das Tier – diese werden die Hure hassen und werden sie verwüstet und nackt machen und werden ihr Fleisch fressen und sie mit Feuer verbrennen. [17] Denn Gott hat es ihnen ins Herz gegeben, seinen Plan auszuführen und nach e i n e m Plan zu handeln und ihre Herrschaft dem Tier zu übergeben, bis die Worte Gottes vollendet sein werden. [18] Und die Frau, welche du sahst, ist die große Stadt, die die Herrschaft hat über ‚die Könige der Erde'.

Vers 1: Jer. 51, 13 Vers 2: Jes. 23, 17; Jer. 25, 15 f. Vers 3: Dan. 7, 7 Vers 4: Jer. 51, 7 Vers 5: Dan. 4, 27 Vers 7: Dan. 7, 7 Vers 8: Dan. 7, 3; 12, 1; Ps. 69, 29 Vers 12: Dan. 7, 20. 24 Vers 14: 5. Mose 10, 17; Ps. 136, 3; Dan. 2, 47 Vers 15: Jes. 8, 7; Jer. 47, 2; 51, 13 Vers 16: Dan. 7, 7 Vers 18: Ps. 2, 2; 89, 28

Durch Vermittlung eines der sieben Engel, die die Schalen ausgegossen hatten, 1
wird dem Seher das große Babylon gezeigt, an dem das Gericht vollstreckt werden
soll (V. 1-6), und eine Deutung des geschauten Bildes gegeben (V. 7-18; vgl. 1, 1;
7, 13 f.; 21, 9). Es ist alttestamentliche Redeweise, eine gottlose und gottfeindliche
Stadt eine Hure zu nennen (vgl. Jes. 1, 21; 23, 16 f.; Nah. 3, 4; ferner Hos. 4, 12; 5, 3;
Ez. 16, 15 ff.; 23, 1 ff.). Das alte Babylon lag an vielen Wassern, den Kanälen, in die

der Euphrat sich verzweigte (Jer. 51, 13). Entsprechend wird die Lage der gottlosen
Stadt beschrieben und dieser Schilderung hernach eine allegorische Deutung ge-
2 geben (V. 15). Die Gottlosigkeit Babylons hat sich über den ganzen Erdkreis aus-
3 gebreitet (vgl. 14, 8). Einst war aus der Wüste das Gericht gegen Babylon gekom-
men (vgl. Jes. 21, 1); jetzt wird der Seher in der Verzückung (vgl. zu 1, 10) in die
Wüste entrückt, um die Frau zu schauen, die als Gegenbild zu der Frau erscheint,
die das Gottesvolk verkörpert (Kap. 12). Wie in altorientalischen Darstellungen häu-
fig Göttinnen auf einem Tier reiten, so sitzt die Frau auf einem scharlachfarbenen
Tier (vgl. 12, 3), das voller Lästernamen ist, sieben Häupter und zehn Hörner hat
(vgl. 13, 1). Es ist das aus Kap. 13 bekannte Tier, dessen Herrschaft die ganze Mensch-
4 heit knechtet. Die Frau ist mit üppigem Schmuck überladen. Einen Becher, der mit
ihrer Hurerei, d. h. ihrer Gottlosigkeit, bis an den Rand angefüllt ist, hält sie in der
5 Hand. Wie die Huren Roms auf ihrem Stirnreif ihren Namen trugen, so steht auf
der Stirn der Frau ihr Name geschrieben: Die große (Stadt) Babylon – damit ist nach
jüdisch-apokalyptischer und urchristlicher Tradition Rom gemeint (vgl. zu 14, 8) –
ist die Mutter aller Huren und aller Greuel der Erde. Mit diesem Namen wird der
Ehrentitel Muttergöttin, mit dem die Göttin Roma im Imperium verehrt wurde, in
sein Gegenteil verkehrt und der widergöttliche Charakter der großen Stadt aufgedeckt.
In Wahrheit ist sie die größte Hure, die durch ihre Unzucht Greuel über die ganze
6 Erde ausgebreitet hat. Schwerste Schuld hat sie auf sich geladen, indem sie das Blut
der Heiligen, d. h. der Christen, und der Zeugen Jesu, d. h. der Diener am Wort, ver-
gossen hat (vgl. 18, 20.24). Für dieses gottfeindliche Treiben wird ihr Vergeltung zu-
teil werden (vgl. 6, 10; 19, 2).

7 Dem Seher, der angesichts dieses Bildes in erschrecktes Staunen gerät, wird durch
den Engel die Bedeutung der Vision erläutert (vgl. zu 7, 13). Zunächst wird erklärt,
wer das Tier ist (V. 8), dann werden die sieben Häupter (V. 9-11) und die zehn
Hörner gedeutet (V. 12-14), und erst am Ende ist der Frau und ihrem Geschick
die Rede (V. 15-18). In der Auslegung des Bildes wird also dem Tier größere Auf-
8 merksamkeit zugewandt als der Frau. Das Tier war, ist nicht und wird wieder er-
scheinen – es ist Gegenspieler Gottes, der da war, ist und kommt (1, 4). Während
aber Gott allezeit ist, heißt es vom Tier, daß es jetzt nicht ist. Zwar wird sein Ende
das Verderben sein (vgl. 19, 20), vorher aber wird sich seine Wiederkehr aus dem
Abgrund ereignen: Seine „Parusie“ wird bei allen Bewohnern der Erde, d. h. bei
allen Ungläubigen (vgl. zu 3, 10), ehrfürchtiges Staunen hervorrufen (vgl. 13, 8. 14).
Das Tier, dessen Erscheinung wiederum mit den Zügen des erwarteten Nero
9 redivivus gezeichnet wird (vgl. 13, 3. 12), tritt mit unwiderstehlicher Gewalt auf. Die
nur behutsam andeutende Erklärung wird nun ein Stück weitergeführt, ohne daß
freilich der Schleier ganz vom Geheimnis fortgenommen würde. Nur den Wissenden
werden die Zusammenhänge verständlich. Die sieben Häupter des Tieres werden
zunächst auf sieben Berge gedeutet. Diese Auflösung dient nur dazu, die Beziehung
auf Rom, die Stadt auf den sieben Hügeln, aufzuzeigen. Von dieser Beziehung auf
Rom ist auch die zweite, gleich angeschlossene Deutung bestimmt: Die sieben
Häupter sind sieben Könige, sieben Kaiser; denn die römischen Kaiser wurden im
10 Orient meist Könige genannt (vgl. 1. Petr. 2, 13. 17; 1. Tim. 2, 2). Fünf der Könige
sind schon gestorben, einer ist gerade am Regiment, der letzte wird noch kommen,

doch nur kurze Zeit regieren. Das Tier soll als der achte erscheinen, ist aber selbst 11
einer der sieben gewesen, der am Ende wiederkehren soll. Wie ist diese rätselhafte Deutung zu verstehen? Zunächst ist klar zu erkennen, daß der achte wieder jener mit den Zügen des Nero redivivus gezeichnete Schreckensherrscher ist. Wer aber sind die ihm vorangehenden Könige? Rechnet man die Reihe der römischen Caesaren von Augustus an, so sind die ersten fünf: Augustus, Tiberius, Caligula, Claudius und Nero. Die drei Kaiser des Interregnums im Jahre 68 n. Chr., Galba, Otho und Vitellius, werden außer Betracht zu lassen sein. Der sechste, der ist, wäre also Vespasian (69–79 n. Chr.). Man müßte dann annehmen, daß hier eine in den Tagen Vespasians ausgebildete Erwartung, nach der vor dem Ende nur noch ein siebenter Herrscher kommen sollte, zugrunde läge und diese vom Verfasser der Offb. übernommen und überarbeitet worden wäre. Eine andere Erklärung, die manche Ausleger bevorzugen, geht von dem Satz aus: Einer ist. Da der Verfasser der Offb. unter der Regierung Domitians schreibt, müsse dieser der sechste Herrscher sein. Ihm würden dann Caligula, Claudius, Nero, Vespasian und Titus als die ersten fünf vorangegangen sein. Zur Begründung dieser Auflösung ist geltend gemacht worden, der Seher denke von Tod und Auferstehung Christi her und habe daher hier nur die Herrscher gezählt, die auf den Kaiser Tiberius folgten, unter dessen Regiment Jesus wirkte und starb. Doch der Seher läßt in seinen Worten nirgendwo erkennen, daß er im Blick auf die Reihe der römischen Herrscher solche Überlegungen angestellt hätte. Zweifellos ist ihm gar nicht daran gelegen, eine genaue Darstellung der Folge der römischen Kaiser zu geben. Sondern er will die Gegenwart deuten, die im Zeichen der kommenden Schrecken steht. Dazu nimmt er eine alte, in Babylon ausgebildete Vorstellung auf, nach der die Weltzeit in sieben Perioden eingeteilt ist, die jede einem der sieben Planeten zugeordnet ist und unter einem Herrscher steht. Die überkommene Siebenzahl findet an unserer Stelle Anwendung auf die einander folgenden römischen Caesaren. Dabei kümmert es den Seher wenig, ob die feststehende Siebenzahl genau zu dem zurückgelegten Lauf der Geschichte stimmt oder nicht. Sein Interesse richtet sich vielmehr allein auf den achten König, der in Kürze da sein wird, der jedes Maß durchbricht, eigentlich gar nicht mehr sein dürfte und doch kommen wird als einer, der unter den sieben schon gewesen ist. Er wird als Gegenspieler Gottes und Christi auftreten, der Tod und Auferstehung des Lammes nachäffen wird, um alle Herrschaft an sich zu reißen.

Die zehn Hörner des Tieres (vgl. Dan. 7,24) sind zehn Könige, die mit ihm ver- 12.13
bündet sind. Nur für kurze Zeit werden sie ihre Herrschaft antreten, sie werden sich dem Tiere unterordnen. Nach der volkstümlichen Erwartung sollten sich die parthischen Satrapen mit dem Nero redivivus verbünden und zusammen mit ihm aus dem Osten heranrücken. Von den Königen des Ostens her droht schwere
Gefahr (vgl. 16,12.14). Mit ihnen im Bunde wird das Tier Krieg gegen das Lamm 14
führen. Aber das Lamm und seine Gefolgschaft, die Schar der Auserwählten, werden sie besiegen; denn Christus wird als Herr aller Herren und König aller Könige (vgl. 19,16) – mit diesem Titel schmückten sich die persischen Großkönige – zuletzt den Sieg behalten (19,11 ff.). Vorher aber wird diese Heeresmacht noch in Gottes Geschichtsplan eine wichtige Rolle zu übernehmen haben; denn sie

soll das Urteil an der großen Hure Babylon vollstrecken. Die vielen Wasser, an denen Babylon sitzt (V. 1), werden hier auf die vielen Menschen und Völker ge-
16 deutet (vgl. Jes. 8, 7; Jer. 47, 2), die sich in Rom zusammenfinden. Wieder ist die Sage vom Nero redivivus, der an der Spitze parthischer Reiterscharen gegen Rom heranziehen und die Stadt zerstören sollte, benutzt, um das apokalyptische Gericht an Babylon zu beschreiben. Das Tier und seine Gefolgschaft werden die Hure ver-
17 wüsten, sie nackt ausziehen und vernichten (vgl. Ez. 23, 25-29). In Gottes Auftrag werden sie den Richterspruch an ihr vollziehen, ehe sie selbst zuletzt das Urteil empfangen (19, 17-21). So bedient sich Gott selbst der satanischen Mächte, um das
18 gottlose Babylon zu strafen. Noch prangt die Hauptstadt der Welt in ungeheurer Machtfülle, aber ihr furchtbares Ende naht unaufhaltsam heran.

Das Gericht über Babylon 18, 1-24

1 Danach sah ich einen anderen Engel aus dem Himmel herabsteigen, der hatte große Macht, und die Erde wurde hell von seinem Lichtglanz. 2 Und er schrie mit lauter Stimme: ‚Gefallen, gefallen ist die große (Stadt) Babylon‘, und zu ‚einer Wohnstätte der Dämonen‘ und einer Behausung für allerlei unreine Geister und zu einer Behausung für allerlei unreine und verhaßte Vögel geworden. 3 Denn ‚von dem‘ Zornes-‚Wein ihrer‘ Hurerei ‚haben alle Völker getrunken, und die Könige der Erde haben mit ihr gehurt‘, und die Kaufleute der Erde sind reich geworden von der Fülle ihrer Üppigkeit.

4 Und ich hörte eine andere Stimme aus dem Himmel sprechen: ‚Verlaßt sie, mein Volk‘, damit ihr nicht teilhabet an ihren Sünden und damit ihr nicht von ihren Plagen getroffen werdet. 5 ‚Denn ihre‘ Sünden ‚reichen bis zum Himmel‘, und Gott hat ihrer Schandtaten gedacht. 6 ‚Vergeltet ihr, wie auch sie vergolten hat‘, und zahlt ihr das Doppelte heim ‚nach ihren Werken‘. In dem Becher, den sie mischte, mischt ihr das doppelte Maß. 7 Wieviel sie sich geschmückt und geschwelgt hat, so viel Qual und Leid gebt ihr. Denn ‚in ihrem Herzen spricht sie: Ich throne als Königin‘, und ‚Witwe bin ich nicht, und Leid werde ich nicht sehen‘. 8 Darum ‚werden an einem Tage‘ ihre Plagen ‚kommen‘, Pest und Leid und Hunger, und sie wird mit Feuer verbrannt werden. Denn ‚stark ist der Herr‘, Gott, der sie ‚gerichtet hat‘.

9 ‚Und weinen und wehklagen werden um‘ sie ‚die Könige der Erde, die mit ihr gehurt‘ und geschwelgt ‚haben‘, wenn sie den Rauch von ihrem Brande sehen. 10 Sie bleiben fernab stehen aus Furcht vor ihrer Qual und sprechen: Wehe, wehe, du ‚große‘ Stadt, ‚Babylon. du starke Stadt‘, denn in einer einzigen Stunde ist das Gericht über dich gekommen. 11 Und die ‚Kaufleute‘ der Erde ‚weinen und trauern‘ um sie, weil niemand mehr ihre Ware kauft, 12 Ware von Gold und Silber und Edelsteinen und Perlen und feiner Leinwand und Purpur und Seide und Scharlach und all das Thujaholz und all das Gerät aus Elfenbein und all das Gerät aus edelstem Holz und Erz und Eisen und Marmor 13 und Zimt und Amomum und Räucherwerk und Salböl und Weihrauch und Wein und Öl und Feinmehl und Weizen und Rinder und Schafe und Pferde und Wagen und Sklaven und ‚Menschenseelen‘. 14 Und das Obst, woran deine Seele Lust hatte, ist für dich dahin, und all die Pracht und all der Glanz ist dir verlorengegangen, und nimmermehr wird man sie finden. 15 Die ‚Kaufleute‘, die mit diesen Dingen Handel treiben, die reich an ihr geworden sind, sie werden fernab hintreten aus Furcht vor ihrer Qual, ‚weinend und trauernd‘, 16 und sprechen: Wehe, wehe, die große Stadt, die bekleidet war mit feiner Leinwand und Purpur und Scharlach, die geschmückt war mit Gold und Edelsteinen und Perlen. 17 Denn in einer einzigen Stunde ist solcher Reichtum verwüstet worden. Und alle ‚Steuerleute‘ und alle Küstenfahrer ‚und die Seeleute und alle, die auf dem Meer‘ zu tun haben, ‚stellten sich‘ fernab ‚hin‘ 18 und schrieen, als sie

den Rauch von ihrem Brand sahen und sprachen: ‚Wer glich‘ der großen Stadt? 19 ‚Und sie warfen sich Staub auf das Haupt und riefen weinend und trauernd‘ und sprachen: Wehe, wehe, die große Stadt, in der ‚alle‘, die ‚Schiffe auf dem Meer‘ haben, ‚durch‘ ihren Wohlstand ‚reich geworden sind‘. Denn in einer einzigen Stunde ist sie ‚verwüstet worden‘.

20 ‚Freue dich‘ über sie, ‚Himmel‘ und ihr Heiligen und Apostel und Propheten, ‚denn‘ Gott ‚hat‘ für euch an ihr ‚Gericht gehalten‘.

21 Und ein starker Engel hob ‚einen Stein‘ auf, groß wie ein Mühlstein, ‚und warf‘ (ihn) ‚in‘ das ‚Meer und sprach‘: ‚So‘ wird mit einem Schwung ‚Babylon, die große Stadt‘, dahingeworfen werden, ‚und nimmermehr wird sie zu finden sein‘. 22 Und ‚kein Ton‘ von Zitherspielern und ‚Sängern‘ und Flötenspielern und Posaunenbläsern ‚wird mehr‘ in dir ‚gehört werden‘. Und kein Handwerker irgendeines Handwerkes wird mehr in dir gefunden werden. ‚Und das Geräusch eines Mühlsteins‘ wird nicht mehr in dir gehört werden. 23 ‚Und das Licht eines Leuchters‘ wird nicht mehr in dir scheinen. ‚Und die Stimme von Bräutigam und Braut‘ wird nicht mehr in dir gehört werden. Denn deine ‚Kaufleute‘ waren ‚die Großen der Erde‘. Ja, ‚durch deine Zauberei‘ wurden alle Völker verführt. 24 Und in ihr wurde das Blut von Propheten und Heiligen gefunden und ‚aller derer, die‘ auf ‚Erden hingeschlachtet worden sind‘.

Vers 2: Jes. 21, 9; Jer. 51, 8; Dan. 4, 27; Jes. 13, 21; 34, 11 ff.; Jer. 9, 10; 50, 39 Vers 3: Jer. 25, 15; 51, 7; Jes. 23, 17; Nah. 3, 4 Vers 4: Jes. 48, 20; 52, 11; Jer. 50, 8; 51, 6. 9. 45 Vers 5: Jer. 51, 9; 1. Mose 18, 20 f. Vers 6: Jer. 50, 15. 29; Ps. 137, 8; Jes. 40, 2 Vers 7: Jes. 47, 7 f. Vers 8: Jes. 47, 9; Jer. 50, 31. 34 Vers 9: Ez. 26, 16; 27, 30 ff.; Jes. 23, 17 Vers 10: Ez. 26, 17; Dan. 4, 27; Jer. 51, 8 Vers 11 u. 15: Ez. 27, 36. 31 Vers 13: Ez. 27, 13 Vers 17: Jes. 23, 14; Ez. 27, 27 ff. Vers 18: Ez. 27, 32 Vers 19: Ez. 27, 30 ff.; 26, 19 Vers 20: 5. Mose 32, 43; Jes. 44, 23; Jer. 51, 48 Vers 21: Jer. 51, 63 f.; Dan. 4, 27; Ez. 26, 21 Vers 22: Jes. 24, 8; Ez. 26, 13; Jer. 25, 10 Vers 23: Jer. 25, 10; 7, 34; 16, 9; Jes. 23, 8; 47, 9; Nah. 3, 4 Vers 24: Jer. 51, 49; Nah. 3, 1

Das an Babylon vollzogene Gericht wird vom Seher in engem Anschluß an zahlreiche alttestamentliche Stellen gezeichnet, die zu einer neuen Einheit zusammengefügt sind. Wie in einem Drama folgen die einzelnen Akte aufeinander: zu Beginn der Ruf eines in Lichtglanz gehüllten Engels (V. 1-3), dann die an die Gläubigen gerichtete Aufforderung zur Flucht (V. 4-8; vgl. 20), daran anschließend ein langes Klagelied über die dahingesunkene große Stadt (V. 9-19) und am Ende ein sinnbildlicher Vernichtungsakt (V. 21-24), durch den das Schicksal Babylons endgültig besiegelt wird. Der Vorgang des Gerichtes selbst wird nicht geschildert, sondern in den verschiedenen Akten wird dargestellt, in welcher Weise die Vernichtung Babylons von Gläubigen und Ungläubigen aufgenommen wird.

Wie es von Gottes Herrlichkeit licht auf der Erde wird (vgl. Ez. 43, 2), so strahlt 1–3
der Glanz eines vom Himmel herabkommenden Engels auf. Aber die Botschaft, die er auszurufen hat, ist düster. Die Zerstörung wird Babylon so umfassend treffen, daß seine Trümmer nur noch Dämonen und unreinen Vögeln zur Behausung dienen werden. (Vielleicht ist mit einigen alten Handschriften noch ein weiteres Glied der Aufzählung hinzuzufügen: „Und zu einer Behausung für allerlei unreine und verhaßte Tiere“.) Noch einmal wird die Schuld der gottlosen Stadt genannt (vgl. 14, 8; 17, 2. 4). Seiner Unsittlichkeit, seines Götzendienstes wegen fällt Babylon dahin.
Eine andere Stimme wird vom Himmel laut. Wie einst die alttestamentlichen Pro- 4–8
pheten zur Flucht aus Babylon aufforderten (Jes. 48, 20; 52, 11; Jer. 51, 6. 45), so wird jetzt dem Gottesvolk zugerufen, es solle aus der gottlosen Stadt ausziehen, um nicht vom bevorstehenden Gericht mitbetroffen zu werden. Ähnliche Mahnungen zur Flucht werden in der Apokalyptik wiederholt ausgesprochen und sind zu einem traditionellen Motiv geworden (vgl. Baruch-Apk. 2, 1 f.; Mk. 13, 14 Par.), so daß

es abwegig wäre, hier eine bestimmte zeitgeschichtliche Beziehung – etwa einen besonderen Aufruf an die römische Gemeinde – annehmen zu wollen. Augustin hat vielmehr den Sinn dieses Verses zutreffend wiedergegeben, wenn er sagt: „Das prophetische Gebot ist geistlich zu verstehen: Wir sollen aus der Stadt dieser Welt fliehen, indem wir mit den Schritten des Glaubens, der in der Liebe tätig ist, uns zu dem lebendigen Gott flüchten" (Gottesstaat XVIII, 18). An die Strafengel, die das Urteil an Babylon zu vollstrecken haben, ergeht Weisung, mit doppeltem Maß der gottlosen Stadt, die sich noch in eitlem und stolzem Hochmut brüstet, zu vergelten. Plötzlich wird die Plage über sie kommen, mit Feuer soll Babylon verbrannt werden. In V. 8 wird ebenso wie 17, 6 die Erwartung ausgesprochen, Rom werde in einer schrecklichen Feuersbrunst zugrunde gehen.

9–19 Der Untergang der Stadt wird nicht beschrieben, sondern in einem großen Klagelied wird das Entsetzen aller geschildert, die das Gericht, das über Babylon gekommen ist, von ferne mit ansehen. Dabei ist die Darstellung wieder an alttestamentliche Vorbilder angelehnt, vor allem an die prophetische Klage über den Fall von Tyrus (Ez. 26/27). Den ersten Chor der Klagenden bilden die Könige der Erde, die in furchtbarem Erschrecken über die Stadt, in der üppiger Genuß geherrscht hatte, ihr Wehe rufen. Ihre Klage wird von den Kaufleuten, die in dem großen Handelsplatz ein- und ausgegangen sind und guten Verdienst eingeheimst haben, fortgesetzt. Nun ist die Zeit, da man kaufen, verkaufen und gewinnen konnte, vorüber. In einer langen Liste wird aufgeführt, welch bunte Fülle von Dingen nach Babylon gebracht und dort verkauft wurde. Unter den kostbaren Gütern befinden sich u. a. das wohlriechende Holz vom Thujabaum aus Afrika und Amomum, ein indisches Gewächs, aus dem duftende Haarsalbe gewonnen wurde. Aber nicht nur Waren jeder Art wurden in der großen Stadt feilgeboten, sondern auch Sklaven und Menschenseelen, d. h. lebendige Menschen (vgl. Ez. 27, 13). Als dritte Gruppe stimmen die Seeleute den Trauergesang an; denn nun ist die Stadt, in deren Hafen die Schiffe mit reicher Fracht ein- und ausfuhren, verwüstet worden, und niemand kann mehr dorthin fahren, um durch Handel und Verkehr reich zu werden. Diese Schilderung und die lange Liste wertvoller Importgüter paßt freilich eher zu einer orientalischen Hafenstadt als nach Rom; denn Rom war durch seine politische Bedeutung zur Hauptstadt der Welt geworden, nicht aber als Handelsplatz. Doch der Seher will gar nicht eine genaue Beschreibung Roms geben, sondern in der Aufzählung der vielen Luxusgüter andeuten, welche Pracht und Herrlichkeit die mächtige Weltstadt erfüllt. Das alles wird mit einem Schlage vernichtet werden, lähmendes Entsetzen wird alle packen, die am Leben und Treiben Babylons beteiligt waren. Sie werden sich Staub auf das Haupt werfen zum Zeichen der Trauer und weinend wehklagen.

20 Anders aber wird man im Himmel über den Fall Babylons urteilen. Eine Stimme fordert die vollendeten Heiligen, die Apostel und die Propheten auf, ein Jubellied zu singen; denn jetzt hat Gott den Gebetsruf der Blutzeugen (6, 9-11) erhört und Gericht an der gottlosen Stadt gehalten (vgl. V. 24; 17, 6). Dieser Aufforderung zum Jubel wird in den Siegesliedern entsprochen, die 19, 1-10 folgen.

21–24 Den Abschluß der Gerichtsvision stellt die sinnbildliche Handlung eines Engels dar, die in Weiterführung von Jer. 51, 63 f. beschrieben wird. Ein großer Stein wird in das Meeer geworfen und versenkt. So wird es mit Babylon, mit Rom, ein für allemal ein unwiderrufliches Ende haben. Alle Zeichen des Lebens werden in der Stadt ersterben, kein menschlicher Laut mehr ertönen, alles vernichtet sein. (In diesen Zusammenhang gehört auch die Aussage von V. 14 hinein.) Damit wird sie die Strafe dafür empfangen, daß in ihr das Blut von Propheten und Heiligen vergossen wurde und aller derer, die auf Erden hingeschlachtet worden sind (vgl. V. 20).

Der Triumph im Himmel 19, 1-10

1 Danach hörte ich (etwas) wie den lauten Gesang einer großen Schar im Himmel, die riefen:

‚Halleluja'!
Das Heil und die Herrlichkeit und die Macht sind unseres Gottes!
2 Denn ‚wahrhaftig' und ‚gerecht sind seine Gerichte',
daß er gerichtet hat die große Hure,
die die Erde mit ihrer Hurerei verdarb,
und ‚gerächt hat das Blut' seiner ‚Knechte von' ihrer ‚Hand'.

3 Und zum zweiten Mal riefen sie:

‚Halleluja!
Und ihr Rauch steigt auf in' alle ‚Ewigkeiten'.

4 Und die vierundzwanzig Ältesten und die vier Wesen fielen nieder und beteten Gott,
‚der auf dem Thron sitzt', an und riefen: Amen, ‚Halleluja'! 5 Und eine Stimme ging vom
Throne aus und sprach:

‚Preiset' unseren Gott, ‚alle' seine ‚Knechte,
die ihr ihn fürchtet, die kleinen und die großen'.

6 Und ich hörte (etwas) ‚wie das Rufen einer' großen ‚Schar' und ‚wie das Rauschen vieler Wasser' und wie das Rollen starker Donner, die riefen:

‚Halleluja'!
Denn ‚König wurde der Herr',
unser Gott, der Allherrscher.
7 ‚Laßt uns fröhlich sein' und ‚jubeln'
und ihm die Ehre geben!
Denn gekommen ist die Hochzeit des Lammes,
und seine Braut hat sich bereit gemacht.
8 Und es wurde ihr gegeben,
sich mit glänzender, reiner Leinwand zu kleiden.
Denn die Leinwand sind die Rechttaten der Heiligen.

9 Und er spricht zu mir: Schreibe! Selig sind, die zum Hochzeitsmahl des Lammes geladen sind. Und er spricht zu mir: Dies sind die wahrhaftigen Worte Gottes.

10 Und ich fiel zu seinen Füßen nieder, um ihn anzubeten. Aber er spricht zu mir: Nicht doch! Ich bin dein Mitknecht und einer von deinen Brüdern, die das Zeugnis Jesu haben. Bete Gott an! Denn das Zeugnis Jesu ist der Geist der Weissagung.

Vers 1, 3 u. 4: Ps. 104, 35 Vers 2: Ps. 19, 10; 119, 137; 5. Mose 32, 43; 2. Kön. 9, 7 Vers 3: Jes. 34, 10 Vers 4: Jes. 6, 1; Ps. 47, 9; 106, 48 Vers 5: Ps. 22, 24; 134, 1; 115, 13 Vers 6: Dan. 10, 6; Ez. 1, 24; 43, 2; Ps. 93, 1; 97, 1; 99, 1; Am. 4, 13 LXX Vers 7: Ps. 118, 24

Die himmlischen Chöre kommen nun der 18, 20 ausgesprochenen Aufforderung 1–5
nach und stimmen Triumphlieder an, in denen die das ganze Buch durchziehenden

Lobgesänge zusammengefaßt werden (4, 11; 5, 9-14; 7, 9-17; 11, 15-19; 12, 10-12; 14, 1-5; 15, 3-4). Jetzt ist Babylon gefallen (vgl. 14, 8; 18, 2), das Gericht gehalten (vgl. 15, 3 f.; 16, 7), das vergossene Blut der Knechte Gottes gerächt (vgl. 6, 10 f.; 18, 20. 23 f.), die Gottlosigkeit der Hure gestraft (vgl. 17, 2; 18, 3). Der Rauch wird von der Stätte des Urteils in alle Ewigkeiten aufsteigen (vgl. 14, 11). Dreimal setzen die Chöre mit dem aus der jüdischen Liturgie übernommenen Ruf ein: Halleluja, d. h. preiset den Herrn (vgl. Ps. 104, 35; 106, 48; 148, 1 u. ö.; Tob. 13, 18; 3.Makk. 7, 13). Diese Aufforderung wird dann von einer himmlischen Stimme an alle Gläubigen weitergegeben, so daß nun auch auf Erden der Jubel erklingt.

6–8 Die unübersehbare Schar, deren Lied der Seher vernimmt, beginnt wieder mit dem Aufruf: Halleluja. Jetzt hat Gott die Herrschaft angetreten (vgl. 11, 17), jetzt liegt das Regiment allein in seinen Händen, nun ist das Reich da. Das aber bedeutet, daß die Stunde der Erlösung angebrochen, daß die Hochzeit des Lammes gekommen ist. Die Gemeinde ist die Braut Christi (vgl. 2.Kor. 11, 2; Eph. 5, 25 ff.; ferner Mk. 2, 19 Par.; Mt. 22, 2 ff.; 25, 1 ff.; Joh. 3, 29). Sie wird ihrem Herrn zugeführt als seine Frau (vgl. Kap. 12). Während die Hure Babylon sich mit aufdringlichem Pomp behängt hatte (17, 4 f.; 18, 16), ist die Braut des Lammes in reine weiße Leinwand gekleidet. Die Dirne ist gerichtet, die Braut aber schreitet zur Hochzeit. Babylon ist vernichtet, das neue Jerusalem aber wird die heilige Stadt sein (Kap. 21). Eine nachträgliche Deutung wird hinzugefügt: Die Leinwand sind die Rechttaten der Heiligen – im Unterschied zu den Schandtaten der gottlosen Stadt (18, 5). Gott hat der Braut dieses Kleid verliehen (vgl. Eph. 2, 10), so daß die Heiligen im Gehorsam gegen seinen Willen das Rechte tun (vgl. 14, 13).

9.10 Eine Seligpreisung wird dem Seher mitgeteilt, damit er sie aufschreiben und den Gemeinden bekanntmachen soll (vgl. 14, 13). Sie gilt allen, die zum Hochzeitsmahl des Lammes geladen sind, die teilhaben werden am Freudenmahl am Ende der Tage (vgl. zu 3, 20). Weil Gott diese Verheißung gibt, darum ist sie wahrhaftig, so daß ihr unbedingt vertraut werden darf. Unter dem Eindruck des geschauten Bildes und des vernommenen Wortes fällt Johannes dem Engel huldigend zu Füßen. Aber dieser wehrt ab. Gott allein gebührt die Anbetung. Der Engel ist Knecht wie Johannes (vgl. 22, 8), er ist den Propheten verbunden, die Gottes Knechte sind (10, 7; 11, 18) und das Zeugnis Jesu haben (12, 17). Dem Seher aber wird bestätigt, daß er in prophetischer Vollmacht spricht und seine Verkündigung beglaubigt ist. Denn das Zeugnis Jesu ist der Geist der Prophetie. Das bedeutet, daß das Wort Christi der Gemeinde durch den Geist der Wahrheit zugesprochen wird (vgl. Joh. 14, 26; 16, 13 f.), der durch den Mund der Propheten redet. Botschaft Jesu an seine Gemeinde hat Johannes auszurichten, indem er als Zeuge spricht, der nichts anderes weitergibt als das Zeugnis allein (vgl. 1, 1 f.).

Das Kommen Christi und die Vollendung 19, 11—22, 5

Der Sieg Christi über das Tier und seine Streitmacht 19, 11-21

[11] ‚Und ich sah den Himmel offen', und siehe, ein weißes Roß, und der Reiter darauf heißt Treu und Wahrhaftig. Und ‚mit Gerechtigkeit richtet' und kämpft er. [12] ‚Seine Augen sind Feuer'-Flamme, und auf seinem Haupte hat er viele Diademe; er trägt einen Namen geschrieben, den niemand kennt außer ihm selbst. [13] Und er ist bekleidet mit einem Gewand, das in Blut getaucht ist, und sein Name heißt: Das Wort Gottes. [14] Und die Heere im Himmel folgten ihm auf weißen Rossen, bekleidet mit weißer reiner Leinwand. [15] Und ‚aus' seinem ‚Munde' geht ein scharfes Schwert hervor, damit er mit ihm ‚die Heiden schlage'. Und er ‚wird sie mit eisernem Stabe weiden'; und er ‚tritt die Kelter des Weines des grimmigen' Zornes ‚Gottes, des Allherrschers'. [16] Und er trägt auf seinem Gewand und auf seiner Hüfte einen Namen geschrieben: ‚König der Könige' und ‚Herr der Herren'.

[17] Und ich sah einen Engel in der Sonne stehen, und er schrie mit mächtiger Stimme und ‚rief allen Vögeln zu, die' hoch oben am Himmel ‚fliegen': ‚Kommt herbei, versammelt euch zum' großen Mahl Gottes, [18] Fleisch ‚von Königen zu fressen' und Fleisch von Befehlshabern und ‚Fleisch von Starken' und Fleisch ‚von Rossen' und ihren Reitern und Fleisch von allen Freien und Sklaven und Kleinen und Großen!

[19] Und ich sah das Tier und ‚die Könige der Erde' und ihre Heere ‚versammelt', um Krieg zu führen mit dem Reiter auf dem Roß und mit seinem Heere. [20] Und das Tier wurde ergriffen und mit ihm der falsche Prophet, der die Zeichen vor ihm tat, durch die er diejenigen verführte, die das Malzeichen des Tieres empfangen hatten und sein Bild anbeteten. Lebendig wurden sie beide in den feurigen Pfuhl geworfen, der ‚mit Schwefel brennt'. [21] Und die übrigen wurden mit dem Schwert des Reiters getötet, das aus seinem Munde hervorging, und ‚alle Vögel wurden satt an' ihrem ‚Fleisch'.

Vers 11: Ez. 1, 1; Jes. 11, 4 f.; Ps. 96, 13; 72, 2 Vers 12: Dan. 10, 6 Vers 15: Jes. 11, 4; Ps. 2, 9; Joel 4, 13; Jes. 63, 3; Am. 4, 13 LXX Vers 16: 5. Mose 10, 17; Dan. 2, 47 Vers 17: Ez. 39, 4. 17–20 Vers 19: Ps. 2, 2 Vers 20: 1. Mose 19, 24; Jes. 30, 33; Ez. 38, 22 Vers 21: Ez. 39, 17. 20

Der Himmel tut sich auf (vgl. 4, 1 f.), Christus erscheint zum Triumph über seine Feinde. In der Szene, die der Seher nun schildert, nimmt er die mancherlei Hinweise auf, mit denen an verschiedenen Stellen des Buches schon auf das Ende hingedeutet worden war, und läßt die Linien nun in einem Punkt zusammenlaufen. Das Kind, das alle Völker mit eisernem Stabe weiden sollte (12, 5), kommt als der Sieger zum Gericht. Das Tier und der falsche Prophet (Kap. 13) treten ihm entgegen, unterliegen und werden in die ewige Pein geworfen. Jetzt wird das Gericht gehalten, dessen Ankündigung schon 14, 6-20 gegeben wurde. Nun wird auch den Königen und Mächtigen (vgl. 16, 14) das Urteil gesprochen (vgl. 17, 14). Damit sind alle Großen und Gewaltigen vernichtet, die der Gemeinde Verfolgung und bittere Bedrängnis verursacht hatten.

Obwohl nicht gesagt wird, wer der siegreich daherziehende Reiter auf weißem 11–16
Roß ist (vgl. dazu 6, 1 f.), ist sofort deutlich, daß die Wiederkunft Christi beschrieben wird. Zog einst der dem Leiden entgegengehende Herr auf einem Esel in die heilige Stadt ein (Mk. 11, 1-11 Par.), so hat der kommende König die Zeichen der Niedrigkeit abgelegt und sitzt als triumphierender Sieger hoch zu Roß. Er wird Treu und Wahrhaftig genannt (vgl. 1, 5; 3, 14). Richtet er mit Gerechtigkeit, so bedeutet das, daß er in Erfüllung der Verheißung von Jes. 11, 4 als gerechter Herrscher regiert. Auf sein Königs- und Richteramt weisen die Züge hin, die einzeln angeführt werden: seine Augen wie Feuerflammen (s. 1, 14), das in Blut getauchte Gewand

(vgl. Jes. 63,1-3), das Schwert, das aus seinem Munde geht (s. 1,16), das eiserne Szepter in seiner Hand (s. 2,27; 12,5), das Treten der Zorneskelter (s. 14,19 f.) und Mischen des Zornesbechers (s. 14,8-10) – diese beiden letzten Bilder sind zu einem zusammengezogen worden (V. 15). Christus wird von himmlischen Scharen begleitet, von Engelheeren, die ihm als seine Streitmacht folgen (vgl. Mk. 8,38 Par.; 13,27 Par.; Mt. 25,31; 2.Thess. 1,7 f. u. ö.). Während die Diademe des Drachen (12,3) und des Tieres (13,1) Ausdruck ihrer angemaßten Herrschaft waren, sind die vielen Kronen auf dem Haupte Christi Zeichen dafür, daß ihm das Regiment von Gott übertragen ist. Kraft des ihm verliehenen Namens hat er Macht über Himmel und Erde (vgl. zu 2,17). Heißt es zunächst, daß er einen Namen geschrieben trägt, den außer ihm niemand kennt, so wird im folgenden Vers sein Name genannt: das Wort Gottes. Der Seher bemüht sich nicht darum, die Spannung, die zwischen beiden Aussagen besteht, auszugleichen. Bleibt der geschriebene Name unbekannt, so wird doch der ausgerufene Name verstanden. Er gehört in die Schilderung des himmlischen Richters hinein und erinnert an Weish. Sal. 18,15 f. Dort ist von Gottes allmächtigem Wort gesagt, es sei zum Strafgericht an den Ägyptern vom Himmel, vom Königsthron wie ein wilder Krieger hinabgefahren, mitten in das dem Verderben geweihte Land. Als Schwert Gottes führte es seinen unwiderruflichen Befehl aus und tötete die Erstgeburt der Ägypter. So ist auch Christi Waffe allein das Wort, mit dem er streitet und richtet. Ja, er ist das Wort Gottes selbst (vgl. Joh. 1,1; 1.Joh. 1, 1). Während das Tier, auf dem die Hure Babylon ritt, über und über mit Lästernamen bedeckt war (17,3), trägt Christus auf dem Gewand und auf der Hüfte den Titel seiner ihm von Gott verliehenen Würde: König aller Könige, wie sich einst die persischen Großkönige nannten, ist er allein (vgl. 1,5; 17,14), als der Herr aller Herren von Gott eingesetzt (vgl. Phil. 2,9-11), um das Gericht zu vollstrecken und seine Herrschaft auszuüben (V. 15 f.).

17.18 Christus wird nun die Entscheidungsschlacht gegen seine Feinde schlagen. Aber
wie in Kap. 18 der Vollzug des Gerichts an Babylon nicht beschrieben, sondern nur
vom Engel angekündigt und dann seine Wirkung auf die Menschen gezeigt wurde,
so wird auch hier die Schlacht selbst nicht dargestellt. Zunächst geht ein Engelsruf
voran, der an die prophetischen Worte beim Untergang Gogs anklingt (Ez. 39,4.
17-20). Der Ausgang des Kampfes ist so gewiß, daß schon vor seinem Beginn alle
Aas fressenden Vögel zum schauerlichen Leichenschmaus geladen werden (vgl. die
Aufzählung 6,15). Dieses Mahl stellt das grauenhafte Gegenbild zur Hochzeitsfeier
19–21 dar, zu der die Seligen geführt werden (19,9). Auf das Vorspiel der Schlacht folgt
sogleich das Nachspiel. Die Könige der Erde und ihre Heere sind zum Kampf versammelt (vgl. 16,14.16). Ein mythisches Bild wird angedeutet: Eine unheimliche Streitmacht, die alle Könige der Erde anführen, ist angetreten. Doch schon ist sie vernichtet. Das Tier und der falsche Prophet (vgl. Kap. 13) werden lebendig in den feurigen Pfuhl geworfen. Alttestamentliche Gerichtsbilder werden aufgenommen, um den Ort des Verderbens zu bezeichnen (vgl. 14,10 f.; 20,10.14 f.; 21,8). Die Anhänger des Tieres und des falschen Propheten werden nicht ewiger Pein überantwortet, sondern auf der Stelle mit dem Schwert des Mundes Christi getötet. Keiner von ihnen bleibt verschont. Nur dem Satan, der diese Mächte auf den Plan gerufen hatte, muß noch das Urteil gesprochen werden.

Das Tausendjährige Reich und das Gericht über den Satan 20, 1-10

1 Und ich sah einen Engel vom Himmel herabsteigen, der hatte den Schlüssel des Abgrunds und eine große Kette in seiner Hand. 2 Und er ergriff den Drachen, ‚die' alte ‚Schlange', welche ‚Teufel' und ‚der Satan' ist, und band ihn für tausend Jahre 3 und warf ihn in den Abgrund und schloß zu und legte ein Siegel darauf, damit er nicht mehr die Völker verführe, bis die tausend Jahre vollendet sind. Danach muß er für kurze Zeit wieder losgelassen werden.

4 Und ‚ich sah Throne', und ‚sie setzten sich' darauf, ‚und das Gericht wurde' ihnen ‚übertragen', und (ich sah) die Seelen derer, die enthauptet worden waren um des Zeugnisses Jesu und des Wortes Gottes willen und die nicht das Tier oder sein Bild angebetet hatten und nicht das Malzeichen auf ihrer Stirn und ihrer Hand empfangen hatten. Und sie wurden wieder lebendig und herrschten mit Christus tausend Jahre. 5 Die übrigen Toten wurden nicht wieder lebendig, bis die tausend Jahre vollendet sind. Dies ist die erste Auferstehung. 6 Selig und heilig, wer teilhat an der ersten Auferstehung. Über diese hat der zweite Tod keine Macht, sondern sie werden ‚Priester Gottes' und Christi sein und mit ihm die tausend Jahre herrschen.

7 Und wenn die tausend Jahre vollendet sind, wird der Satan aus seinem Gefängnis losgelassen werden, 8 und er wird ausziehen, um die Völker ‚an den vier Enden der Erde' zu verführen, ‚den Gog' und ‚Magog', um sie zum Kampf zu sammeln; deren Zahl ist wie der Sand am Meer. 9 Und sie zogen herauf ‚auf die Ebene der Erde' und umzingelten das Lager der Heiligen und die ‚geliebte' Stadt. ‚Da fiel Feuer vom Himmel und verzehrte' sie. 10 Und der Teufel, der sie verführt hatte, wurde in den Pfuhl von ‚Feuer und Schwefel' geworfen, wo auch das Tier und der falsche Prophet sind. Und sie werden gepeinigt werden bei Tag und Nacht in alle Ewigkeiten.

Vers 2: 1. Mose 3, 1; Sach. 3, 1 Vers 4: Dan. 7, 9. 22. 27 Vers 6: Jes. 61, 6 Vers 8: Jes. 11, 12; Ez. 7, 2; 38, 2. 9. 15 Vers 9: Hab. 1, 6; Jer. 11, 15; 12, 7; Ps. 87, 2; 78, 68; 2. Kön. 1, 10. 12; Ez. 39, 6; Sach. 12, 9 Vers 10: 1. Mose 19, 24; Ez. 38, 22

Zwar war der Satan aus dem Himmel hinuntergeworfen worden, aber auf Erden 1–3
hatte er noch sein Wesen treiben können (12, 7-12). Nun hat seine Stunde geschlagen. Der Seher sieht einen Engel vom Himmel kommen, der das Urteil Gottes vollstrecken soll. Er hat den Schlüssel des Abgrunds (vgl. 9, 1), eine Kette liegt in seiner Hand, um den Erzfeind zu fesseln. Dieser wird mit dem 12, 9 genannten Namen bezeichnet, so daß seine Identität einwandfrei erwiesen ist. Der Strafengel packt ihn, bindet ihn und wirft ihn in den Abgrund. Er schließt zu und versiegelt den Eingang, so daß der Teufel nicht mehr entweichen kann. In dieser Schilderung ist ein uraltes mythisches Motiv aufgenommen, das in den Erzählungen vieler Völker wiederkehrt und von der Bindung der finsteren Macht handelt. In der iranischen Mythologie ist es die Schlange Azhi Dahaka, die gefesselt wird, am Ende der Tage aber ihre Bande zerbricht und dann im letzten Kampf endgültig besiegt wird. Die alttestamentlich-jüdische Apokalyptik hofft darauf, daß Gott die dunklen chaotischen Gewalten überwinden und im Kerker verschließen wird (Jes. 24, 21 f.; Gebet des Manasse 2-4; Henoch-Apk. 18; 21; Baruch-Apk. 40). So ist nun der Bösewicht endlich bezwungen. Aber nur auf tausend Jahre ist ihm das Handwerk gelegt, so daß die Völker unbehelligt von ihm bleiben. Wenn diese Frist ver-
strichen ist, wird er noch einmal für kurze Zeit losgelassen werden. Zuvor aber 4–6
werden die Seligen mit Christus in diesen tausend Jahren das Amt der Richter, Priester und Könige ausüben und das tausendjährige Reich erleben dürfen. Dieses

neue Bild wird in Anlehnung an Dan. 7, 22. 27 beschrieben. Throne werden aufgestellt, die Gerichtsversammlung nimmt auf ihnen Platz. Aber wer die Richter sind, bleibt zunächst ungesagt. Auch ist undeutlich, über wen Gericht gehalten werden soll; denn die Schilderung des Endgerichtes folgt erst später (20, 11-15). Die Zeugen Jesu und alle, die ihm treu geblieben sind, dem Tier und seinem Bilde die Anbetung verweigerten und sich nicht mit seinem Siegel als sein Eigentum haben zeichnen lassen (13, 15 f.), werden zum Leben erweckt (vgl. Ez. 37, 3. 10) und sollen nun mit Christus herrschen. Die eingangs angedeutete Gerichtsszene soll also nur darauf hinweisen, daß die auferstandenen Blutzeugen mit Christus richten werden (vgl. 1.Kor. 6, 2 f.; Mt. 19, 28; Lk. 22, 30), daß sie mit ihm Könige und Priester sein werden, zu denen er sie gemacht hat (vgl. 1, 6; 5, 10). Ihnen allein wird das alles zuteil werden, nur sie werden der ersten Auferstehung gewürdigt. Alle anderen bleiben noch im Tode. Darum werden alle selig gepriesen (vgl. zu 1, 3), die der ersten Auferstehung teilhaftig werden. Über sie wird der zweite Tod, der ewiges und unwiderrufliches Verderben bedeutet, keine Macht haben (vgl. zu 2, 11).

Die Erwartung des Tausendjährigen Reiches findet sich sonst nirgendwo in den Schriften des NT (auch nicht 1.Kor. 15, 23 ff.). Wohl aber ist in der zeitgenössischen jüdischen Apokalyptik die Vorstellung eines messianischen Zwischenreiches, das dem Ende und der kommenden Gottesherrschaft vorangehen soll, bekannt (Henoch-Apk. 91, 12 ff.; 93; Sibyll. Or. 3, 652 ff.; 4.Esr. 7, 28 f.; Baruch-Apk. 29, 3 ff.; 40, 3 u. a.). Nach 4.Esr. 7, 28 f. wird der Messias 400 Jahre lang herrschen, danach aber wird er sterben und alle, die Menschenodem haben. Nachdem die ganze Welt dann sieben Tage lang im Schweigen der Urzeit verharrt hat, werden die Toten auferstehen und wird das Endgericht stattfinden. Die Zeit des Messias auf Erden stellt somit nur eine Vorstufe der nach dem Ende des alten Äons anbrechenden Herrlichkeit dar. In dieser Erwartung des Zwischenreiches sind zwei verschiedene Formen endzeitlicher Hoffnung miteinander verbunden worden. Nach der älteren Vorstellung sollte am Ende der Tage der Messias kommen, der das Reich Davids wiederherstellen und Israel zum herrlichen Glanz emporführen wird. In der Apokalyptik aber bildete sich daneben eine ganz andere Auffassung von der zukünftigen Heilszeit aus: Vom Himmel wird der göttliche Gesandte, der Menschensohn, erscheinen, bei seiner Ankunft werden die Toten auferstehen und alle Menschen vor seinen Richtstuhl treten müssen. Die ältere nationale Hoffnung suchte man später mit der universalen Erwartung zu verknüpfen, indem das Reich des Messiaskönigs vor das Ende der Welt und den Anbruch des neuen Äons gesetzt wurde. Die irdische Messiaszeit wurde dadurch zu einer befristeten Epoche, auf die noch einmal ein letzter Ansturm der chaotischen Mächte folgen wird, ehe die Heilszeit der neuen Welt anbrechen kann. Diese jüdische Vorstellung des Zwischenreiches hat in einer verchristlichten Gestalt in die Offb. Eingang gefunden. Das konnte um so eher geschehen, als nach der urchristlichen Verkündigung Jesus sowohl Messiaskönig als auch Menschensohn genannt und alle eschatologische Erwartung allein an seinen Namen geknüpft wurde.

Die Dauer des Zwischenreiches wurde in der jüdischen Apokalyptik verschieden angegeben. Die Zahl 1000 hängt wahrscheinlich mit der Vorstellung von der Weltwoche zusammen, nach der 6000 Jahre lang die Weltgeschichte ihren Gang nehmen und die letzten tausend Jahre der große Weltensabbat herrschen soll (vgl. Barnabasbrief 15,3 ff.). Dem Verfasser der Offb. kommt es nur auf das Ende, auf die tausend Jahre an (vgl. Ps. 90,4; 2.Petr. 3,8), die das göttliche Zeitmaß des Zwischenreiches darstellen. Im Unterschied zur jüdischen Apokalyptik malt er mit keinem Wort die Herrlichkeit dieses Reiches aus, sondern mit kurzen Sätzen will er den leidenden Zeugen Jesu ein besonderes Trostwort zusprechen: Ihr Gebet wird erhört (vgl. 6,9-11), ihnen wird besonderer Lohn zuteil werden.

In der Geschichte der Kirche hat der Gedanke des Tausendjährigen Reiches zu mancherlei geschichtsphilosophischen Gedanken, vergeblichen Versuchen, den Zeitpunkt des Weltendes zu errechnen, vielen Enttäuschungen und neu aufflammender Hoffnung Anlaß gegeben (Chiliasmus: von griechisch chilioi = tausend). Augustin hat die Weissagung vom Tausendjährigen Reich der schwärmerischen Erwartung entzogen und auf die Kirche, das Reich Christi auf Erden, gedeutet, das im Kampf mit den finsteren Gewalten steht. Durch diese kirchengeschichtliche Deutung, nach der das Tausendjährige Reich nicht mehr für die Zukunft erhofft, sondern sein Anbruch in der bereits begonnenen Geschichte der Kirche gesehen wird, wurde der Chiliasmus überwunden. Gleichwohl haben schwärmerische Kreise immer wieder auf die Weissagung vom Tausendjährigen Reich zurückgegriffen. In Abwehr dieses Enthusiasmus haben die Reformatoren die „jüdischen Lehren" verworfen, „daß vor der Auferstehung der Toten eitel Heilige, Fromme ein weltlich Reich haben und alle Gottlosen vertilgen werden" (Augsburgisches Bekenntnis, Artk. 17). Diese Kritik betrifft somit auch Offb. 20 und warnt die Christen, an diese im NT allein dastehende Schriftstelle Spekulationen über das Weltende zu knüpfen. Die in Offb. 20 ausgesprochene Erwartung des Tausendjährigen Reiches kann nur von den ihr zugrunde liegenden jüdischen Vorstellungen her verstanden werden. Sie kann aber nicht verbindlicher Inhalt christlicher Lehre und Verkündigung sein. Denn das endzeitliche Kommen Christi bringt nicht ein stufenweises Fortschreiten zur Vollendung der Geschichte, sondern bedeutet das Ende des alten Äons und den Anbruch der neuen Welt.

Am Ende der tausend Jahre wird der Satan noch einmal losgelassen werden. Als 7–10
der Verführer, der er ist, sucht er sich eine neue Streitmacht. Zwar war 19,17-21 von der endzeitlichen Vernichtung des antichristlichen Heeres die Rede gewesen. Aber nun tritt ein neues Aufgebot satanischer Mächte auf, deren Beschreibung nach der Überlieferung von Gog und Magog gegeben wird. War Ez. 38/39 vom Fürsten Gog und seinem Land Magog als dem Feind Israels gesprochen, der aus dem Norden heranzog, so sind in der Offb. Gog und Manog als zwei mythische Namen nebeneinander geordnet worden (vgl. Sibyll. Or. 3,319.512). Von den vier Ecken der Erde stürmt das mythische Völkerheer (vgl. 9,1-12.13-21) gegen die heilige Stadt, die im Mittelpunkt der Erdoberfläche liegt (vgl. Ez. 38,12), heran. Bei Jerusalem wird der Entscheidungskampf ausgetragen werden (vgl. Henoch-Apk. 56,5 ff.; 4.Esr. 13,5 ff.). Die Feinde werden das Lager der Heiligen und die geliebte Stadt umzingeln und zur letzten Schlacht antreten (vgl. die Schilderung in der Kriegsrolle von Qumran). Aber durch Gottes wunderbares Eingreifen wird der Streit in einem Augenblick entschieden werden. Feuer fällt vom Himmel und vernichtet die satanische Heeresmacht. Und der Teufel, der sie aufgeboten hatte, wird

ʻ in den feurigen Pfuhl geworfen werden zu dem Tier und dem falschen Propheten (vgl. 19,20). Damit aber ist sein Ansturm endgültig abgeschlagen worden und der Weg frei für die neue Welt Gottes.

Das Weltgericht 20,11-15

[11] ‚Und ich sah einen' großen weißen ‚Thron' und den, ‚der' darauf ‚saß'; ‚vor dessen Angesicht flohen die Erde' und der Himmel, und ‚es fand sich keine Stätte mehr für sie'. [12] Und ich sah die Toten, die Großen und die Kleinen, vor dem Thron stehen. ‚Und Bücher wurden aufgeschlagen', und ein anderes ‚Buch' wurde aufgeschlagen, welches das ‚des Lebens' ist. Und die Toten wurden nach dem gerichtet, was in den Büchern geschrieben stand, ‚nach ihren Werken'. [13] Und das Meer gab die Toten heraus, die in ihm waren, und der Tod und der Hades gaben die Toten heraus, die in ihnen waren, und sie wurden gerichtet, ein jeder ‚nach seinen Werken'. [14] Und der Tod und der Hades wurden in den feurigen Pfuhl geworfen. Das ist der zweite Tod, der feurige Pfuhl. [15] Und wenn einer nicht ‚in dem Buch des Lebens eingeschrieben gefunden wurde', so wurde er in den feurigen Pfuhl geworfen.

Vers 11: Jes. 6, 1; Dan. 7, 9; Ps. 114, 3. 7; Dan. 2, 35 Vers 12 u. 13: Jer. 17, 10 Vers 12: Dan. 7, 10; Ps. 69, 29 Ps. 28, 4; 62, 13 Vers 15: Dan. 12, 1; Ps. 69, 29

11 Wie in den jüdischen Apokalypsen auf das Zwischenreich das Ende der Welt, die Auferstehung der Toten und das Weltgericht folgen (vgl. 4.Esr. 7,26-44), so sieht auch Johannes nun den Untergang der alten Welt. Himmel und Erde verschwinden vor dem Angesicht des Thronenden (vgl. 4,2) und sind nun nicht mehr da (vgl. Mk.
12.13 13,31 Par.). Die Toten stehen auf, alle werden auferweckt, die nicht an der ersten Auferstehung teilgehabt hatten (20,5). Das Meer läßt die Ertrunkenen frei, und Tod und Totenwelt, die sowohl als personifizierte Mächte (6,8) wie auch als Räume vorgestellt werden, müssen die Toten herausgeben, die sie bargen (vgl. Henoch-Apk. 51,1; 61,5). Alle Menschen müssen nun vor Gottes Richtstuhl erscheinen. Das Gericht, das Gott, nicht Christus, hält (vgl. Röm. 14,10; 2.Kor. 5,10 u.a.), wird nur mit wenigen Worten beschrieben (vgl. Mt. 25,31-46). Bücher werden geöffnet aus denen die Taten der Menschen abgelesen werden (vgl. Dan. 7,10; 4.Esr. 6,20; Henoch-Apk. 90,20; 104,7; Baruch-Apk. 24,1). Das Urteil wird nach den Werken gesprochen (vgl. Röm. 2,6). Die Werke der Menschen sind bei Gott nicht vergessen worden, jetzt wird gerecht vergolten und die ewig gültige Entscheidung über Seligkeit oder Verdammnis gefällt (vgl. 4.Esr. 7,32 ff.). Von den Büchern, aus denen die Schuld der Menschen abgelesen wird, ist das Buch des Lebens unterschieden (vgl. zu 3,5 und Henoch-Apk. 47,3; 103,2; 108,3), in dem die Namen derer verzeichnet stehen, die Bürgerrecht in der Welt Gottes haben sollen. Kraft göttlicher Erwählung sind sie zum Volk Gottes gerufen und ist ihnen Standhaftigkeit in allen Drangsalen verliehen worden (vgl. 13,8; 17,8). Alle, deren Namen darin eingeschrieben sind,
15 werden in die zukünftige Herrlichkeit eingehen. Die anderen aber, deren Namen nicht im Buch des Lebens stehen, werden zum ewigen Verderben, zum endgültigen
14 Tod verurteilt. Tod und Hades werden in den feurigen See geworfen, in dem sich schon der Satan und seine Werkzeuge befinden (19,20; 20,10). Der Tod und die Verdammten verfallen dem zweiten Tod, aus dem es keine Auferstehung und keine Hoffnung mehr gibt. Nun ist der letzte Feind gerichtet (vgl. Jes. 25,8; 1.Kor. 15,26. 54 f.), das Leben triumphiert.

Die neue Welt 21, 1-8

**1 Und ich sah ‚einen neuen Himmel und eine neue Erde'; denn der erste Himmel und die
erste Erde sind vergangen, und das Meer ist nicht mehr. 2 Und ‚die heilige Stadt', das neue
‚Jerusalem', sah ich aus dem Himmel von Gott her herabkommen, bereitet ‚wie eine Braut,
die' für ihren Mann ‚geschmückt ist'. 3 Und ich hörte eine mächtige Stimme vom Thron
her rufen: ‚Siehe, die Wohnstätte' Gottes bei den Menschen, ‚und er wird bei ihnen
wohnen, und sie werden seine Völker sein, und' er selbst, Gott, ‚wird bei ihnen sein'.
4 ‚Und abwischen wird er alle Tränen von' ihren Augen, und der Tod wird nicht mehr sein,
weder ‚Leid', noch ‚Jammer', noch Mühsal wird mehr sein; denn ‚das Erste' ist vergangen.**

**5 Und der, ‚der auf dem Throne saß', sprach: ‚Siehe, ich mache' alles ‚neu'. Und er spricht:
Schreibe, denn diese Worte sind zuverlässig und wahr. 6 Und er sprach zu mir: Es ist
geschehen. Ich bin das A und das O, der Anfang und das Ende. Ich werde ‚dem Dürstenden'
von der Quelle ‚des Lebenswassers umsonst' geben.**

**7 Wer überwindet, der wird dies erben, und ‚ich werde ihm Gott sein, und er wird mir
Sohn sein'. 8 Aber den Feiglingen und Ungläubigen und mit Greueln Befleckten und
Mördern und Hurern und Zauberern und Götzendienern und allen Lügnern wird ihr Teil
beschieden sein in dem Pfuhl, der ‚mit Feuer und Schwefel brennt'; das ist der zweite Tod.**

Vers 1: Jes. 65, 17; 66, 22 Vers 2: Jes. 52, 1; 61, 10 Vers 3: Sach. 2, 14; 2. Mose 29, 45; 3. Mose 26, 11 f.; Ez. 37, 27; 2. Chron. 6, 18; Sach. 8, 8 Vers 4: Jes. 25, 8; 35, 10; 65, 17 ff. Vers 5: Jes. 6, 1; 43, 19 Vers 6: Jes. 55, 1; Sach. 14, 8 Vers 7: 2. Sam. 7, 14; Ps. 89, 27; Sach. 8, 8 Vers 8: 1. Mose 19, 24; Jes. 30, 33; Ez. 38, 22

Wenn die alte Welt vergangen ist (20, 11), dann wird Gott einen neuen Himmel 1
und eine neue Erde an ihre Stelle setzen (vgl. 1.Mose 1, 1). Ausdrücklich wird hinzu-
gefügt, daß das Meer nicht mehr sein wird. Die chaotische, unheimliche Macht, der
das satanische Tier entstiegen war (13, 1), wird verschwinden (vgl. Himmelfahrt des
Mose 10, 6; Sibyll. Or. 8, 236 f.). Vom Himmel her wird sich dann auf die neue 2
Erde das neue Jerusalem herabsenken, das das Gegenbild zur gottlosen Stadt
Babylon darstellt. Das neue Jerusalem wird also nicht ein verklärtes altes Jeru-
salem sein, sondern es ist als eine präexistente Größe vorgestellt (vgl. 4.Esr. 7, 26;
8, 52; 10, 27 ff. 50 ff.; 13, 36; Henoch-Apk. 53, 6; 90, 28 ff.), die zu Beginn der neuen
Welt in Erscheinung treten und den Platz der zerstörten heiligen Stadt einnehmen
wird. Das neue Jerusalem wird mit einer Frauengestalt verglichen: Es erscheint wie
eine geschmückte Braut, die ihrem Bräutigam entgegengeführt wird (vgl. 21, 9 ff.).
Auch Paulus spricht vom oberen Jerusalem und nennt es unsere Mutter, um damit
auf die für die christliche Gemeinde bereits angebrochene neue Schöpfung hin-
zuweisen (Gal. 4, 26). Über die Hure Babylon ist das Gericht ergangen (17, 3 ff.;
18, 1 ff.), die Gemeinde aber ist die Braut Christi (vgl. zu 19, 7). Eine himmlische 3
Stimme sagt im Anschluß an mehrere alttestamentliche Worte, daß nun Gott wieder
da ist. Einst hatten im Paradies Gott und Mensch in enger Gemeinschaft miteinander
gelebt. Israel hatte im Wüstenzug, an der Stiftshütte und im Tempel die Nähe
Gottes erfahren. Jetzt aber wird Gott ohne Ende bei den Menschen sein, nicht nur
bei einem Volk, sondern bei allen Völkern. Dann wird alles Leid vergangen sein 4
(vgl. 7, 16 f.), auch der Tod wird nicht mehr sein. Denn das Erste, die alte Welt, die
im Zeichen von Sünde, Leid und Tod stand, ist vergangen.

Nun nimmt am Ende des Buches Gott selbst das Wort (vgl. 1, 8), um zu be- 5
stätigen, daß jenes Bild der neuen Welt wahr ist. Er macht alles neu (vgl. 2.Kor.
5, 17; Gal. 6, 15) und gibt dem Seher den Befehl, diese Worte, die unerschütterlich
und gewiß sind, aufzuschreiben als Botschaft für die Gemeinden, die noch in Not

6 und Verfolgung stehen (vgl. 1,1.19; 14,13; 19,9). Sein Wort ist wahr, denn er ist
Anfang und Ende (vgl. zu 1,8), Schöpfer und Regierer. Und was er spricht, das
geschieht (Ps. 33,9). Er wird allen Durst stillen, indem er umsonst Wasser des
7 Lebens verschenkt (vgl. 7,17; Joh. 4,10.14; 7,37 f.). Ohne Ende gibt er seine barm-
herzige Gnade. Diese wahrhaftige Verheißung soll der streitenden und kämpfen-
den Kirche den Mut stärken. Wie am Ende jedes der sieben Sendschreiben ein Über-
windерspruch stand (2,7 u. ö.), so wird auch die Gottesrede mit einer Zusage für
die Sieger abgeschlossen. Sie werden das Erbe empfangen, wie einst Israel das
gelobte Land zum Erbe erhalten hatte. Der Überwinder wird Kind Gottes sein, und
Gott wird sein Gott sein. Der Vatername wird hier vermieden, weil er ausschließlich
auf das einzigartige Verhältnis angewendet wird, in dem Jesus zu Gott steht (vgl.
8 zu 1,6). Während diejenigen, die treu bleiben, dieses Erbe bekommen sollen,
werden die Treulosen dem ewigen Verderben verfallen (vgl. 2,11; 20,6.15). An
der Spitze einer katalogartigen Aufzählung von verabscheuungswürdigen Frevlern
und Sündern (vgl. Röm. 1,29 ff.; 13,13; 1.Kor. 5,10 f.; 6,9 f.; 2.Kor. 12,20 f.; Gal.
5,19 ff. u. ö.) steht mit besonderer Betonung: Feiglinge und Ungläubige gehen des
Heils verlustig. Diese dringende Warnung soll die Gemeinde als einen Aufruf
zum Ausharren verstehen.

Das neue Jerusalem 21,9-22,5

[9] Und es kam einer von den sieben Engeln, die die sieben Schalen hatten, die mit den ‚sieben' letzten ‚Plagen' gefüllt waren, und redete mit mir und sprach: Komm, ich will dir die Braut, die Frau des Lammes, zeigen. [10] ‚Und er trug mich fort' in der Verzückung ‚auf einen' großen und ‚hohen Berg und' zeigte mir ‚die heilige Stadt, Jerusalem', die aus dem Himmel von Gott her herabkommt, [11] die ‚die Herrlichkeit Gottes' hat. Ihr Lichtglanz ist gleich kostbarstem Edelstein, wie glänzender Jaspisstein. [12] Sie hat eine große, hohe Mauer mit zwölf ‚Toren' und auf den Toren zwölf Engel, und ‚Namen' sind darauf geschrieben, welches die ‚der' zwölf ‚Stämme der Söhne Israels' sind. [13] ‚Von Osten drei Tore und von Norden und von Süden drei Tore und von Westen drei Tore'. [14] Und die Mauer der Stadt hat zwölf Grundsteine und auf ihnen die zwölf Namen der zwölf Apostel des Lammes.

[15] Und der, welcher mit mir sprach, hatte ‚einen Meßstab', ‚ein' goldenes ‚Rohr', um damit die Stadt und ihre Tore und ihre Mauer zu messen. [16] Und die Stadt ist ‚viereckig' angelegt, und ihre Länge beträgt so viel wie ihre Breite. Und er maß die Stadt mit dem Rohr auf zwölftausend Stadien. Ihre Länge und Breite und Höhe sind gleich. [17] ‚Und er maß' ihre ‚Mauer' einhundertvierundvierzig Ellen nach Menschenmaß, das heißt nach Engelsmaß. [18] ‚Und' der Unterbau ihrer ‚Mauer' ist ‚Jaspis', und die Stadt ist von reinem Gold gleich reinem Glas. [19] ‚Die Grundsteine' der Mauer sind mit allerlei ‚kostbaren Edelsteinen' geschmückt. Der erste Grundstein ist ein Jaspis, der zweite ein Saphir, der dritte ein Chalcedon, der vierte ein Smaragd, [20] der fünfte ein Sardonyx, der sechste ein Karneol, der siebente ein Chrysolith, der achte ein Beryll, der neunte ein Topas, der zehnte ein Chrysopras, der elfte ein Hyazinth, der zwölfte ein Amethyst. [21] Und die zwölf Tore sind zwölf Perlen; jedes der Tore war aus einer Perle. Und die Straße der Stadt war reines Gold wie durchsichtiges Glas. [22] Und einen Tempel sah ich nicht darin. Denn der Herr, Gott der Allherrscher, ist ihr Tempel und das Lamm. [23] Und die Stadt bedarf weder ‚der Sonne noch des Mondes', daß sie ihr ‚scheinen'. Denn ‚die Herrlichkeit Gottes erleuchtete' sie, und ihre Leuchte ist das Lamm. [24] ‚Und die Völker werden in' ihrem ‚Lichte wandeln', ‚und die Könige der Erde bringen' ihre ‚Pracht' in sie hinein. [25] ‚Und' ihre ‚Tore werden bei Tag niemals geschlossen werden', denn Nacht wird es dort nicht geben. [26] Und ‚man wird die

**Pracht' und die Schätze ‚der Völker' in sie ‚hineinbringen'. [27] Und ‚nichts Unreines wird in
sie hineinkommen' und keiner, der Greuel und Lüge tut, sondern nur ‚diejenigen, die im
Lebensbuch' des Lammes ‚geschrieben stehen'.**

**[1] Und er zeigte mir ‚einen Strom von Lebenswasser', klar wie Kristall, ‚der ging aus'
von dem Throne Gottes und des Lammes. [2] ‚In der Mitte' zwischen ihrer Straße und ‚dem
Strom, hüben und drüben stand Holz des Lebens', das zwölfmal Früchte trägt, ‚jeden
Monat' bringt es ‚seine Frucht', ‚und die Blätter' des Holzes dienen ‚zur Heilung' der
Völker. [3] ‚Und nichts Verfluchtes wird es mehr geben'. Und der Thron Gottes und des
Lammes wird darin sein, und seine Knechte werden ihm dienen, [4] und ‚sie werden sein
Angesicht schauen', und sein Name steht ‚auf' ihren ‚Stirnen'. [5] Und es wird keine Nacht
mehr geben, und sie bedürfen nicht des Lichtes einer Leuchte oder ‚des Sonnenlichtes', denn
‚der Herr, Gott, wird' über ihnen ‚leuchten', ‚und sie werden herrschen in alle Ewigkeiten'.**

Vers 9: 3. Mose 26, 21 Vers 10: Ez. 40, 2; Jes. 52, 1 Vers 11 Jes. 58, 8; 60, 1 f.; Ez. 43, 2 Vers 12 f.: Ez. 48, 31 ff.; 2. Mose 28, 21; 39, 14 Vers 15: Ez. 40, 3. 5; Sach. 2, 6 Vers 16: Ez. 43, 16 Vers 17: Ez. 40, 5 Vers 18 f.: Jes. 54, 11 f. Vers 23: Jes. 24, 23; 60, 19 f. 1 Vers 24: Jes. 60, 3. 5; Ps. 138, 4; 72, 10; 89, 28 Vers 25 f.: Jes. 60, 11; Sach. 14, 7 Vers 27: Jes. 52, 1; Dan. 12, 1; Ps. 69, 29

22, 1: 1. Mose 2, 10; Ez. 47, 1; Sach. 14, 8 Vers 2: Ez. 47, 7. 12; 1. Mose 2, 9; 3, 22. 24 Vers 3: Sach. 14, 11 Vers 4: Ps. 17, 15; 42, 3 Vers 5: Jes. 60, 19; Dan. 7, 18. 27

Ein zweites Mal wird angesetzt, um das neue Jerusalem zu beschreiben, von dem eben schon kurz die Rede gewesen war. Diese Schilderung ist an apokalyptische Überlieferungen angelehnt, deren Grundzüge schon in dem großen Zukunftsbild zu erkennen sind, das der Prophet Ezechiel am Ende seines Buches entwirft (Ez. 40-48). Ezechiel wurde auf einen Berg im Lande Israel entrückt und schaute herrlich gebaute Mauern. Ein Engel zeigte ihm die Maße des Tempels der Heilszeit, von dem ein Strom des Segens ausgehen sollte (Ez. 47, 1-12). Die Stadt Gottes aber, die Johannes erblickt und deren Maße er erfährt, hat keinen Tempel mehr, denn Gott selbst wohnt in ihr. In das breit ausgestaltete Bild, das der Seher hier beschreibt, sind neben den Motiven vom himmlischen Jerusalem und der Wiederkehr des Paradieses auch Züge eingewoben, denen ursprünglich astralreligiöse Bedeutung eignete. Die Stadt, die er erblickt, hat die Gestalt eines ungeheuren Würfels, dessen Umfang an das Himmelsgewölbe reicht. Die zwölf Tore mit den zwölf Engeln erinnern ebenso wie die zwölf Grundsteine und zwölf Perlen an die zwölf Zeichen des Tierkreises, ihre Straße an die Milchstraße am Himmelsgewölbe. All diese Motive, die teilweise schon von Ezechiel verwendet wurden, sind aufgenommen worden, um die unvorstellbare Herrlichkeit des neuen Jerusalem zu rühmen.

Hatte einer der Schalenengel den Seher in die Wüste geführt, um ihm dort die 9.10
Hure Babylon und das ihr bevorstehende Gericht zu zeigen (17, 1 ff.), so kommt er
nun zu Johannes, um ihn in der Verzückung (vgl. zu 1, 10) auf einen hohen Berg
zu tragen, damit er die heilige Stadt, Jerusalem, schauen sollte. Dadurch wird zu
Beginn der Vision noch einmal angedeutet, daß Babylon und Jerusalem, die Hure
und die Braut (19, 7; 21, 2), in schroffem Kontrast einander gegenüberstehen. Von 11–14
unsagbarem Glanz, der Herrlichkeit Gottes (vgl. zu 4, 3), ist die Stadt erfüllt. Zunächst werden ihr Aussehen, ihre Mauer und ihre Tore gezeigt. Sie ist rings von einer Mauer umgeben. Engel stehen als Wächter auf den Toren (vgl. Jes. 62, 6), die nach allen vier Himmelsrichtungen hin offen sind, um den Zugang in die Stadt freizugeben (vgl. Ez. 48, 30 ff.). Auf jedes der Tore ist der Name eines der zwölf Stämme Israels geschrieben (vgl. Ez. 48, 31 ff.); denn Jerusalem ist die Stadt des Gottesvolkes. Dieses aber ist nicht mehr auf das Volk des Alten Bundes beschränkt,

sondern es ist die aus Juden und Heiden zusammengerufene Gemeinde Jesu Christi
(vgl. 7, 4 ff.). Darum wird hinzugefügt, daß die zwölf Grundsteine die Namen der
zwölf Apostel tragen; denn die Kirche ist auf dem Grunde der Apostel und Pro-
pheten erbaut (Eph. 2, 20; Mt. 16, 18), die das tragende Fundament des ganzen
15–17 Baues bilden. Die ungeheuren Maße der Stadt erfährt der Seher von dem Engel, der
sie mit seinem goldenen Rohr abmißt. Die Stadt ist viereckig angelegt. Quadrat und
Würfel galten der alten Welt als Bild der Vollkommenheit, und Babylon war, wie
antike Nachrichten überliefern, in quadratischer Form gebaut worden. Das Maß
von 12 000 Stadien, die etwa 2400 km entsprechen, erstreckt sich nicht nur in Länge
und Breite, sondern auch in die Höhe. Dieser Kubus von riesigem Umfang erinnert
an die antike Vorstellung vom Himmelsgewölbe und soll ebenso wie die wiederholt
genannte Zwölfzahl den höchsten Grad der Vollendung versinnbildlichen. Die 144
Ellen, die für die Mauer genannt werden, sind vermutlich auf die Dicke der Mauer
zu beziehen (= etwa 70 m), nicht auf ihre Höhe. In V. 12 war die Mauer als groß
und hoch beschrieben worden. Im Vergleich zu der 12 000 Stadien hoch aufragenden
Himmelsstadt aber könnte eine Mauer von 70 m Höhe nicht mehr darstellen als
einen Strich, wie ihn der Horizont am Himmelsgewölbe bildet. Ihre Maße sind
nach Menschenmaß genannt; denn – wie ausdrücklich hinzugefügt wird – das bei
18–21 Menschen geltende Maß wird auch bei den Engeln im Himmel gebraucht. Die
Schilderung der nicht auszusagenden Herrlichkeit wird fortgesetzt, indem nun die
Pracht der Baustoffe vorgeführt wird (vgl. Jes. 54, 11; Tob. 13, 16 f [20 f.]). Die Stadt
ist von reinem, durchsichtigem Gold, und ihre Grundsteine sind mit leuchtenden
Edelsteinen geschmückt (vgl. zu 4, 3), deren Namen in engem Anschluß an alttesta-
mentliche Listen aufgezählt werden (2. Mose 28, 17 ff.; 39, 10 ff.; Ez. 28, 13). Die
Tore der Stadt sind aus zwölf wunderbaren Perlen gebildet. Aus edelstem Gold ist
die Straße, die die Himmelsstadt durchzieht, erbaut. Die kostbaren Materialien, die
hier genannt werden, sollen nicht im einzelnen besonders gedeutet werden, sondern
alles miteinander veranschaulicht die leuchtende und glänzende Schönheit des
22–27 neuen Jerusalem, das von der Nähe und Gegenwart Gottes erfüllt ist. Der Blick
des Sehers wendet sich nun dem Inneren der Stadt zu. Hatte in der alten Welt das
Heiligtum als der Ort gegolten, an dem Gott gegenwärtig ist, und hatte man sich
dementsprechend auch einen Tempel im Himmel vorgestellt (vgl. 11, 19; 14, 15. 17;
15, 5 ff.), so wird es in der neuen Welt nicht mehr einer solchen Stätte bedürfen;
denn Gott und das Lamm wohnen inmitten der Stadt. Nun wird nicht mehr in
einem geweihten Haus angebetet, sondern allein im Geist und in der Wahrheit
(Joh. 4, 24). Der ewige Lichtglanz, den Gottes Anwesenheit ausstrahlt, erleuchtet
das neue Jerusalem. Daher gibt es keine Nacht mehr, Sonne und Mond brauchen
nicht mehr zu scheinen; denn Gott und das Lamm sind allein das Licht (vgl. 1. Joh.
1, 5), durch das alle Finsternis endgültig vertrieben und gebannt worden ist (vgl.
22, 5). Weil der lichterfüllte Tag nun kein Ende mehr nimmt, werden die Tore der
Stadt auch nicht mehr geschlossen, sondern stehen unablässig offen, so daß jederzeit
freier Zugang gewährt wird. Darum kommen von allen Seiten anbetende Scharen
herzu, die im Licht des neuen Jerusalem wandeln. Hier weist der Seher auf alt-
testamentliche Verheißungen hin, die sich ursprünglich nicht auf eine himmlische
Stadt, sondern auf die zukünftige Herrlichkeit Zions bezogen (Jes. 60). Jetzt sind

sie in wunderbarer Weise in Erfüllung gegangen. Heidenvölker kommen herzu, die nun nicht mehr Heiden sind, sondern Bürgerrecht in der Stadt bekommen. Könige bringen kostbare Gaben und Geschenke zum Zeichen ihrer Huldigung. Alles Unreine ist aus der Stadt verbannt, in ihren Mauern wohnen nur die Himmelsbürger, deren Namen im Buch des Lebens verzeichnet sind (vgl. zu 3, 5; 13, 8; 17, 8).

Mit dem himmlischen Jerusalem ist das einst verlorene Paradies wiedergekehrt. 22, 1–5
Ein kristallklarer Strom entspringt beim Thron Gottes und des Lammes (vgl. 1. Mose 2, 10-14; Ez. 47; Joel 4, 18; Sach. 14, 8). Sein Wasser spendet Leben, aus dem herrliches Wachstum und reicher Segen entspringen (vgl. 1 QH VIII, 20 ff.). Die Endzeit steht der Urzeit gegenüber. Der Lebensbaum, der in der Mitte des Paradieses seinen Platz gehabt hatte (1. Mose 2, 9; 3, 22), grünt nun auch in der neuen Welt Gottes (vgl. 2, 7; 22, 14. 19). Freilich wird nur in undeutlichen Worten beschrieben, wie Lebensstrom und Lebensbaum sich zueinander verhalten. Es könnte gemeint sein, daß das Wasser sich teilt und der Baum zwischen der Straße und den beiden Armen des Flusses steht. Dann wäre von einem einzigen Baum wie in der Paradiesesgeschichte die Rede. Wahrscheinlich aber schließt sich die Darstellung hier an Ez. 47, 7. 12 an, wo der Prophet zu beiden Seiten des Baches Bäume erblickt. Holz des Lebens soll dann an unserer Stelle viele Bäume bezeichnen. An den Ufern des Stromes stehen Bäume des Lebens, die von der Straße aus für jedermann erreichbar sind. Mit ihren Wurzeln nehmen sie das Lebenswasser des Flusses auf und tragen in paradiesischer Fülle zwölfmal im Jahre Frucht. Ihre Blätter bringen den herzukommenden Völkern (vgl. zu 21, 3) Heilung; denn in der neuen Welt Gottes wird weder Krankheit noch Leid noch Tod mehr sein (21, 4). Wie Sach. 14, 11 verheißen, wird es auch nichts Verfluchtes mehr geben; denn die Sünde ist mit Teufel und Tod endgültig abgetan worden. Nicht mehr der Tempel, sondern der Thron Gottes und des Lammes wird die Stätte göttlicher Gegenwart im neuen Jerusalem sein. Seine Knechte werden ihm dienen und Gemeinschaft mit Gott und Christus haben. Auf Erden hatte kein Mensch Gott sehen dürfen, weil er sonst vor der Heiligkeit Gottes hätte vergehen müssen (vgl. zu 1, 17). Jetzt aber dürfen seine Knechte, die seinen Namen auf der Stirn tragen und damit als sein Eigentum gezeichnet sind, ihn sehen, wie er ist (vgl. Mt. 5, 8; 1. Joh. 3, 2). Gottes Lichtglanz scheint ihnen allezeit (vgl. 21, 23-25), und sie werden an Gottes Regiment teilhaben (vgl. 1, 6; 5, 10). Wie das über die Verdammten verhängte Urteil ohne Ende gültig bleibt (20, 10), so werden auch die Seligen in alle Ewigkeit mit Gott herrschen und bei ihm sein dürfen.

Abschluß und Beglaubigung des Buches 22, 6—21

6 Und er sprach zu mir: Diese Worte sind zuverlässig und wahr, und der Herr, der Gott der Geister der Propheten, hat seinen Engel gesandt, um seinen Knechten zu zeigen, ‚was' in Kürze ‚geschehen muß'. 7 Und ‚siehe, ich komme' bald. Selig, wer die Worte der Weissagung dieses Buches bewahrt!

8 Und ich, Johannes, bin es, der dieses hörte und schaute. Und als ich es gehört und geschaut hatte, fiel ich nieder, um zu Füßen des Engels, der mir dies zeigte, anzubeten. 9 Und er spricht zu mir: Nicht doch! Ich bin dein Mitknecht und einer von deinen Brüdern, den Propheten, und von denen, die die Worte dieses Buches bewahren. Gott bete an!

10 Und er spricht zu mir: ‚Versiegle' die Worte der Weissagung dieses ‚Buches' nicht; denn

,die Zeit' ist nahe! 11 Wer ,frevelt', ,frevle' weiter! Und wer schmutzig ist, beschmutze sich
weiter! Und wer gerecht ist, tue weiter Gerechtigkeit! und wer heilig ist, heilige sich weiter!
12 ,Siehe, ich komme' bald ,und' mein ,Lohn mit' mir, ,um einem jeden zu vergelten, wie
sein Werk' ist. 13 ,Ich' bin das A und das O, der ,Erste und' der Letzte, der Anfang und
das Ende. 14 Selig, welche ihre ,Gewänder waschen', daß sie Anrecht bekommen an ,dem
Holz des Lebens' und durch die Tore in die Stadt eingehen können. 15 Draußen sind die
Hunde und die Zauberer und die Hurer und die Mörder und die Götzendiener und jeder,
der Lüge liebt und tut.

16 Ich, Jesus, habe meinen Engel geschickt, um euch dies für die Gemeinden zu bezeugen.
Ich bin ,die Wurzel' und das Geschlecht Davids, der helle Morgenstern.

17 Und der Geist und die Braut sprechen: Komm! Und wer es hört, der spreche: Komm!
Und ,wen dürstet, der komme'; wer Verlangen hat, der empfange ,Wasser des Lebens
umsonst'.

18 Ich bezeuge jedem, der ,die Worte' der Weissagung dieses Buches hört: Wenn einer
etwas ,dazu hinzufügt', so wird Gott ,ihm' die Plagen hinzufügen, ,die in diesem Buch
geschrieben stehen'. 19 ,Und' wenn einer etwas ,von' den Worten des Buches dieser Weis-
sagung ,wegnimmt', so wird Gott seinen Teil an ,dem Holz des Lebens' und an der heiligen
Stadt, von denen in diesem Buch geschrieben ist, wegnehmen.

20 Der dieses bezeugt, spricht: Ja, ich komme bald, Amen, komm, Herr Jesus!

21 Die Gnade des Herrn Jesus sei mit allen!

Vers 6: Dan. 2, 28 Vers 7: Jes. 40, 10; Sach. 2, 14 Vers 10: Dan. 8, 26; 12, 4 Vers 11: Dan. 12, 10; Ez. 3, 27 Vers 12: Jes. 40, 10; Sach. 2, 14; Ps. 28, 4; 62, 13; Jer. 17, 10 Vers 13: Jes. 44, 6; 48, 12 Vers 14: 2. Mose 19, 10. 14; 1. Mose 2, 9; 3, 22 Vers 16: Jes. 11, 1. 10 Vers 17: Jes. 55, 1; Sach. 14, 8 Vers 18: 5. Mose 4, 2; 13, 1; 29, 19; Sprüche 30, 6 Vers 19: 1. Mose 2, 9; 3, 22

In dem letzten Abschnitt, der zunächst auf die Einleitung (1, 1-3) zurückblickt, dann aber den Inhalt des ganzen Buches einbezieht, sprechen nacheinander Christus, der Seher, wiederum Christus, dann der Geist und die Braut und schließlich abermals Johannes und Christus, um die Wahrheit des niedergelegten Zeugnisses zu beglaubigen und noch einmal die drängende Nähe des Endes hervorzuheben. Die prophetische Botschaft soll die Gemeinden aufrufen zur Bereitschaft für das Kommen des Herrn.

6.7 Zuerst spricht Christus, dessen Wort in der Verkündigung des Johannes laut geworden ist (vgl. 1, 1), und bestätigt, daß der Seher treu und zuverlässig weitergegeben hat, was ihm aufgetragen wurde (vgl. 19, 9; 21, 5). In den Propheten redet der Geist Gottes (vgl. 1.Kor. 14, 32), der seinen Engel zu seinen Knechten schickt, um ihnen zu zeigen, was in Kürze geschehen muß (1, 1; 17, 1; 21, 9). Wenn dagegen in V. 16 gesagt wird, Jesus habe seinen Engel gesandt, damit die Gemeinden das Zeugnis erhielten, so wird darin kein Widerspruch empfunden; denn Christus steht unmittelbar an Gottes Seite, so daß beide miteinander wirken und handeln. Johannes ist einer von den Propheten, die Gott sich als seine Knechte zu seinem Dienst erwählt hat (10, 7; 11, 18). Das im Vorwort genannte Thema des Buches wird im Schlußwort wieder aufgenommen: Was in Kürze geschehen muß (1, 1. 19; 4, 1), das hat Johannes geschaut und niedergeschrieben. Christus verheißt, bald zu kommen (vgl. V. 12. 20). Hierauf folgt eine Seligpreisung, die an die erste Seligpreisung des Buches anklingt. Sie gilt denen, die die prophetischen Worte des Buches gehorsam annehmen und befolgen (vgl. 1, 3).

8.9 Nun spricht Johannes, der die Worte gehört und die Bilder geschaut hat. Wie am Anfang des Buches, so nennt er auch am Ende wieder seinen Namen, der den

Gemeinden bekannt ist (1, 4. 9). Noch einmal wird geschildert, was bereits 19, 10 gesagt worden war. Der Seher will vor dem Engel, der ihm die Gesichte gezeigt hat, anbetend zu Boden fallen. Der aber wehrt ab. Die Engel sind wie die Propheten nur Knechte Gottes, Gott allein aber gebührt die Anbetung. Ihm huldigen zusammen mit den Engeln und Propheten alle Gläubigen, die die Worte dieses Buches bewahren.

Wiederum nimmt Christus das Wort und gibt dem Seher den Befehl, sein pro- 10–16
phetisches Buch nicht zu versiegeln. Während jüdische Apokalypsen versiegelt wurden, um in der letzten Zeit geöffnet und gelesen zu werden (vgl. Dan. 8, 26; 12, 4. 9), gebietet die drängende Nähe des Endes, daß Johannes seine Botschaft nicht verschließt, sondern sofort an die Gemeinden weitergibt (vgl. 1, 3). Das Ende ist nahe; die große Scheidung, die unter den Menschen eintreten wird, hebt schon an (vgl. Dan. 12, 10). Jetzt wird sichtbar, wer zu den Gerechten und wer zu den Bösen gehört. Darum sollen Frevler und Gottlose ihr Treiben nur fortsetzen, Gerechte und Heilige aber Gerechtigkeit tun und sich heiligen. Mit den Worten von Jes. 40, 10 verheißt der erhöhte Herr seine nahe bevorstehende Ankunft. Dann wird er Gericht halten und jedem nach seinen Werken vergelten (vgl. 2, 23). In göttlicher Vollmacht und Hoheit wird er erscheinen. Wird Gott A und O, Anfang und Ende, genannt (1, 8; 21, 6), so werden dieselben Würdetitel auch dem erhöhten Christus beigelegt (1, 17; 2, 8). Der Vater und der Sohn sind eins (Joh. 10, 30); Jesus Christus kommt zum Weltgericht (vgl. 2.Kor. 5, 10; Mt. 16, 27 u. ö.). Selig, wer für diesen Tag bereit ist. Das sind diejenigen, die ihre Kleider gewaschen haben. Noch einmal wird mit diesem Bilde (vgl. 7, 14) darauf hingewiesen, daß durch das Blut des Lammes, durch die Teilhabe an Christi stellvertretendem Tod, Vergebung und Reinheit den Glaubenden zuteil geworden sind. Sie werden Anrecht – das Wort hat geradezu juristische Bedeutung – an dem Holz des Lebens (vgl. 2, 7; 22, 2) haben, die Herrlichkeit des wiederkehrenden Paradieses kosten dürfen. Wie zur Feier des Herrenmahls die Ungläubigen nicht zugelassen werden und allein die Gemeinde unter Brot und Wein Leib und Blut Christi empfängt (vgl. den Eingang der Abendmahlsliturgie in 1.Kor. 16, 20-23), so werden auch die Sünder und die Gottlosen vom zukünftigen Heil ausgeschlossen werden (vgl. 21, 8. 27). Der Hund gilt als unsauberes Tier (vgl. 5.Mose 23, 19; Mt. 7, 6; 15, 26; 2.Petr. 2, 22), so daß die mit Greueln Befleckten (vgl. 21, 8) hier mit dem im Orient besonders häufig verwendeten Schmähwort Hund benannt werden. Sie müssen ebenso wie die anderen Bösewichter, die der Reihe nach aufgezählt werden (vgl. 21, 8), draußen bleiben, während die Gemeinde im neuen Jerusalem die Hochzeit des Lammes feiern wird. Mit zwei kurzen Ich-Sätzen werden die Worte Jesu abgeschlossen. Er hat seinen Engel gesandt (vgl. oben zu V. 6), damit das in dem Buch niedergelegte Zeugnis Gottes die Gemeinden erreiche (vgl. zu 1, 3). Er ist der Gesalbte Gottes. Zwei alttestamentliche Verheißungen werden hier auf Christus angewandt: 1. Er ist der Davidide der Endzeit (vgl. Jes. 11, 1 ff.; Röm. 1, 3; 2.Tim. 2, 8), nicht nur die „Wurzel" (5, 5), sondern auch das Geschlecht Davids, nicht nur Davids Sohn, sondern auch Davids Herr (Mk. 12, 35 ff. Par.). In ihm als dem König aller Könige (vgl. 17, 14; 19, 16) sind alle Hoffnungen erfüllt, die sich auf den kommenden Messiaskönig richten. 2. Er ist der helle Morgenstern. Der Morgenstern galt der alten Welt als Zeichen der

Herrschaft (vgl. zu 2, 28). An unserer Stelle liegt wahrscheinlich eine Anspielung auf das Wort Bileams vor, daß aus Jakob ein Stern aufgehen werde (4.Mose 24, 17). Dieser Spruch wurde im Judentum weithin als messianische Weissagung verstanden (Test. Levi 18, 3; Juda 24, 5; 1 QM XI, 6 f.). In einer Sammlung messianischer Stellen aus dem Alten Testament, die sich die Gemeinde von Qumran zusammengestellt hat, folgen auf 5.Mose 18, 18 f. die Sätze 4.Mose 24, 15-17 (4 Q Testimonia). Wird nun Christus der helle Morgenstern genannt, so ist damit wiederum gesagt, daß er der verheißene Messias ist, der als der König aller Könige die Herrschaft in Händen hält.

17 Der baldigen Ankunft Christi blickt die Gemeinde voller Sehnsucht entgegen. Es sprechen der Geist, der in dem Wort der Propheten laut wird (vgl. zu 2, 7), und die erlöste Gemeinde, die die Braut ist (19, 7 f.; 21, 2. 9). Der Geist und die Braut nehmen den Gebetsruf um das Kommen Christi auf, und alle, die diese Bitte hören, stimmen mit ein. Jeder, der Durst hat, wird eingeladen, umsonst Wasser des Lebens zu empfangen. Die Quelle, die in der zukünftigen Heilszeit strömen wird (21, 6), fließt schon jetzt und gibt lebenspendendes Wasser. Jedem, der im Glauben herzukommt, soll jetzt bereits die Gabe des Lebens, die Christus schenkt, zuteil werden.

18.19 Zum letzten Mal spricht Johannes, um sich für das in seinem Buch niedergelegte Zeugnis zu verbürgen (vgl. 1, 2). Damit verbindet er die dringende Warnung, an dessen Bestand keine nachträglichen Veränderungen vorzunehmen. Seine Worte klingen an die Formel von 5.Mose 4, 2 an, durch die für eine Schrift unbedingte Gültigkeit beansprucht wird: „Ihr sollt nichts hinzutun zu dem, was ich euch gebiete, und sollt auch nichts davontun, sondern die Gebote des Herrn, eures Gottes, halten, die ich euch gebe." Jedem, der das hier ausgesprochene Verbot übertreten sollte, wird nach dem Recht der Vergeltung (ius talionis) die entsprechende Strafe angedroht. Wer etwas hinzufügt und dadurch den Inhalt verfälscht, wird die Plagen auf sich ziehen, die in diesem Buche verzeichnet sind. Wer andererseits Streichungen vornimmt, wird seinen Anteil an der zukünftigen Herrlichkeit verlieren (vgl. Henoch-Apk. 104, 10-12; Aristeasbrief 311). Der Seher erhebt damit unüberhörbar den Anspruch, daß sein Werk ebenso wie die Schriften der alttestamentlichen Propheten vom Geist Gottes eingegebenes Zeugnis enthält, an dessen Bestand nicht gerüttelt werden darf.

20 Im Schlußvers wird die Verheißung wiederholt, die Christus den Seinen gibt. Er bekräftigt die Zusage, bald zu kommen. Diese wird von der Gemeinde aufgenommen, indem sie spricht: Amen, komm, Herr Jesus! Der aramäische Gebetsruf „Maranatha" (= Unser Herr, komm! 1.Kor. 16, 22; Apostellehre 10, 6), der schon in der Urgemeinde gesprochen wurde, ist hier ins Griechische übersetzt worden. Wie der Abschluß des 1.Korintherbriefes zeigt, gehörte dieses kurze Gebet in den Gottesdienst der Gemeinde. Nach der Verlesung der apostolischen Schriften schickt sich die Gemeinde an, die Feier des Herrenmahls zu begehen. In dieser Feier sind die Herzen zum Herrn erhoben und auf das nahe bevorstehende Kommen Christi gerichtet.
21 Ein Gnadenwunsch, wie er auch am Ende der paulinischen Briefe steht, ist das letzte Wort. War am Anfang die Gemeinde mit dem Wunsch der Gnade und des Friedens gegrüßt worden (1, 4-6), so wird am Ende die Bitte ausgesprochen,

die Gnade möge bei allen bleiben. Dieser Wunsch gilt allen Christen. Manche alten Handschriften überliefern einen volleren Ausdruck: „Mit allen Heiligen. Amen." Auch dieser Satz weist auf den Gottesdienst hin. Denn das Buch, das den sieben Gemeinden in Kleinasien übersandt wird, ist dazu bestimmt, in der Gemeindeversammlung verlesen zu werden.

Die Botschaft der Offb. Joh.

Die Offb. Joh. enthält vom ersten bis zum letzten Wort die Kunde vom nahenden Ende, dem bald anhebenden Gericht über die Welt und der Ankunft Christi zur Erlösung der Seinen. Aber hinter dieser auf das Ende gerichteten Erwartung tritt der Glaube, der Gerechtigkeit und Leben in Christus bereits empfangen hat, stark in den Hintergrund. Vergleicht man daher die Offb. Joh. mit den paulinischen Briefen und den Evangelien, so wird man in dem Buch des Sehers die Predigt von der Rechtfertigung des Sünders allein aus Glauben und die Botschaft von dem Heil, das in Christus dem Glaubenden bereits gegeben ist, vermissen.

Aus diesem Grunde haben die Reformatoren geurteilt, daß die christliche Verkündigung in den paulinischen Briefen und den Evangelien ungleich deutlicher und reicher entfaltet sei als in der Offb. Joh. Luther hat in der Vorrede, die er in der Septemberbibel von 1522 der Offb. Joh. vorangestellt hat, gesagt, er könne dieses Buch weder für apostolisch noch für prophetisch halten. Die Apostel gingen nicht mit Gesichten um, sondern weissagten mit klaren und dürren Worten, wie Petrus, Paulus und Christus im Evangelium auch tun. Denn es gebühre dem apostolischen Amt, klar und ohne Bild oder Gesichte von Christus und seinem Tun zu reden. Auch sei im Alten und Neuen Testament kein Prophet, der so ganz durch und durch mit Gesichten und Bildern handelt, „daß ich's fast gleich bei mir achte dem vierten Buch Esra und allerdings nicht spüren kann, daß es vom Heiligen Geist gestellt sei". Luther tadelt an der Offb. Joh., daß sie „so hart befiehlt und droht": Wer etwas davon tue, von dem werde Gott auch tun. Wiederum sollen selig werden, die da halten, was darinnen steht. Kurzum, es möge jedermann davon halten, was ihm sein Geist gibt. „Mein Geist kann sich in das Buch nicht schicken. Und das ist mir Ursache genug, daß ich seiner nicht hoch achte, daß Christus darin weder gelehrt noch erkannt wird ... darum bleibe ich bei den Büchern, die mir Christus hell und rein dargeben." Zwar hat Luther 1530 diese Vorrede durch eine andere ersetzt, in der er sich behutsamer über das Buch des Johannes äußert (siehe unten), aber er hat zeit seines Lebens kritisch über die Offb. geurteilt. Diese Auffassung hat Calvin offensichtlich geteilt; denn er hat zu allen Schriften des Neuen Testaments einen Kommentar geschrieben, nicht aber zur Offb. Joh.

Die Kritik, die die Reformatoren an der Offb. Joh. üben, ist einerseits durch eine Gegenüberstellung mit der paulinischen Theologie bedingt. Sie vermissen in der Offb. Joh. die Verkündigung von der Rechtfertigung des Sünders aus Gnaden. Andererseits aber ist ihr Urteil von der Abwehr gegen den Mißbrauch bestimmt, den die Schwärmer mit dem letzten Buch der Bibel trieben. In der Tat kann die apokalyptische Botschaft Veranlassung dazu geben, den Lauf der Geschichte zu berechnen und dadurch eine Begründung für den eigenen Versuch zu liefern, sich der

Geschichte in dem Hochgefühl zu bemächtigen, den Geist zu haben und die Schar der Vollendeten zu bilden. Darum ist die Offb. Joh. in der Geschichte der Kirche weithin das Buch der Schwärmer und Sektierer geworden.

Diesem Mißbrauch kann nur durch eine zuchtvolle und wissenschaftlich begründete Auslegung gewehrt werden, die die religionsgeschichtlichen Zusammenhänge aufzeigt, in welche die apokalyptische Sprache des Sehers eingeordnet werden muß; denn die apokalyptischen Vorstellungen sind von ihm benutzt worden, um in mythischen Bildern die kosmische Weite des Christusereignisses zu verkündigen. Werden aber die Bilder und Visionen von der Christusbotschaft, die Anfang und Ende des Buches umspannt, gelöst und wird der Versuch unternommen, des Laufes der Geschichte eigenmächtig Herr zu werden, so wird das Christuszeugnis der Offb. Joh. zerbrochen; denn dieses wird nur dann verstanden, wenn die Geschichte im Lichte des Endes gesehen wird, das mit Christus gekommen ist. Weil das geopferte Lamm am Ende der Zeiten steht, tritt jetzt schon die große Scheidung ein: hier Gott und Christus mit den Seinen, das Volk Gottes und das neue Jerusalem – dort der Satan und das Tier mit seinen Anhängern, die Hure und das gottlose Babylon.

Über der Welt thront *Gott* in erhabener, unantastbarer Majestät und Heiligkeit (4,2f.). Er hat das All geschaffen und hält das Regiment in seiner Hand (4,11; 10,6). Er ist, er war, und er kommt (1,4.8; 11,17). Er ist Anfang und Ende, A und O (1,8; 21,6), der Herrscher des Alls (1,8; 4,8; 11,17; 15,3; 16,7; 19,6; 21,22). Weil er den Gang der Geschichte bestimmt, können auch die finsteren Gewalten nur ihr Wesen treiben, wenn er es zuläßt. Gott gibt ihnen, daß sie dieses und jenes an bösen Taten wirken können (7,2; 13,5.7.14; 16,8). Aber ihre Zeit ist befristet, denn Gott hat in keinem Augenblick seinen Thron verlassen. Er bleibt auch in den schrecklichen Zeiten der Herr über allem.

An seiner Seite aber steht *Jesus Christus* als der erhöhte Herr. Er wird mit jüdischen Messiastiteln als der Löwe aus dem Stamm Juda und als die Wurzel Davids (5,5; 22,16) bezeichnet, er heißt der helle Morgenstern (22,16), der König aller Könige (17,14; 19,16). Er ist der Fürst der Könige der Erde (1,5), der himmlische Menschensohn, der in leuchtender Herrlichkeit erscheint (1,12-16; 14,14). Er wird als der Richter wiederkehren, der nach den messianischen Worten des Alten Testamentes Gericht halten und die Völker mit eisernem Stabe weiden wird (1,7.16; 2,26ff.; 12,5; 14,14; 19,11ff.). Plötzlich wird er kommen wie ein Dieb in der Nacht (16,15). In seiner Hand liegt der Schlüssel des Todes und der Hölle (1,18), so daß er über ewigen Tod und ewiges Leben entscheiden wird. All diese Hoheitsaussagen, in denen jüdische Messiasprädikate auf Jesus übertragen werden, erhalten ihren Sinn erst von Kreuz und Auferstehung Christi her. Vor den Toren der heiligen Stadt wurde der Herr gekreuzigt (11,8). Als der Zeuge blieb er treu bis in den Tod (1,5; 3,14). Durch sein Blut hat er die Seinen erlöst (1,5; 5,9; 7,14; 12,11). Er wurde als das Lamm geschlachtet (5,6; 13,8). Aber das Lamm ist nicht im Tode geblieben, sondern herrscht in der Kraft Gottes. Darum ist er allein würdig, die Siegel des Buches zu öffnen und damit die Folge der letzten Ereignisse auszulösen (5,9.12). Er ist wie Gott Anfang und Ende, Erster und Letzter, A und O

(1,17; 2,8; 22,13). Vor aller Zeit war er schon da als der Uranfang der Schöpfung Gottes (3,14). Er allein ist der Sohn Gottes (2,18), und Gott ist sein Gott und Vater (1,6). Wie Gott (4,9f.; 10,6; 15,7) ist er ewig lebendig (1,18), allwissend wie er (1,14; 19,12; 2,2.9.13.18f.23 u.ö.). Er thront neben dem Vater und lenkt mit ihm den Gang der Geschichte bis zum Ende, das er durch seine Ankunft zum Gericht heraufführen wird (19,11ff.). Daher gilt ihm, dem Heiligen und Wahrhaftigen (3,7), zusammen mit Gott der Lobpreis und die Anbetung (1,6; 5,8-14; 7,10; 11,15; 12,10; 19,6f.).

Die Herrlichkeit Christi ist freilich bis zu seiner Parusie noch unter dem Kreuz verborgen. Unter diesem Zeichen steht auch seine *Gemeinde,* die er erlöst hat. Er hat sie erworben durch sein Blut aus allen Stämmen, Sprachen, Völkern und Nationen (5,9). Sie sind als Erstlingsgabe für Gott und das Lamm aus den Menschen losgekauft (14,4), durch das Blut Christi von ihren Sünden befreit (1,5; 7,14; 22,14). Weil sie teilhaben an der sühnenden Kraft des stellvertretenden Todes Christi, haben sie überwunden und in den Anfechtungen das Wort ihres Zeugnisses bewahrt (12,11). Christus hat sie zu Königen und Priestern gemacht (1,6), die mit ihm herrschen sollen (5,10; 17,14; 20,4.6). Ihre Namen sind in das Buch des Lebens eingeschrieben (3,5; 13,8; 17,8; 20,12.15; 21,27), so daß sie in die zukünftige Herrlichkeit eingehen und Bürgerrecht in der himmlischen Stadt empfangen werden. Als Volk des Eigentums sind sie versiegelt mit dem Zeichen Gottes und des Lammes (7,1-8; 14,1-5), und keine Gewalt kann sie wieder aus Gottes Hand reißen. Sie sind sein Volk (1,4.11 u.ö.), die zwölf Stämme Israels, denen die Worte des Alten Testamentes als erfüllte Verheißungen gelten (7,4-8). Sie sind darum geschieden von den ungläubigen Juden, die sich der Christusbotschaft verschließen, die Gemeinde Gottes verfolgen und deshalb Synagoge des Satans genannt werden (2,9; 3,9). In dieser Trennung von Kirche und Synagoge wird die endzeitliche Scheidung sichtbar, durch die das wahre Gottesvolk von denen gesondert wird, denen dieser Ehrenname nicht zukommt. In der letzten Zeit, die von Christi Kreuz und Auferstehung bis zu seiner Parusie reicht, müssen die Glaubenden leiden wie ihr Herr und das Kreuz Christi tragen. Nur durch Leiden führt der Weg zur Herrlichkeit des Reiches Gottes (1,9; 6,9-11 u.ö.). Darum gilt es, treu zu bleiben und das Wort Gottes und das Zeugnis Jesu festzuhalten bis in Leiden und Tod hinein (1,2.9; 6,9; 12,11.17; 19,10). Den Zeugen ist kein anderes Geschick beschieden als ihrem Herrn (11,3-13; 2,13; 17,6). Sie müssen mit ihrem Leben für die Wahrheit der bekannten und bezeugten Botschaft einstehen. Aber sie haben die feste Zusage, daß ihr Rufen und ihr Gebet nicht ungehört verhallen (6,9-11; 8,3f. u.ö.). Gott vernimmt ihr Schreien und wird das vergossene Blut seiner Zeugen an denen rächen, die sich gegen sie vergangen haben (16,6; 17,6; 18,20.24; 19,2). Weil der Sieg Gottes gewiß ist, darum preist die auf Erden kämpfende Kirche im Verein mit der im Himmel triumphierenden Schar die Herrschaft Gottes und des Lammes (7,9-17; 11,15-17; 12,10-12; 14,2f.; 15,3f.; 19,1-10), die zwar noch unter dem Kreuz verborgen ist, aber am Ende der Tage sichtbar vor aller Augen erscheinen wird. Der angefochtenen Kirche wird durch die prophetische Verkündigung Mut und Trost zugesprochen. Durch den Geist Gottes, der in dem Propheten redet (19,10; 22,6), vernimmt sie die Worte des erhöhten Herrn (1,3;

14,13; 22,17; 2,7.11 u.ö.). Prophetische Stimmen rufen auf zum Beharren und zur Standhaftigkeit (13,10; 14,12), und in den sieben Seligpreisungen, die über das ganze Buch verstreut sind, wird mit der Mahnung die Verheißung für die Treuen verbunden (1,3; 14,13; 16,15; 19,9; 20,6; 22,7.14). Selig gepriesen wird, wer die Worte festhält (1,3; 22,7), wer wacht (16,15) und bis in den Tod hinein das Zeugnis bewahrt (14,13). Wer das Gewand gewaschen hat, der ist gestärkt für alle kommenden Schrecken (22,14). Selig ist, wer geladen ist zum Hochzeitsmahl des Lammes (19,9). So spricht die Offb. Joh. die sieben Gemeinden in Kleinasien und in ihnen die ganze Kirche an. Die eine heilige Kirche bleibt in Ewigkeit (vgl. Augsburgische Konfession, Artk. 7).

Das Christusgeschehen hat aber auf der anderen Seite zur Folge, daß die *Welt* in erbitterte Feindschaft gegen Gott, Christus und sein Volk ausbricht. Die in der Welt waltenden satanischen Mächte wissen, daß ihnen nur noch kurze Zeit gelassen ist, und toben darum um so wütender (12,12). Während dieser Äon unter furchtbaren Schrecken seinem Ende entgegeneilt (6,1-17; 8,7-9,21; 16,1-21), nimmt auch die Macht des Bösen zu. Der Drache erhebt sich gegen die Frau und sein Kind, um des Messiaskindes willen sucht er die Frau zu verfolgen und zu vernichten (12, 1-17). Die alte Schlange, auch Teufel und Satan genannt (12,9; 20,2), läßt ihre Kreaturen auf der Bühne der Weltgeschichte erscheinen, um im letzten Akt des Dramas ihr Werk auszuführen. Die satanischen Gestalten treten als ein Zerrbild Gottes, des Lammes und des Volkes Gottes auf. Ein Geschöpf des Drachen ist das Tier, in dem sich die Macht und Gewalt des Reiches dieser Welt verkörpert. Es trägt eine tödliche Wunde, die aber wieder geheilt wurde (13,3.14; 17,8), ist also Gegenspieler des Lammes, das starb und auferstand. Es ist mit Lästernamen bedeckt, die Gott die Ehre streitig machen und für sich selbst göttliche Verehrung fordern (13,5; 17,3). Durch Zeichen und Wunder, die er verrichtet, scheint der falsche Prophet, der den Kult des Tieres propagiert, göttliche Legitimation vorzuweisen (13,16). Aus allen Stämmen, Völkern, Zungen und Nationen gewinnt das Tier seine Gefolgschaft (13,7), eine weltweite „Gegenkirche" (vgl. 5,9f.; 7,9). Alle Anhänger des Tieres werden mit seinem Eigentumszeichen versehen, so daß sie ihm hörig sein müssen (13,16f.; 14,9.11; 16,12; 19,20; 20,4). Todfeindschaft aber gilt den Knechten Gottes, die als sein Volk versiegelt worden sind (7,1-8; 9,4; 14,1; 22,4). So stehen einander gegenüber: hier die Frau als das Volk Gottes (12,1ff.), dort die Hure Babylon (17,1ff.); hier die Braut des Lammes (19,7f.; 21,9), dort die unzüchtige Dirne (17,1ff.); hier Jerusalem, die geliebte Stadt (20,9), die sich vom Himmel auf die Erde herabsenkt (21,2.10ff.), dort die gottlose und verworfene Stadt Babylon (14,8; 16,19; 17,5; 18,1ff.). Dieser weltumspannende Konflikt bricht in der letzten Zeit aus. Die Welt erhebt den Anspruch, selbst „Kirche" zu sein. Ihre Herrscher verlangen Anbetung und ungeteilten Gehorsam von allen, die ihnen untertan sind, und dulden nicht, daß an ihrer göttlichen Würde und Hoheit gezweifelt wird. Dieser Gegensatz, der um Christi willen eine ungekannte Schärfe annimmt, muß vom Volk Gottes in Leiden und Geduld durchgestanden werden. Gott aber hat das Regiment nicht aus der Hand gegeben, er hat die Fristen gesetzt (11,2; 12,6.14; 13,5.7.14 u.ö.). Darum ist die Erlösung nicht fern.

Der Seher Johannes deutet die bedrängte Lage, in der sich die kleinasiatischen Gemeinden befinden, im Zeichen des prophetisch geschauten Endes. Die Auseinandersetzung, die die Kirche mit dem sich an die Stelle Gottes setzenden Staat in der Verfolgung durch den erwarteten Schreckensherrscher wird bestehen müssen, ist ein Vorzeichen des Weltuntergangs, des Kommens Christi. Der Seher blickt auf die Welt, deren Herr Christus zwar im Verborgenen schon ist, die aber noch nicht seinem Regiment untertan ist. Er darf schon den Sieg Gottes und des Christus schauen, dem die Gemeinde sich hoffend entgegenstreckt. Durch seine Botschaft vom nahenden Ende, vom anbrechenden Triumph Gottes, des Christus und aller derer, die zu ihm gehören, möchte er die leidenden und angefochtenen Gemeinden stärken, damit sie treu bleiben, überwinden, am Bekenntnis festhalten und die Hoffnung bewahren.

Die christliche Hoffnung gründet sich darauf, daß Gott sich in Christus offenbart hat und in ihm den Glaubenden das Heil schenkt. Sie bekennt sich zu Christus als dem gekreuzigten und auferstandenen Herrn, dessen Herrschaft noch unter dem Kreuz verborgen ist, aber dereinst in Herrlichkeit erscheinen wird. Die apokalyptischen Vorstellungen, in denen der Verfasser der Offb. spricht, entstammen einer vergangenen Zeit und gehören nicht unabdingbar zum Inhalt christlicher Verkündigung. Wohl aber kann der Glaube nicht ohne die Hoffnung leben. Von der lebendigen Hoffnung aber will das letzte Buch der Bibel Zeugnis geben.

Zwar haben die Reformatoren mit Recht kritische Fragen an die Offb. Joh. gestellt. Doch die Botschaft von der Hoffnung, die in ihr enthalten ist, hat Luther mit treffenden Worten herausgehoben:

„Nach dieser Auslegung können wir dies Buch uns nütze machen und wohl brauchen. Erstlich, zur Tröstung, daß wir wissen, daß keine Gewalt noch Lüge, keine Weisheit noch Heiligkeit, kein Trübsal noch Leid die Christenheit unterdrücken werden, sondern sie soll endlich den Sieg behalten und obliegen.

Zum andern, zur Warnung wider das große gefährliche manchfaltige Ärgernis, das sich begibt in der Christenheit. Denn dieweil so mächtige Gewalt und Schein sollte wider die Christenheit fechten, und sie sogar ohne alle Gestalt unter so viel Trübsalen, Ketzereien und andern Gebrechen verborgen sein, ist's der Vernunft und Natur unmöglich, die Christenheit zu erkennen; sondern sie fällt dahin und ärgert sich an ihr: heißt das christliche Kirche, welches doch der christlichen Kirchen ärgste Feinde sind; und wiederum, heißt das verdammte Ketzer, die doch die rechte christliche Kirche sind ... Und verlieren also diesen Artikel: Ich glaube eine heilige christliche Kirche ...

Es ist dies Stück: Ich glaube eine heilige christliche Kirche, ebensowohl ein Artikel des Glaubens, wie die anderen. Darum kann sie keine Vernunft, wenn sie gleich alle Brillen aufsetzt, erkennen. Der Teufel kann sie wohl zudecken mit Ärgernissen und Rotten, daß du dich müssest dran ärgern. So kann sie Gott auch mit Gebrechen und allerlei Mangel verbergen, daß du mußt darüber zum Narren werden, und ein falsch Urteil über sie fassen. Sie will nicht ersehen, sondern erglaubt sein; Glaube aber ist von dem, das man nicht siehet (Hebr. 11, 1). Und sie singt mit ihrem Herrn auch das Lied: Selig ist, der sich nicht ärgert an mir ...

Summa, unsere Herrlichkeit ist im Himmel, da Christus ist, und nicht in der Welt vor den Augen, wie ein Kram auf dem Markt. Darum laß Ärgernis, Rotten, Ketzerei und Gebrechen sein und schaffen, was sie mögen: wenn nur das Wort des Evangeliums bei uns rein bleibt, und wir's lieb und wert haben, so sollen wir nicht zweifeln, Christus sei bei uns und mit uns, wenn's gleich aufs ärgste geht; wie wir hier sehen in diesem Buch, daß Christus durch und über alle Plagen, Tiere, böse Engel dennoch bei und mit seinen Heiligen ist und endlich obliegt."

(Martin Luther, Vorrede auf die Offenbarung Sanct Johannes, 1530.)

Namen- und Sachweiser

Bearbeitet von Gotthold Holzhey

Da die im Text der *Offenbarung des Johannes* enthaltenen Namen und Begriffe in den zahlreich vorhandenen biblischen Nachschlagewerken, Konkordanzen u. ä. aufgesucht werden können, sind in diesem Namen- und Sachweiser nur solche *Stichworte* aufgenommen, zu denen in der *Erklärung zum Bibeltext* besondere Ausführungen vorliegen. *Die Zahlen beziehen sich demnach auf die Erklärungen zu den betreffenden Textabschnitten.* Um Wiederholungen zu vermeiden und doch die in vielerlei inneren Beziehungen zueinander stehenden Begriffe möglichst vollständig darzubieten, sind entsprechende Hinweise gegeben, wobei der vorwärts oder rückwärts gerichtete Pfeil (→ ←) stets auf das Stichwort verweist, unter dem zu suchen ist. Die bei den einzelnen Erklärungsabschnitten hinzugefügten besonderen „Ausführungen [Exkurse]" sind mit dem Buchstaben A gekennzeichnet, wobei die Überschrift kurz genannt ist.

Inhalt

Verzeichnis der Ausführungen